"十三五"国家重点图书出版规划项目
2018 年主题出版重点出版物

中国经济改革与发展

1978~2018

REFORM AND DEVELOPMENT OF
CHINA'S ECONOMY

蔡昉 等 / 著

社会科学文献出版社
SOCIAL SCIENCES ACADEMIC PRESS (CHINA)

出版者前言

　　习近平同志指出，改革开放是当代中国最鲜明的特色，是我们党在新的历史时期最鲜明的旗帜。改革开放是决定当代中国命运的关键抉择，是党和人民事业大踏步赶上时代的重要法宝。2018 年是中国改革开放 40 周年，社会各界都会举行一系列活动，隆重纪念改革开放的征程。对 40 年进行总结也是学术界和出版界面临的重要任务，可以反映 40 年来尤其是十八大以来中国改革开放和社会主义现代化建设的历史成就与发展经验，梳理和凝练中国经验与中国道路，面向全世界进行多角度、多介质的传播，讲述中国故事，提供中国方案。改革开放研究是新时代中国特色社会主义研究的重要组成部分，是应该长期坚持并具有长远意义的重大课题。

　　社会科学文献出版社成立于 1985 年，是直属于中国社会科学院的人文社会科学专业学术出版机构，依托于中国社会科学院和国内外人文社会科学界丰厚的学术和专家资源，坚持"创社科经典，出传世文献"的出版理念、"权威、前沿、原创"的产品定位以及出版成果专业化、数字化、国际化、市场化经营道路，为学术界、政策界和普通读者提供了大量优秀的出版物。社会科学文献出版社于 2008 年出版了改革开放研究丛书第一辑，内容涉及经济转型、政治治理、社会变迁、法治走向、教育发展、对外关系、西部减贫与可持续发展、民间组织、性与生殖健康九大方面，近百位学者参与，取得了很好的社会效益和经济效益。九种图书后来获得了国家社科基金中华学术外译项目资助和中共中央对外宣传办公室资助，由荷兰博睿出版社出版了英文版。图书的英文版已被哈佛大学、耶鲁大学、牛津大学、剑桥大学等世界著名大学收藏，进入了国外大学课堂，并得到诸多专家的积极评价。

从 2016 年底开始，社会科学文献出版社再次精心筹划改革开放研究丛书的出版。本次出版，以经济、政治、社会、文化、生态五大领域为抓手，以学科研究为基础，以中国社会科学院、北京大学、清华大学等高校科研机构的学者为支撑，以国际视野为导向，全面、系统、专题性展现改革开放 40 年来中国的发展变化、经验积累、政策变迁，并辅以多形式宣传、多介质传播和多语种呈现。现在展示在读者面前的是这套丛书的中文版，我们希望借着这种形式，向中国改革开放这一伟大的进程及其所开创的这一伟大时代致敬。

社会科学文献出版社

2018 年 2 月 10 日

主要作者简介

  蔡　昉　中国社会科学院副院长、党组成员，中国社会科学院学部委员、学部主席团成员，第十三届全国人民代表大会常务委员会委员、农业与农村委员会委员。主要研究领域包括劳动经济学、中国经济增长、收入分配等。著有《破解中国经济发展之谜》《从人口红利到改革红利》等，近年获张培刚发展经济学优秀成果奖、中国软科学奖、中国发展百人奖、中华人口奖、孙冶方经济科学奖、国家出版图书奖、中国经济理论创新奖等。

内容提要

　　40 年的改革开放时期，只是中国经济发展历史长河的一个短短的瞬间，同时也是中华民族伟大复兴的一个决定性阶段。与二十弱冠和三十而立相比，四十不惑意味着我们已经积累起丰富的史料、案例和文献，有条件更深刻地对中国经济改革进行反思与前瞻。从中国大历史和长周期的视角来认识这个时期及其相关的语境和全球背景，可以更好地把握方位，总结经验和吸取教训，从而指导未来。

　　回顾 40 年的改革历程，把成功的经验甚至不尽成功的教训抽象为具有中国特色的发展和转型理论，有助于判断当前发展阶段，认识改革面临新任务的性质。本书的设计初衷便是通过全方位总结各个领域的改革，展示中国改革故事，并尝试提炼出中国智慧和中国方案。总的思路是把消除传统经济体制对生产要素积累和配置的束缚作为经济增长的充分条件，把中国资源禀赋、发展阶段从而潜在的比较优势作为经济增长的必要条件，分析了促进高速发展的各种贡献因素。

　　首先，本书介绍了宏观经济政策演进与创新，包括公共财政与财税体制改革、政府职能转变、金融市场与金融体制改革、产品和资源价格形成机制变化等市场化改革。其次，讨论了产业、区域和要素市场发育的问题。如从劳动力市场发育与就业扩大角度回顾了共享发展过程，从产业调整与结构变化以及区域战略演变叙述发展如何增进协调性，讲述农业经济体制改革和城乡一体化发展，以及从竞争环境与企业改革观察如何坚持基本经济制度。最后，本书也从收入分配制度改革、社会保障体制改革等领域，帮助读者认识中国发展的包容性，并从科技体制改革与生产率的角度回顾认识中国的创新发展。

一 绪 论 —
中国改革开放四十不惑

蔡 昉[*]

子曰：四十不惑。（《论语》）

一 引言

当人们说起中国经济改革的起始时间，一般都是笼统地说 20 世纪 70 年代末或 80 年代初。以两个标志性的事件发生的时间点为准，应该说中国经济改革始于 1978 年。第一，1978 年 12 月 18 日至 22 日，中共中央十一届三中全会召开，重新确立了解放思想、实事求是的党的思想路线，决定把全党的工作重点转移到经济建设上来，为改革开放奠定了理论基础。第二，几乎在同一时间，安徽省凤阳县小岗村的 18 家农户，决定摒弃生产队大呼隆式的劳动方式，实行包产到户。这一形式被称作农村家庭联产承包责任制，随后在全国得到推行，并导致人民公社体制的逐渐废除。这是对传统计划经济体制的最初突破。而小岗村的颠覆性制度创新，也就理所当然地被认为是中国经济改革的先行实践。

以往的一些分析认为，在 20 世纪 80 年代初中国经济改革中，唯有以家

---

* 蔡昉，中国社会科学院副院长、党组成员，中国社会科学院学部委员。第十三届全国人民代表大会常务委员会委员、农业与农村委员会副主任委员。主要研究领域包括劳动经济学、中国经济增长、收入分配等。

庭联产承包责任制为核心的农村改革可圈可点[1]。其实，城市经济部门的改革与农村几乎同时起步，方式类似并取得了相同的改革效果。在城市部门，可以同农村实施家庭联产承包责任制相提并论的，是国有企业的改革。同样开始于 1978 年，国有企业改革先后经历了恢复奖金制度、对企业放权让利、重新界定国家与企业的关系、鼓励公有经济发展、建立现代企业制度以及发展混合所有制等容易深化的改革。

中国的经济改革与对外开放也是同时发生的。1979 年 4 月，邓小平首次提出开办"出口特区"，同年 7 月中共中央、国务院决定在广东省的深圳、珠海和汕头以及福建省的厦门建立出口特区（后来称作经济特区），标志着对外开放的开始。初期的对外开放还带有实验性和地域性，先后从建立经济特区、开放沿海城市和沿海省份等入手；及至 20 世纪 90 年代，中国为加入世界贸易组织（WTO）做出努力，开始全方位拥抱经济全球化。可见，中国的经济改革是开放条件下的改革，对外开放也在改革过程中得以推进，国内经济发展与融入全球经济是相互交织在一起的[2]。

由此算来，从 1978 年到 2018 年，改革开放恰好历经 40 个年头。10 年前改革开放 30 周年之际，我不仅引用了孔子"三十而立"的说法，还更深入一步引用了孔子的另一段话："如有王者，必世而后仁。"孔安国对这句话的权威解释是："三十年曰世。如有受命王者，必三十年仁政乃成。"也就是说，30 年叫作一代，治理国家者施行仁政，解决民生问题，30 年是一个可以显示出效果的时间区段[3]。如今问题看得越来越清楚，中国的改革开放不仅促成了一个令世人瞩目的高速经济发展，更实现了全体人民对改革发展成果的分享。

而如果把孔子的名言"四十不惑"用在 10 年以后的今天，首先是说 40

---

[1] 例如 Yasheng Huang, *Capitalism with Chinese Characteristics: Entrepreneurship and the State*, New York: Cambridge University Press, 2008。

[2] 国际货币基金组织也把 1979 年作为中国经济增长起飞的起始年份，参见 IMF, "Asia Rising: Patterns of Economic Development and Growth," *World Economic Outlook*, September, 2006, p. 4。

[3] Cai Fang (ed.), "Introduction," *Transforming the Chinese Economy, 1978–2008*, Leiden · Boston: Brill, 2010.

年的成功实践确定无疑地证明了这条中国特色改革开放道路的正确性；进一步引申，也是说 40 年是一个值得认真总结的时间点，以使我们对改革开放的认识上升到更高的理论层面，从而更好地指导未来的改革实践。

中国共产党第十九次全国代表大会，确立习近平新时代中国特色社会主义思想作为党的指导思想。2017 年底召开的中央经济工作会议，进一步提出习近平新时代中国特色社会主义经济思想，坚持全面深化改革是其精神实质和坚持中国特色社会主义基本方略的重要组成部分。以此作为指导思想，总结 40 年改革开放发展经验，是构建中国特色社会主义经济学的重要契机和一个历史节点。

经济发展是一个有始有终、由表及里、内外结合的完整过程，而非许多在时间上和空间上相互独立过程的简单拼接。首先，任何一个空间单位（国家或地区）在任何一个时间点上的经济水平和结构状况，都是以往发展的结果，也是未来发展的起点。从何而来、经何而至决定了今天的面貌，对今人来说已经无可选择。但是，现状如何以及如何认识今天，却可以决定未来；懂得过去又是认识今天的必要条件。选择至关重要，而正确的选择取决于对历史和现实的正确认识。

其次，一个国家或地区的经济发展又是在特定的世界政治经济环境中发生的，不可避免与外部世界产生彼此依赖和互动的关系。对一国经验的深刻认识和概括，也可以为其他国家提供借鉴。中国的成功实践，特别是其包含的对人类发展规律的探索，通过理论升华可以转化为中国智慧和中国方案。

40 年的改革开放时期，只是中国经济发展历史长河的一个短短的瞬间，同时也是中华民族伟大复兴的一个决定性阶段。因此，从中国大历史和长周期的视角来认识这个时期及其相关的语境和全球背景，更有助于把握方位，总结经验和吸取教训，从而指导未来。

在以往的文章中，通过对经济史的观察，同时借鉴增长理论和发展经济学相关学派的观点，我把经济发展的演进过程概括为五种增长类型（或阶段）：（1）马尔萨斯贫困陷阱或 M 类型增长；（2）格尔茨内卷化或 G 类型增长；（3）刘易斯二元经济发展或 L 类型增长；（4）刘易斯转折点或 T 类型增长；（5）索洛新古典增长或 S 类型增长[1]。从它们之间的关系来看，作为五种经济增长类型固然依次有高下之分，作为五个经济发展阶段却又是顺序演进和相互继起的关系。从较低阶段进入更高阶段的关键，在于物质资本和人力资本（即资源或要素）的积累，而在特定阶段上得以发挥出自身的最大潜力的关键，宏观层面在于资源的配置方式从而配置效率，微观层面则在于有效的激励机制。

在一个很低收入水平、具有巨大赶超潜力的发展阶段上，在某种程度上说，采取计划手段实现资本积累是可行的，有时甚至比采用自由市场模式却又不能以法制手段有效规范经济活动的体制更有效率。而且，计划性、行政性的经济计划方式，也可以有效地实现一定程度的人力资本积累。

例如，1980 年，在世界上有统计数字的 100 多个国家中，中国人均 GNI 或人均 GDP 排在倒数第四位，但 25 岁以上人口平均受教育年限，在有数据的 107 个国家中排在第 62 位；出生时预期寿命在有数据的 127 个国家中排在第 56 位[2]。虽然低下的人均收入水平代表着较低的资本禀赋，由于计划经济时期的中国具有很强的资源动员能力，实现了很高的资本积累率。在 1953~1978 年，中国的资本积累率平均达到 29.5%，高于世界平均水平[3]。

然而，计划经济却不能完好地解决经济增长的另外两个必要的体制条件，即资源配置和激励机制问题。跨国经济研究和中国在计划经济时期的经历都证明，在这样一种经济体制模式下，排斥市场机制导致资源配置的宏观无效率，缺乏激励机制导致经济活动的微观无效率，没有奖惩制度打击了工人、农民和管理者的工作积极性。在政府强力的资源动员下实现的生产要素增长，

---

[1] 蔡昉：《理解中国经济发展的过去、现在和将来——基于一个贯通的增长理论框架》，《经济研究》2013 年第 11 期；蔡昉：《二元经济作为一个发展阶段的形成过程》，《经济研究》2015 年第 7 期，第 4~15 页。

[2] 参见 Fang Cai, *Demystifying China's Economy Development*, Beijing, Berlin, Heidelberg: China Social Sciences Press and Springer-Verlag, 2015; Thomas Rawski, "Human Resources and China's Long Economic Boom," *Asia Policy*, 2011, No. 12, pp. 33-78。

[3] Justin Yifu Lin, Fang Cai and Zhou Li, *The China Miracle: Development Strategy and Economic Reform (Revised Edition)*, Hong Kong: The Chinese University Press, 2003, p. 71.

很大的部分被全要素生产率的负增长所抵消，没能转化为良好的经济增长绩效。特别是，资源错配导致产业结构畸形，人民生活水平也不能伴随着经济发展而得到改善。

关于国家兴衰的有关增长理论和经济史证据表明，在典型的人类经济活动中，资源稀缺并非注定发展失败，资源禀赋上的得天独厚也并不能保证发展成功（如著名的"资源诅咒"假说），而经济发展成败得失无一不与生产要素积累的激励机制和资源配置体制的选择，进而要素积累和资源配置效率结果密切关联。

因此，把改革开放之前的中国经济，置于前述经济发展阶段划分的特定位置中，结合关于经济活动主要特征的认识，我们考查中国的改革开放过程和成效，可以围绕生产要素积累以及配置方式和效率变化这几个线索来展开。

改革前实行的计划经济模式的弊端在于，一系列体制因素导致资源的错误配置。传统体制形成之初，中国总体上已经完成经济内卷化过程，本应展开以劳动力转移为特征的二元经济发展。然而，急于赶超工业化国家的强烈愿望，加之对工业化认识上的误导以及有限的选择空间，促成了计划经济体制的选择。这种体制下资源误配的格局进而诱导形成了无效的激励机制，导致低下的生产率和增长表现，并形成一种恶性循环。

一般来说，面对一个长期处于激励不足从而低效率的经济体制，改革从打破这一恶性循环中微观激励不足的环节入手，容易在只有受益者、没有受损者这样一种帕累托改进的路径中得到推进，进而改变资源配置方式，矫正资源误配格局。过去40年的改革基本上是沿着这一路径进行的，由此改变了中国经济的潜在增长率，实现了人类历史上罕见的高速增长。这就是改革解放生产力、促进增长的经济学道理。

随着改革的深入，这种帕累托改进空间逐渐减少，进一步改革面临着既得利益的干扰。特别是，在经济增长从二元经济发展类型，经由刘易斯转折点向新古典增长阶段迈进的条件下，资源配置效率的进一步提高，不可避免地遭遇创造性破坏，需要在市场配置资源的决定性作用基础上，将顶层设计与基层创新相结合，推动改革向纵深进行。这样的改革，既不像摘取"低垂的果子"那样轻松，也不再具有"使某些群体获益而不对其他群体造成损害"的帕累托改进性质。这提出了关于改革激励相容的挑战。

探寻国家兴衰和后进经济体如何赶超先行经济体的答案，是经济学家孜孜以求、乐此不疲的永恒课题。中国的改革开放实践，是人类历史上最大规模也是最为成功的制度变革和制度创新，因此，中外各领域学者做出大量的研究，从各个侧面予以解说和分析。在参考借鉴相关成果的基础上，本绪论将主要回答：其一，作为中国经济改革的初始条件，一旦解除体制束缚，中国的潜在增长动能是什么；其二，中国经济到达的发展阶段，如何改变其增长驱动力，通过哪些方面的改革可以取得新的资源配置效率，如何推进这样的改革。

而本书预期最重要的部分，即回答改革开放如何通过拆除体制性障碍，建立新的物质资本和人力资本积累方式，形成有效的激励机制以及资源配置机制，并通过生产要素供给能力和配置效率，将这种增长潜力释放出来，实现高速增长，则是各章的任务和意义所在。

中国的改革开放，既是一般意义上的制度变迁，又具有鲜明的中国特色。总结好40年历程中的经验和教训，首先是指导下一步改革开放的必要。诚然，改革开放没有止境。然而，一个更加成熟、定型的经济体制模式，自身将具备不断自我完善的机制，所以，我们可以预期一个改革开放的完成期。与此同时，中国作为一个经历过经济发展诸种类型和阶段，依次解决了一系列经济发展面临问题的国家，将是一个关于改革、开放、发展和分享的经验宝库。此外，中国还应该成为一个成功故事的讲述者，将这些经验升华为理论，对其他发展中国家将具有重要的借鉴意义，同时对经济学的理论创新和话语转换做出应有的贡献。

二　世界经济中的中国：从分流到趋同

中华人民共和国成立之后，在20世纪50年代，几乎在计划经济体制形成的同一时期，中国经历了人口再生产模式从高出生、高死亡、低增长的阶段到高出生、低死亡、高增长的转变，也就意味着完成了二元经济结构的形成过程。按照逻辑，中国经济应该进入二元经济发展阶段。根据刘易斯的定义以及中国当时的现状，二元经济发展阶段的最典型特征，是农业中存在大量的过剩劳动力。一方面，伴随着资本积累和工业化进程，剩余劳动力被转化为一种廉价的生产要素，在开放条件下构成一国的比较优势和竞争优势；另一方面，劳动力无限供给这个性质，还构成一系列其他有利于增长的因素，支撑赶超型高速增长。

然而，由于存在着推进工业化进程的强烈动机与小农经济条件下积累能力和消费能力皆不足之间的矛盾，推行强制积累的重工业优先发展战略，进而构建一个依靠集中计划配置资源的体制模式，成为当时的选择。同时，这也就注定了这个时期中国经济的发展，不可避免地要背离其潜在的比较优势。

林毅夫等把传统经济体制概括为一个三位一体的模式，即在推行重工业优先发展战略的前提下，首先是形成违背比较优势的宏观政策环境，产品和要素价格被扭曲，以便实现尽可能快的工业化所需积累；继而构建起高度计划配置的体制，市场机制被弃之不用；进一步构建起与之相应的微观管理体制，具体表现为工业中有企业占据绝对统治地位，农业则实现了人民公社化，导致激励不足和微观效率低下[1]。

斯彭斯认为，大约在 1950 年全球经济开启了一个大趋同的时代[2]。而中国在某种程度上可以说错过了这个赶超发达经济体的机会。据麦迪森按照 1990 年国际购买力平价美元构造的人均 GDP 数据，1952 年中国仅为 538 美元，为被定义为"富裕国家"平均水平的 8.7%、"富裕国家"之外所有"其他国家"平均水平的 46.5%，以及世界平均水平的 23.8%。在 1952~1978 年，中国人均

① Justin Yifu Lin, Fang Cai and Zhou Li, *The China Miracle: Development Strategy and Economic Reform (Revised Edition)*, Hong Kong: The Chinese University Press, 2003.

② Michael Spence, *The Next Convergence: The Future of Economic Growth in a Multispeed World*, Part One, Farrar Straus and Giroux, 2011.

GDP 增长速度低于上述组别，因此，中国 1978 年人均 GDP（978 美元）相当于这三个组别平均水平的百分比反而下降，分别为 6.8%、42.1% 和 22.1%[1]。

如果简单地从数字表面观察，计划经济时期中国经济增长率似乎差强人意。根据麦迪森的数据口径，1952~1978 年，中国 GDP 的年均实际增长率为 4.4%。但是，由于 20 世纪 50 年代以后，很多后起国家和地区以较快的经济增长速度实现了对发达经济体的赶超，在同一时期，被定义为"富裕国家"的总体增长率也达到 4.3%，而不属于该组别的"其他国家"总体增长率高达 4.9%，世界平均增长率为 4.6%[2]。

无论从人民生活改善的国内视角，还是从国家实力等角度进行的国际比较，这个发展绩效都不尽如人意。由于这一时期人口增长较快，积累与消费比率严重失调，直到改革开放前夕，人均收入水平增长十分缓慢。从经济结构和生产率变化的角度，可以更有力地说明，这个时期实行计划经济模式，导致资源配置效率低下，经济发展绩效不佳。

根据官方统计数据，1952 年中国农业劳动力比重为 82.5%。按照二元经济发展的逻辑，丰富的劳动力可以延迟资本报酬递减现象，保持较高的资本回报率，随着工业化推进，剩余劳动力从农业中转移出来，可以获得资源重新配置效率。与此同时，大约在 20 世纪 60 年代中期，以少年儿童抚养比下降为主要贡献的人口抚养比开始下降，理论上形成了有利于资本积累和人力资本改善的人口红利。但是，这些有利于那个时期经济增长的因素，因资源误配而没有得到充分利用。

我们可以从朱晓东对中国人均 GDP 增长率的构成因素分解，看改革开放之前经济增长的特点[3]。根据他的估计，在 1953~1978 年年均 2.97% 的

---

[1] 安格斯·麦迪森：《中国经济的长期表现：公元 960—2030 年》，伍晓鹰、马德斌译，上海人民出版社，2008，第 108 页。

[2] 安格斯·麦迪森：《中国经济的长期表现：公元 960—2030 年》，伍晓鹰、马德斌译，上海人民出版社，2008，第 109 页。

[3] Xiaodong Zhu, "Understanding China's Growth: Past, Present, and Future," *Journal of Economic Perspectives*, Vol. 26, No. 4, pp. 103-124.

人均 GDP 增长率中，劳动参与率的贡献率为 3.63%，资本产出比的贡献率为 116.15%，平均人力资本的贡献率为 52.25%，而全要素生产率的贡献率为 -72.03%，因为这一时期全要素生产率增长率为负数。同时，产业结构没有发生根本性变化，1977 年农业劳动力比重仍然高达 74.5%。

如果在 20 世纪 50 年代中国没有选择计划经济模式，经济增长绩效会如何呢？历史固然无法假设，但是，反证事实思维和方法（counterfactual）却有助于我们认识传统体制对中国经济发展机遇的延误。众所周知，计划经济时期发生的"大跃进"和"文化大革命"，是对激励机制和资源配置损害最为严重的历史事件。它们远非计划经济损失的全部，但是可以成为一个缩影。通过计量分析，有学者得出结论，如果没有发生这两个事件的话，1993 年中国劳动生产率会是实际情形的 2.7 倍[①]。

中国的改革开放正是在这个背景和条件下启动的。作为一般性增长条件，中国的二元经济发展潜力和人口红利，以及中国在计划经济时期甚至更早时期积累起的超出同等收入国家的人力资本禀赋，都只是在改革开放时期才开始得到释放，成为经济增长的源泉。从另一个角度来看，也恰恰是中国经济具备了这种潜力，在改革开放的条件下可以形成较高的潜在增长率，进而实现较高的实际增长率。

首先，较低且持续下降的抚养比有利于实现高储蓄率，而劳动力无限供给特征则延缓资本报酬递减现象的发生，从而使资本积累成为经济增长的主要引擎。世界银行早期研究发现，在 1978~1995 年的 GDP 增长中，物质资本积累的贡献率为 37%[②]，而许多其他研究估计的这一贡献率更高[③]。资本投入的

① Y. Kwan and G. Chow, "Estimating Economic Effects of Political Movements in China," *Journal of Comparative Economics*, Vol. 23, No. 2, 1996, pp. 192-208.

② World Bank, *China 2020: Development Challenges in the New Century*, Oxford University Press, 1998.

③ 如 Fang Cai and Wen Zhao, "When Demographic Dividend Disappears: Growth Sustainability of China," in Aoki, Masahiko and Jinglian Wu (eds.), *The Chinese Economy: A New Transition*, Basingstoke: Palgrave Macmillan, 2012。

这个明显贡献，被一些经济学家批评为粗放型增长模式，认为由此驱动的高速增长既算不上奇迹，也没有可持续性[①]。

然而，在被包括中国在内的东亚经验印证的刘易斯二元经济发展阶段上，劳动力无限供给特征的存在，的确在一定时期延缓了资本报酬递减现象的发生。白重恩等的研究表明，在改革开放的很长时间里，中国资本回报率保持在很高的水平。而在劳动力无限供给特征消失的情况下，资本投资的回报率则迅速下降[②]。

其次，有利的人口因素确保了劳动力数量和质量对经济增长做出显著的贡献。容易被研究者忽略的是，有利的人口结构条件保障了新成长劳动力的不断进入，而对于后进国家来说，劳动力整体人力资本的改善，主要是靠这个增量途径实现的。世界银行估计（包括了数量和质量两个方面）的劳动力投入，对增长的贡献率为17%，蔡昉和赵文估计的劳动力数量贡献率为8%，人力资本贡献率则为4%。沃利等估计的人力资本贡献率为11.7%。而且，在考虑了不同教育水平具有不同生产率的情况下，他们估计的人力资本贡献率提高到38%[③]。

再次，剩余劳动力按照生产率从低到高的顺序，在产业、行业和地区之间流动，带来资源重新配置效率，成为全要素生产率的主要组成部分。例如，世界银行把全要素生产率进一步分解为资源重新配置效率和残差，前者即劳动力从生产率较低的部门（劳动力剩余的农业和冗员的国有企业）转向生产率更高的部门（非农产业和新创企业）所带来的生产率提高，对经济增长的贡献率为16%。蔡昉和王德文估计的劳动力从农业向非农产业转移，带来全

---

① Alwyn Young, "Gold into the Base Metals: Productivity Growth in the People's Republic of China during the Reform Period," *Journal of Political Economy*, Vol. 111, No. 6, 2003, pp. 1220-1261.

② 参见 Chong-En Bai, Chang-Tai Hsieh, and Yingyi Qian, "The Return to Capital in China," *NBER Working Paper*, No. 12755, 2006；白重恩、张琼：《中国的资本回报率及其影响因素分析》，《世界经济》2014 年第 10 期，第 3~30 页。

③ John Whalley and Xiliang Zhao, "The Contribution of Human Capital to China's Economic Growth," *NBER Working Paper*, No.16592, 2010.

要素生产率的提高，对经济增长的贡献率高达 21%①。更新的研究表明，在 1978~2015 年，劳动生产率的提高，55.1% 来自产业贡献，44.9% 来自结构调整效应②。

最后，在一个国家，人口规模大意味着对创新有更大的需求和供给力度，可以通过加快技术进步和提高全要素生产率，对经济增长做出贡献。这个观点来自经济增长理论和经济史的最新贡献，经济学家也尝试进行了一些实证检验③，但是，笔者尚未见到以中国为对象的经验研究成果发表。

可见，高速增长绩效是改革开放的结果，即通过改善微观环节的激励机制、矫正价格信号、发育产品市场、拆除生产要素流动的体制障碍，以及对外开放引进技术、资金和竞争，把人口红利转化为这一发展阶段的较高潜在增长率，并实际转化为高速经济增长。蔡昉和陆旸的估计显示，中国经济的潜在增长率在 1979~1995 年为年平均 9.7%，在 1997~2010 年为 10.4%④。

三 改革开放历程的回顾

与中国改革开放 40 年的实践历程相伴随的，是中外经济学家对这个成功事例的解读、思考和总结。与二十弱冠和三十而立相比，四十不惑意味着我们已经积累起丰富的史料、案例和文献，有条件更深刻地对中国经济改革进行反思与前瞻。总体来说，在掌握更完整丰富材料的基础上，可以对改革过程进行更准确的记录，或者以计量方式验证理论假说。与此同时，还需要具

① 蔡昉、王德文:《中国经济增长的可持续性与劳动贡献》,《经济研究》1999 年第 10 期,第 62~68 页。
② 蔡昉:《中国经济改革效应分析——劳动力重新配置的视角》,《经济研究》2017 年第 7 期,第 4~17 页。
③ Charles Jones, "Sources of U. S. Economic Growth in a World of Ideas," *The American Economic Review*, Vol. 92, No. 1, 2002, pp. 220-239.
④ Cai Fang and Yang Lu, "The End of China's Demographic Dividend: The Perspective of Potential GDP Growth," in Garnaut, Ross, Fang Cai and Ligang Song (eds.), *China: A New Model for Growth and Development*, ANU E Press, Canberra, 2013, pp.55-74.

有比较的视角，把中国故事放在一般发展和制度变迁规律视野中，为发展经济学做出中国贡献。

值得特别强调的是，中国改革开放的成功，打破了一系列按照西方主流经济学范式做出的预期。例如，如同"华盛顿共识"的信奉者设计出一些先验性的体制目标模式一样，简单套用新古典增长理论的学者，也以西方经济发展经验武断地设定圭臬，以此来比照中国改革。例如，扬和克鲁格曼等遵循其一贯的理论出发点和经验方法，认为中国改革期间的增长类似于多年前他们所批评的东亚经济，具有粗放性和不可持续性，并且一而再，再而三地对中国经济做出悲观的预言[1]。这种判断完全无视中国所处的二元经济发展阶段特点，与他们对东亚经济的判断一样，都有失公允与准确。

中国改革从其最初起步就以渐进方式著称，由于取得了成功促进经济增长的显著效果，这种改革方式得到经济学家的普遍认同。例如，早期的观察强调了这种改革路径注重新旧衔接，如诺顿著名的新体制"从计划中生长出来"的表述[2]，以及研究者普遍观察到的改革的渐进性质和着眼于增量改革的特点[3]，以此区别于其他前计划经济国家的转轨，如俄罗斯和波兰采取的同时推进放开价格和把国有企业私有化的"休克疗法"。

但是，现存的相关文献仍然有两个不足之处。第一，尚未认同中国渐进式改革的一般意义。许多研究过分强调中国的特殊性，认为在其他不具备相关特征的情况下，仍然推荐激进式的改革方式[4]。第二，没有看到中国这种改

---

[1] 如参见 Alwyn Young, "Gold into the Base Metals: Productivity Growth in the People's Republic of China during the Reform Period," *Journal of Political Economy*, Vol. 111, No. 6, 2003, pp. 1220-1261; Paul Krugman, "Hitting China's Wall," *New York Times*, July 18, 2013。

[2] Barry Naughton, *Growing Out of the Plan: Chinese Economic Reform, 1978–1993*, Cambridge University Press, 1996.

[3] Justin Yifu Lin, Fang Cai and Zhou Li, *The China Miracle: Development Strategy and Economic Reform (Revised Edition)*, Hong Kong: The Chinese University Press, 2003, p. 71.

[4] 杰弗里·萨克斯：《贫穷的终结——我们时代的经济可能》，邹光译，上海人民出版社，2007。

革方式与改革出发点，即以提高全体居民的生活水平为导向的特点①。虽然经历过收入差距的扩大，总体而言，中国城乡居民在不同时期，分别通过发展劳动密集型产业创造了更多的就业岗位、刘易斯转折点到来后普通劳动者工资从而低收入家庭收入加快提高，以及中央和地方政府逐步加大再分配政策实施力度，分享了改革开放和发展的成果。

本书的设计初衷便是通过全方位总结各个领域的改革，展示中国改革故事，并尝试提炼出中国智慧和中国方案。总的思路是把消除传统经济体制对生产要素积累和配置的束缚作为经济增长的充分条件，把中国资源禀赋、发展阶段从而潜在的比较优势作为经济增长的必要条件，分析了促进高速发展的各种贡献因素。首先，本书介绍了宏观经济政策演进与创新，包括公共财政与财税体制改革、政府职能转变、金融市场与金融体制改革、产品和资源价格形成机制变化等市场化改革。其次，讨论了产业、区域和要素市场发育的问题。如从劳动力市场发育与就业扩大角度回顾了共享发展过程，从产业调整与结构变化以及区域战略演变叙述了发展如何增进协调性，讲述了农业经济体制改革和城乡一体化发展，以及从竞争环境与企业改革观察如何坚持基本经济制度。最后，本书也从收入分配制度改革、社会保障体制改革等领域，帮助读者认识中国发展的包容性，以及从科技体制改革与生产率的回顾认识中国的创新发展。

四 中国经济发展和改革的新阶段

回顾 40 年的改革历程，把成功的经验甚至不尽成功的教训抽象为具有中国特色的发展和转型理论，有助于判断当前发展阶段，认识改革面临新任务的性质。从目的论上说，中国经济在过去 40 年的历程中，主要是进行着两个重要的转变——在体制模式上，从计划经济向市场经济的转变；在增长类型

---

① 参见 Cai Fang (ed.), *Transforming the Chinese Economy, 1978–2008*, Introduction, Leiden · Boston: Brill, 2010。

或发展阶段上，从二元经济发展向新古典增长转变。在现实中，与这两个过程贯穿在一起的，同时还发生着一个快速的人口转变，即从高生育率阶段到低生育率阶段的转变。改革开放带来的高速经济增长，可以被看作是一个改革不断为生产要素积累和有效配置创造恰当体制环境，从而兑现人口红利的过程（见表1）。

表1 经济增长源泉及其未来趋势

增长因素	理论依据和禀赋特征	贡献特点和改革内容
资本积累	低抚养比有利于高储蓄率；劳动力无限供给特征延缓资本报酬递减	不可持续。随着人口红利消失，资本报酬开始递减
劳动力数量	劳动年龄人口增长保障充足劳动力供给，构成制造业比较优势	不可持续。随着人口红利消失，刘易斯转折点来临
人力资本	教育大发展加上新成长劳动力不断进入，改善劳动力整体素质	教育数量扩大不可持续，需着力改善教育质量和公平性
全要素生产率	是激励机制和资源配置等方面改革效应的综合反映	越来越成为可持续增长源泉；需着眼于新的提高途径
重新配置	劳动力从农业到非农产业转移的库兹涅茨效应	系早期全要素生产率提高的主要源泉，将有所减弱
技术进步	通过学习和引进外资，充分发挥后发优势	随着技术差距缩小，将越来越依靠自主创新
"创造性破坏"	通过生死存亡、优胜劣汰在企业间进行要素重新配置	今后更多依靠这一源泉；需创造适当的政策环境
人口因素	广义和狭义人口红利，既体现在上述其他因素之中，也具有独立效应	因"未富先老"而式微；应着力挖掘第二次人口红利

激励机制、企业治理结构、价格形成机制、资源配置模式、对外开放体制和宏观政策环境的改革，都是顺应一定经济发展阶段特殊制度需求而进行的，改革重点、难点、推进方式甚至取向，也应该随着发展阶段的变化而调整。一方面，随着中国从中等偏上收入向高收入国家迈进，经济增长方式需要转向生产率驱动；另一方面，社会主义市场经济体制越是臻于成熟、定型的阶段，改革难度将会越大。

正如表1所示，随着中国经济跨过刘易斯转折点，人口红利加速消失，以往的经济增长驱动因素式微，潜在增长率下降，超常增长速度不再能够维系。迄今我们观察到一系列导致中国经济潜在增长率下降的因素：（1）劳动力短缺导致工资上涨速度过快，超过了劳动生产率增速的支撑能力；（2）资本劳动比过快提高导致投资回报率的大幅度下降；（3）新成长劳动力的减少使人力资本改善速度减慢；（4）农村劳动力转移速度放缓，致使资源重新配置效应弱化，全要素生产率增长率下滑。

可见，中国经济的确进入以增长速度下行、产业结构调整和发展方式转变加速为特征的发展新常态。蔡昉和陆旸估计，中国经济潜在增长率从2010年之前大约10%下降到"十二五"期间（2011~2015年）的7.6%、"十三五"期间（2016~2020年）的6.2%[①]。迄今为止，实际增长减速的轨迹和节奏已经在遵循着这个预测。这对增长方式转变和产业结构调整提出紧迫的要求。而这些任务只有在深化经济改革的基础上才能完成。

按照增长理论预期和各国发展经验，从赶超型的二元经济发展向在技术前沿上的新古典增长转变的过程中，增长速度放慢几乎是不可避免的[②]。然而，潜在增长率以何种节奏降低从而实际经济增长以何种速度放慢，在国家之间却是大相径庭，进而导致不同的长期后果[③]。就中国而言，深化改革可以挖掘要素供给和配置的潜力，提高潜在增长率，帮助中国避免落入中等收入陷阱，实现国家现代化目标。

随着改革向纵深推进，不使任何群体受损的帕累托改进机会越来越少。从中国的现实来看，进一步改革面临着两个难点：一是在改革不可避免对利

---

① Cai Fang and Yang Lu, "The End of China's Demographic Dividend: The Perspective of Potential GDP Growth," in Garnaut, Ross, Fang Cai and Ligang Song (eds.), *China: A New Model for Growth and Development*, ANU E Press, Canberra, 2013, pp.55-74.

② 如参见 Robert J. Barro, "Economic Growth and Convergence, Applied Especially to China," *NBER Working Paper*, No. 21872, 2016; Barry Eichengreen, Donghyun Park, and Kwanho Shin, "Growth Slowdowns Redux: New Evidence on the Middle-Income Trap," *NBER Working Paper*, No. 18673, 2013。

③ Barry Eichengreen, Donghyun Park, and Kwanho Shin, "When Fast Growing Economies Slow Down: International Evidence and Implications for China," *NBER Working Paper*, No. 16919, 2011.

益格局进行深度调整的情况下，会遭遇到既得利益群体的抵制和干扰；二是在形成优胜劣汰的创造性破坏竞争环境过程中，部分劳动者和经营者会陷入实际困境。面对这两个难点，既需要坚定推进改革的政治决心，也需要妥善处理矛盾的政治智慧。

总体来说，改革与增长不是一种非此即彼或此消彼长的替代关系（trade-off）。中国改革开放的经验和逻辑表明，改革红利终究会体现在促进经济增长和改善人民生活水平上面。例如，蔡昉和陆旸探讨了户籍制度、国有企业、生育政策、教育和培训体制等领域改革可能带来的诸如提高劳动参与率、提高全要素生产率、降低企业成本、提高生育率、改善人力资本等效果，发现这些效果预期显著提高中国经济的潜在增长率[①]。改革的顶层设计，一个题中应有之义就是做出制度安排，合理分担改革成本、分享改革红利。

本书各章在中国经济问题的相关领域，对进一步改革促进发展提出了新的思考，对改革的重点任务和推进方式提出了政策建议。例如，本书分别强调了中国经济增长质量提升与效率模式重塑；在改革和发展实践中创新和完善宏观经济政策；未来金融改革的根本方向在于形成由市场在金融资源配置中发挥决定性作用的金融体制，并借此推动资本市场的快速发展；在通过体制转型理顺价格关系和稳定物价水平平衡中推进价格改革；在保障民生和开启经济增长新引擎的统一中，深化户籍制度和劳动力市场改革；在坚持和完善区域协调发展总体战略的基础上，着重构建和完善统一市场建设等政策体系；实施乡村振兴战略，需要顶层设计，更需要将来自顶层的战略构想和基层群众的创新相结合；以深化政府机构改革来构建国有企业改革动力机制；从推动收入分配制度改革着手，缩小收入差距和消除收入分配不公；把积极理性地完善社会保障制度、持续不断地增进人民福祉作为国家发展的重要目标；以继续深化改革，形成市场充分公平竞争的格局带动生产率的长期增长，等等。

[①] Cai Fang and Yang Lu, "Take-off, Persistence, and Sustainability: Demographic Factor of the Chinese Growth," *Asia & the Pacific Policy Studies*, Vol. 3, No. 2, 2016, pp. 203-225.

五　中国特色社会主义经济学

在 2015 年 11 月 23 日中共中央政治局第二十八次集体学习时，习近平总书记指出：实践是理论的源泉。我国经济发展进程波澜壮阔、成就举世瞩目，蕴藏着理论创造的巨大动力、活力、潜力，要深入研究世界经济和我国经济面临的新情况新问题，为马克思主义政治经济学创新发展贡献中国智慧。

中国史无前例的经济改革和对外开放，以及由此推动的高速经济增长和人民生活水平的显著改善，引起国内外经济学家的高度重视，认为中国经验对于经济学家来说，不啻一座富有的金矿，也有不少人宣称，讲清楚中国经济改革的逻辑，就有资格获得诺贝尔经济学奖。许多重要的国际经济学家，从一开始就介入了中国经济改革的咨询、建议、评价和研究工作。

例如，遵照邓小平的提议，世界银行组织了一个庞大的团队，在 20 世纪 80 年代初对中国经济状况进行了全面考察和研究，并于 1985 年给中国政府提交了一份题为"长期发展面临的问题和选择"的经济考察报告。这份报告采用现代经济学分析方法，从理论和经验两个方面论证了翻两番的可行性，提出了改革建议。当时，中国经济学家和决策者几乎是第一次读到以现代经济学方法分析中国经济的系统表达，以致这个报告文本不胫而走，为中国的经济学家和政策研究者广泛传阅[①]。

又如，1985 年 9 月在长江三峡"巴山"号游轮上召开历时 6 天的"宏观经济管理国际研讨会"（亦称"巴山轮会议"），邀请了包括詹姆斯·托宾、阿来克·凯恩克劳斯、弗拉基米尔·布鲁斯和亚诺什·科尔奈等多位国外著名学者，与中国经济学家和政策研究者共同讨论，并对中国改革提出了诸多建议。多年以后，很多人仍然认为，"巴山轮会议"的研讨成果对中国经济改革

---

① 参见林重庚《中国改革开放过程中的对外思想开放》，《比较》2008 年总第 38 期。

目标的探索具有一定的启示①。

国外经济学家讨论中国经济改革，隔靴搔痒者有之，中肯有启示意义的有之，但是，鉴于以下因素，总体来说终究不能发挥也确实没有发挥举足轻重的作用②。也就是说，中国经济学家在推动改革方面的独特角色，是不可替代的。首先，只有经历过计划经济时期，了解计划经济思维框架的中国经济学家，才懂得如何促进思想解放从而推动改革。其次，只有生活和工作在中国经济现实中，才能切实理解传统体制的弊端及其顽固性，才有能力寻找突破路径。再次，改革没有一劳永逸的万能钥匙，改革进程中情况不断发生变化，只有身处其境的研究者和决策者，才可能及时反应、反馈和做出应对。最后，只有了解中国国情和实际思想状况，才能在经济学思维上有所衔接，促成新思维被逐渐接受，提出中国特色的渐进式改革方案。

经济学界有一项旨在推动经济科学的创新与进步，鼓励原始创新性成果的涌现，促进中国经济改革和发展的理论性研究的学术性、公益性的专门奖项，名为"中国经济理论创新奖"。该奖的一个与众不同之处在于，是以作者或经济学同行赋予某一称谓的理论观点和研究为颁奖对象。因此，看一看已获奖和候选的理论名称，有助于我们理解改革开放时期经济理论创新领域和状况。

这些理论分别包括农村家庭联产承包责任制理论、国有企业股份制改革理论、整体协调改革理论，价格双轨制理论，财政信贷综合平衡理论，过渡经济学理论，产权理论与中国产权制度改革，按生产要素贡献分配理论，社会主义经济运行机制理论，宏观经济调控理论，黏性预期理论，按生产要素贡献分配理论及实施方案，社会主义条件下发展消费品生产理论，人民币汇率改革理论，转轨时期劳动力市场理论，中国金融市场突破理论，中国特色

---

① 参见赵人伟《1985 年"巴山轮会议"的回顾与思考》，《经济研究》2008 年第 12 期，第 17~28 页。
② 联想到杰弗瑞·萨克斯教授在俄罗斯和前东欧国家设计的"休克疗法"改革及其导致的后果，这不能不说是一个万幸。

社会主义经济发展理论，企业兼并理论，商品流通体制改革的设想和跟踪研究，资本市场规范化、制度化、法制化理论，中国经济转型和发展中的收入分配理论，公共财政理论，公有主导经济收入差别倒 U 理论，三元经济结构理论，二元城镇化发展理论，等等^①。

　　虽然这些"理论"或许挂一漏万，有些可能也并未成熟为理论，还有的只是较早指出市场经济的一些常识而已，但是，这些主张提出的时机、引发的讨论、付诸实践取得的效果，在中国经济体制改革的特定阶段上，分别有各自的针对性，对改革或多或少发挥了促进作用，其中也不乏形成中国特色改革方式的有益案例，具有从理论上进一步提炼的价值。

　　党的十八大以来，全面深化改革不仅在实践上取得了历史性突破，对于改革的理论认识也进入一个崭新的阶段。以习近平同志为主要代表的中国共产党人，顺应时代发展，从理论和实践相结合系统回答了新时代坚持和发展什么样的中国特色社会主义、怎样坚持和发展中国特色社会主义这个重大时代课题，创立了习近平新时代中国特色社会主义思想。习近平新时代中国特色社会主义经济思想，坚持对马克思主义政治经济学的继承性，同时结合中国特色社会主义经济建设实践进行了重要的创新，具备鲜明的时代性，是构建中国特色社会主义经济学的指导思想和理论基础。

---

① 参见 http://finance.sina.com.cn/focus/13zgjjllcxj/，访问时间：2017 年 10 月 16 日。

改革开放时期经济增长与结构变革[*]

张平　楠玉[**]

导　读： 1978~2018 年，中国改革开放 40 年，经济高速增长成为世界经济增长的奇迹，也重塑了世界经济增长的格局。40 年间，中国成功地从一个封闭的农业国转变为全球最大的工业制造国，又从工业化迈入城市化。中国 2018 年城市化率预计达到 60%，已经成为以城市经济为主体的现代化国家。2018 年中国人均 GDP 预计达到 9000 美元，再过 5~8 年或将迈入高收入国家行列，成功跨越中等收入陷阱，进入全面小康后的富裕经济阶段。中国秉承创新、协调、绿色、开放、共享的新发展理念，推进现代化建设，努力完成"两个一百年"的奋斗目标。

---

[*] 本文受国家社科基金重大招标课题"加快经济结构调整与促进经济自主协调发展研究"（批准文号 12&ZD084）、"我国经济结构战略性调整和增长方式转变"（批准文号 06&ZD004）资助。

[**] 张平，中国社会科学院经济研究所二级研究员，博导。主要研究方向为家庭经济行为、宏观政策和经济增长理论等。

楠玉，中国社会科学院经济研究所助理研究员。主要研究方向为经济增长与要素配置效率方面。

一 中国改革开放40年经济的高速增长与国际比较

中国经济 40 年增长的经验事实是持续高速增长，并通过高速增长带动了世界经济，重塑了世界经济格局，2016 年中国支撑了全球经济增长贡献的41%，国内经济从高波动、高增长走向了低波动、中高速增长的成熟经济增长的新常态。

1. 中国高速增长

中国改革开放以来，经济增长保持了近 10% 的增速，1978~2002 年，GDP 平均增长率为 9.7%，这期间经历了中国改革开放的探索期：1978~1984 年的拨乱反正和农村土地承包制；1985~1988 年的乡镇企业带动期；1989~1991 年的经济调整期。1992 年邓小平南方谈话迎来了中国全面对外开放的新历史时期，1994 年十四届三中全会奠定了社会主义市场经济理论，此后经历了 1997 年亚洲金融危机的冲击、2001 年互联网泡沫破灭冲击，同年12 月 11 日中国成为 WTO 成员。

自 1978 年以来，25 年的经济增长，奠定了中国改革开放从探索到成熟，继而坚定、自信地走向具有中国特色的社会主义市场经济道路的基础，改革开放的伟大成就深入人心。2003 年中国经济开始从工业化、对外开放的新起点向工业化、城市化快速转变，2011 年中国城市化率超过50%，中国从农业人口占优的农业国转变为以城市人口占优的现代经济体[1]。2012 年服务业超过工业，成为经济发展的新引擎，中国经济结构服务化进程开启，中国经济逐步从高速增长转向中高速增长，2003~2018 年预计仍能保持 9% 的增长速度。40 年来，中国经济增长从各个阶段上看均为世界经济增长的领头羊。

中国与各大经济体 GDP 规模的比较（1978~2016 年）见图 1。通过国际

---

[1] 王梦奎主编《中国中长期发展的重要问题（2006—2020）》，中国发展出版社，2005。

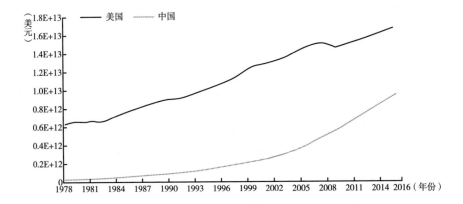

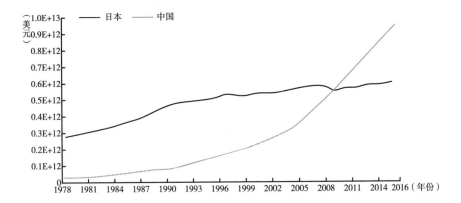

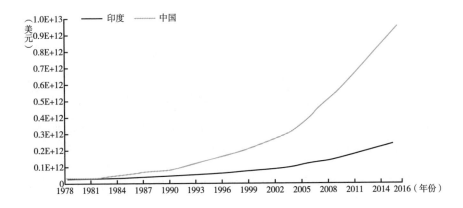

图 1 中国与各大经济体 GDP 规模的比较（1978~2016 年）

比较发现，中国经济增速超过发达国家一倍以上，比新兴东亚国家韩国、新加坡、马来西亚、印尼、泰国和菲律宾等高出 30% 以上（见表 1）。图 1 反映了中国与世界各大经济体增长规模的比较，从总量看，中国超过美国仍需要时日，但中国经济增长的斜率远高于美国，始终保持着世界经济总量前三的地位，而且具备超越美国的趋势。2008 年全球金融危机后，中国经济总量超过日本并遥遥领先，成为名副其实的全球第二大经济体，而后来的赶超者印度与中国的差距较大，2015 年后其增长速度正在超过中国，但印度当前仍属于中等偏低收入国家，而中国正逐步迈入高收入国家的行列。

表 1 中国与其他国家或地区 GDP 增长率和人均 GDP 增长率的比较

国别地区	1978~2002 年	2003~2016 年	1978~2002 年	2003~2016 年
	GDP 增长率（%）		人均 GDP 增长率（%）	
中国	9.70	9.59	8.37	9.01
美国	3.17	1.85	2.08	1.01
英国	2.58	1.63	2.36	0.90
德国	2.14	1.25	1.92	1.24
法国	2.33	1.09	1.83	0.52
日本	2.96	0.86	2.50	0.89
韩国	7.98	3.59	6.82	3.05
新加坡	7.25	5.60	4.76	3.42
马来西亚	6.48	5.10	3.80	3.21
泰国	6.19	3.89	4.64	3.36
印度尼西亚	5.12	5.49	3.20	4.12
菲律宾	2.78	5.56	0.25	3.77

数据来源：世界银行 WDI 数据库。

2. 中国崛起重塑世界经济新格局

从世界经济格局看，从新中国成立到 1978 年改革开放，中国占全球 GDP 的比重始终在 5% 以内，而人口占比却高过 1/5，人均 GDP 不到全世界平均值的 1/4，而出口占世界出口的比重更不到 1%，属于贫困、封闭的发展中人口大国。改革开放 40 年后，中国人口占全球比重下降到 18.82%，GDP 占世

界的比重从 4.9% 提升到了 14.84%，与之相应，中国的出口占全球出口总额
的 13.2%，人均 GDP 接近世界平均水平，成为全球名副其实的第二大经济体。
2008 年金融危机后，新兴市场经济体在全球 GDP 的份额超过了发达经济体，
在 GDP 新增量中，中国的贡献超过了 30%，金砖国家贡献了 60%，全球经济
呈现新的增长格局（见表 2）。

表 2 中国经济整体表现概览

指标	1952 年	1978 年	2016 年
占世界 GDP 的比重	4.6%	4.9%	14.84%
占世界人口的比重	22.5%	22.3%	18.82%
与世界平均水平相比的人均 GDP	23.8%	22.1%	88.3%
在世界各国 GDP 的排名	3	4	2
占世界出口额的比重	1.0%	0.8%	13.2%

资料来源：安格斯·麦迪森：《中国经济的长期表现：公元 960—2030 年》，伍晓鹰、马德斌译，上海人民出版社，2008；世界银行 WDI 数据库。

中国经济崛起于 1978 年，通过对经济体制进行改革和调整，加快了经济
增长速度，使中国经济能够保持稳定、持续、快速增长，自此中国整体发展
转变为谨慎务实的改革主义。依据世界银行 WDI 数据库计算，1978~2017 年
40 年，中国 GDP（以 2010 年不变美元衡量）增长超过 30 倍，劳动生产率增
长近 20 倍，人均实际收入增长超过 20 倍。中国经济的快速增长主要归因于
效率的提升。农业方面，农民通过获得生产自主权极大地提高了生产积极性。
工业方面，高额个人储蓄和外商直接投资，使中国聚集了大量的物质资本，
极大地推动了工业发展和工业规模扩张。2001 年中国加入世贸组织之后，更
大规模地开展了对外贸易，带动了外贸的发展。这些变化都使中国经济中市
场的力量逐渐增强，更容易适应和参与外部竞争，增强了自身的增长韧性。

3. 中国经济从高波动、高增长向低波动、中高速增长的成熟经济转变

改革开放前 25 年，基本情况是高速增长伴随高波动，经济增长起伏波动

大，1997 年以前，最主要的调控目标是抵制通货膨胀[①]，1999~2001 年进入通货紧缩，价格起伏很大。后 15 年中仅有两年价格突破 5%，而且没有出现通货紧缩。[②] 用波动方差（各年的数值与均值差的平方）衡量物价波动，前 20 年比后 20 年波动大 10 倍。从增长波动看，前 20 年经济增长波幅大，1984 年经济增长超过 15%，1989 年、1990 年回落到 4% 左右，经济大起大落，并伴随着通货膨胀，从增长的波动方差衡量，前 20 年比后 20 年增长波动大 2.55 倍，后 20 年经济增长出现了明显的波幅收敛趋向。2012 年后经济增长明显低于原有的 8% 的调控均值轨迹，增长速度从 7.8% 持续下滑。十九大报告中首次提出，中国经济已由"高速增长阶段"转向"高质量发展阶段"，这意味着政府对增速回落的容忍度在不断提高。预计 2018 年经济增长维持在 6.5% 左右，中国经济从 8%~10% 的高速增长区间回落到了 6%~8% 的中高速增长区间（见图 2）。

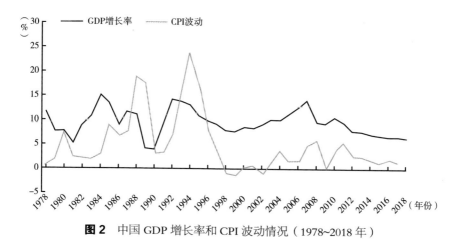

图 2 中国 GDP 增长率和 CPI 波动情况（1978~2018 年）

资料来源：历年《中国统计年鉴》。

中国经济稳定性的加强，直接体现在三个方面：一是市场体系建立，微观主体理性选择和自我风险约束加强；二是成熟的宏观管理体系得以建

---

① 刘树成：《经济周期与宏观调控》，社会科学文献出版社，2005。

② 岳希明等主编《中国经济增长速度：研究与论争》，中信出版社，2005。

立，宏观管理的经验加强，更能驾驭复杂的经济局面；三是改革进入深化阶段，体制改革对经济冲击程度下降。如1988年价格闯关，1998年后的国企改革，对经济体系震动很大，而现有的改革秉承了"渐进式"改革的思路，越来越成熟，而且逐步纳入法制的轨道，因此改革冲击相对较小。中国经济成熟度不断的提高降低了波动，但开放程度越来越高，外部冲击的影响会加大，这是中国未来发展需要特别关注和防范的外部冲击带来的波动风险。

二 增长阶段的跨越与体制转型

1978年中国人均收入 [①] 仅为200美元，依据世界银行2015年最新给出的增长阶段划分标准 [②]，1978年中国属于低收入国家（人均收入<1045美元），而至2016年中国人均收入已达到8260美元，成功实现了向中等偏高收入阶段（4125美元<人均收入<12735美元）的跨越，以现在经济增长推算，预计2023~2025年就能成功突破12735美元进入高收入国家，中国经济将进入高收入发展阶段。

回顾40年中国的经济超高速增长的核心是制度变革，中国经济体制的变革是在坚持社会主义公有制前提下，将一个计划经济制度转变成社会主义市场经济体制，这是一个为自身开辟发展道路的改革，这一制度变革将中国经济从改革前经济濒于崩溃的边缘发展到目前总量居世界第二。

中国的经济改革采取了一条渐进式的改革道路。1976年粉碎"四人帮"后开始"拨乱反正"，20世纪70年代末实行改革开放。改革从农村开始，

---

① 此处的人均收入为依据图集法测算的不变价美元衡量的人均GNI水平，主要是为了与世界银行给出的增长阶段划分标准的衡量指标一致，保持口径一致。

② 按世界银行公布的数据，2015年的最新收入分组［GNI per capita, Atlas method (current US\$)］标准为：人均国民总收入低于1045美元为低收入国家；在1045~4125美元为中等偏下收入国家；在4125~12735美元为中等偏上收入国家；高于12735美元为高收入国家。

1980 年 9 月中共中央印发《关于进一步加强和完善农业生产责任制的几个问题》，允许农民自愿实行家庭联产承包责任制，不到两年，家庭联产承包责任制就在全国绝大多数地区普及了，农业经济气象万新。在此基础上，农村集体所有制为主的乡镇企业也快速发展起来，国有和集体以外的乡镇企业发展探索取得了重大进展。农村改革开始不久，大多数学者和经济工作的领导人都认同把扩大企业经营自主权和提高企业活力放在改革和发展的中心地位，并且当时受到南斯拉夫的"自治企业"制度的影响，有的学者提出更为理论化的微观改革方式，四川开始进行"扩大企业自主权"这一放权让利的改革，首钢成为承包的典型，企业积极性空前。但很快这种做法的局限性就表现出来，出现了宏观经济不平衡、不协调的问题[①]。

体制增量改革在农村改革成功的基础上全面推开。1984 年 10 月 20 日，中国共产党召开了第十二届中央委员会第三次会议，会议通过了《中共中央若干经济体制改革的决定》，决定"加快以城市为重点的整个经济体制的改革的步伐""发展社会主义商品经济"；强调"要建立合理的价格体系""价格体系的改革是整个经济体制改革成败的关键"；提出"增强企业活力，特别增强全民所有制的大、中型企业的活力，是以城市为重点的整个经济体制改革的中心环节"；指出"要积极发展多种经济形式和多种经营方式"。经济体制改革开始了"体制外市场化"阶段。

1992 年至今，中国进入了一个整体协调改革时期。1992 年 10 月中共第十四次代表大会确定了建立社会主义市场经济改革目标，1993 年十四届三中全会的《关于建立社会主义市场经济体制若干问题的决定》，提出了"整体改革和重点突破相结合"，要求在 20 世纪末初步建立社会主义市场经济体制。财政体制上将原来的"行政包干"改革为合理划分中央政府与地方政府（包括省级和县级政府）事权基础上的"分税制"；金融银行体系方面建立了在中央政府领导下独立执行货币政策的中央银行体制；实现现有银行的商业化经

---

① 林毅夫、蔡昉、李周：《中国的奇迹：发展战略与经济改革》，上海人民出版社，1994。

营，并组建政策性银行承担原国有银行的政策性任务，1995 年全国人大通过了《银行法》。

在国有企业改革基础上提出了"进一步转换国有企业经营机制，建立适应市场经济要求，产权清晰、责权明确、政企分开、管理科学的现代企业制度"，据此全国人大通过了《公司法》。社会主义市场经济体系逐步建立，并纳入法律管理的框架中。1997 年中共十五大又有了历史性的突破，依据"三个有利于"的原则，提出了三项内容：（1）缩小国有经济的范围，国有资本要逐步从非国民经济命脉的领域退出；（2）寻找能够促进生产力发展的多种公有制实现形式，发展多种形式的公有制；（3）鼓励个体私营等非公有经济的发展，使之成为社会主义市场经济的重要组成部分。

中国的渐进式改革道路从所有制结构调整开始，发展非公有制经济，而后推进"双轨制"的经济运行体系的调整，再到财税联动的宏观管理框架改革，最后用更大的精力推进国有企业的改革。进入 21 世纪特别是党的十六大以后，则着力完善市场经济体制，建立健全社会保障体系、完善收入分配调节机制、保护环境等。十九大报告强调，中国社会的主要矛盾是"人民日益增长的美好生活需要和不平衡不充分的发展之间的矛盾"，这意味着未来五年经济建设仍旧是中国政治经济改革的重点，也是对改革开放以来以经济建设为中心的政策基调的延续。其中，十九大报告比以前更加重视再分配的作用，在强调坚决打赢脱贫攻坚战时，提出确保到 2020 年中国农村贫困人口实现脱贫，这将成为解决"不平衡"矛盾的重大胜利。渐进式改革道路可以说是理论和实践互动的产物，其中增量改革、试点推广、改革和开放互相推进都具有开拓性，这一过程的理论归纳在国内和国际理论界引起了很多的讨论，如国内和国际上关于"大爆炸"与"渐进式改革"的比较研究等。

迄今为止，中国经济体制改革过程可划分为五个阶段[①]。（1）第一阶段是从农村开始的经济体制改革起步阶段（1978 年十一届三中全会—1984 年 10 月

---

① 国家体改委综合司编《中国改革大思路》，沈阳出版社，1988。

十二届三中全会），主要改革举措是农村家庭联产承包责任制。（2）第二阶段是以城市为重点整个经济体制改革的全面展开阶段（1984 年 10 月—1992 年十四大），改革的中心环节是增进企业活力，改革的关键是价格体系的改革。（3）第三阶段是初步建立社会主义市场经济体制阶段（1992 年十四大—2001 年十六大），1994 年宏观五项整体配套改革取得突破性进展，1997~1999 年进行基本制度改革，调整所有制结构，全面对外开放，2001 年加入 WTO。（4）第四阶段是完善社会主义市场经济体制阶段（2002—2012 年），此阶段有一系列改革和发展的举措：2005 年 7 月国家进行了汇率制度的改革，从固定汇率向有管理的浮动汇率转型；2006 年 1 月 1 日，取消农业四税（农业税、屠宰税、牧业税、农林特产税），在中国延续了千年的农业税消失，并积极推进农村的社保建设，建立新农合社会保障体系，全面开展节能减排等；2008 年全球金融危机爆发，中国从 2009 年起进入到了一个反全球金融危机期，国家启动了四万亿元的积极财政政策，并配合金融创新，积极为城市化的基础设施和城市化建设进行投资，这期间出现的各类金融创新与城市化融资有关，房地产价格快速攀升凸显出城市化阶段的新问题。（5）第五阶段是中国经济发展进入新常态阶段（2013 年至今），供给侧结构性改革积极推进，五大发展理念，即创新、协调、绿色、开放、共享成为这一发展阶段的统领，以全面建设小康社会为目标，同时对外开放提出了"一带一路"倡议、人类命运共同体，并在逆全球化中高举全球化大旗，推进全球化的平衡发展，在宏观管理框架下提出了"稳中求进"，这些都是新阶段、新起点的系列总结和开创，也是这一阶段发展的客观性表述。

　　中国经济增长的主线可以更清晰地总结为农业国向现代化国家的转变，即体现出来的是农业—工业化—城市化，围绕的是农业人口的生产率提高—农村劳动力转移和工业化—城市化率提高进入现代化的过程。这一发展的主线表现在：第一阶段是农村经济带动阶段（1978~1991 年）；第二阶段是国际化阶段，即工业化和农村劳动力大转移阶段（1992~2002 年）[①]；第三阶段是城

① 王德文、蔡昉：《人口红利的获得与丧失》，载蔡昉主编《中国人口与劳动问题报告 No.7（2006）——人口转变的社会经济后果》，社会科学文献出版社，2006，第 147~169 页。

市化的提高阶段（2003年至今），即城市人口比率提高，预计2018年中国城市人口达到59%，服务业成为城市经济的主导性产业，服务业占GDP比重2017年超过了50%，中国经济结构服务化趋势特征表明，中国从典型的农业国（1978年农村人口占82.1%）经过工业化，进入了以城市经济为推动的现代社会国家。

对落后国家来讲，"工业化道路"可能是宿命的选择[1]。从被列强打开国门的那一天起，中国的仁人志士就开始提出工业立国思想。工业化显然是时代的抱负，也是中国增长的认知传统。对于任何后发国家而言，工业化（最高形式是重化工）都是追求的目标。中国改革开放之前，以高度集中的计划经济在一穷二白的土地上集中资源进行重工业化的实践，这种增长模式的偏差必然会导致消极后果，这方面的研究反思很多，可以观察的典型事实是重工业自我推动导致巨大的周期波动性，居民生活水平得不到提高，经济结构严重畸形，经济在20世纪五六十年代出现过快速增长后，60年代中期到70年代末陷入严重停滞，经济接近崩溃边缘。传统的计划经济配置资源模式桎梏了经济增长，改革启动了新的经济增长模式。

中国在改革的探索阶段也是从微观的实践起步的。改革能激活微观经济主体的活力，不论企业还是农民，都可以通过"物质刺激""承包制"等激励性工具进行改革。同时，提出了调整产业结构的方针，把改革与调整相协调，经过改革的起步阶段，农村改革的成功将改革引向深化，所有制结构调整，整体要素配置体系改革观念也逐步引入。从1988年"巴山轮"开始，中国的学者又将东欧的对传统社会主义经济体制反思理论引入，如科尔奈的"短缺经济"概念，更为重要的是提出了改革的目标模式，即所谓IIB模式，也就是有计划的市场协调，改革战略和资源配置模式因市场经济的概念引入而得到了大步向前。

一切经济问题的核心在于如何充分而合理地配置资源，提高资源的利用

---

[1] 钱纳里等：《工业化与各国经济增长比较》，上海三联书店、上海人民出版社，1989。

效率。迄今为止的经济实践和经济资料都表明，市场依然是资源配置最有效的手段。在范围广泛的竞争性部门，市场机制自动引导资源从效益低的部门流向效益高的部门，实现资源优化配置。就是那些自然垄断部门和提供重要公共产品的部门，一旦在适用范围内引入市场机制，其效率也能明显提高。市场经济的生命力正在于此。从计划经济体制转向市场经济体制的必要性和根源正在于此。

中国经济理论的发展离不开政治智慧的贡献。邓小平同志在 1979 年就明确提出，"社会主义为什么不可以搞市场经济""社会主义也可以搞市场经济"。1984 年，党的十二届三中全会提出了社会主义经济是"公有制基础上的有计划的商品经济"的论断，邓小平同志高度评价当时的决定是"马克思主义基本原理和中国社会主义实践相结合的政治经济学"。1992 年初，邓小平同志在南方谈话中，更加明确地指出，"计划经济不等于社会主义，资本主义也有计划；市场经济不等于资本主义，社会主义也有市场"，从而为 1992 年党的十四大确定把社会主义市场经济体制作为我国经济改革的目标模式，奠定了坚实的理论基础。2013 年十八届三中全会再次强调了"市场经济起决定性作用"，与市场经济配套的法律体系不断完善，中国特色的社会主义市场经济逐步走向成熟。2017 年 10 月十九大报告再次强调，要"加快完善社会主义市场经济体制"，指出经济体制改革必须以完善产权制度和要素市场化配置为重点，实现产权有效激励、要素自由流动、价格反应灵活、竞争公平有序、企业优胜劣汰。

中国已经形成了自己的经济增长模式，但这一经济增长模式仍然有很强的政府干预进行赶超的性质，要素投入规模效应递减明显，全要素生产率贡献不足，经济增长模式效率重塑仍是当前的一项重大战略问题：一方面延长赶超期，另一方面如何按新发展理念进行平稳转型，推进经济进入可持续发展的轨道中。

三 中国经济结构的现代化

按市场方式配置资源的体制改革很快激励了中国均衡结构的发展，矫正了传统计划经济片面发展重工业造成的严重结构畸形，开始了中国的第二次工业化。工业化的主要特征就是随着人均GDP的增长，居民消费提高，恩格尔系数持续下降引致第一产业持续下降，制造业为代表的工业化开始发展，非农就业成为社会最主要的就业方式，取代传统的农业社会就业方式，经济社会进入现代化进程。改革开放以来，中国的第一产业产值和就业量占比从28.2%和70.5%分别下降到了2007年的11.3%和40.8%。2017年农业对中国经济增长的贡献仅有4.9%，工业贡献为36.3%，服务业贡献为58.8%。中国工业化不仅表现在对经济的贡献，而且更表现了它强大的生产规模，如钢铁、煤炭、水泥、化肥、化纤、棉布、耐用消费品等产品产量居全球第一，发电量居全球第二，原油居全球第六等，近年在电子等高技术行业发展迅速，很多单项的产能也是全球之冠。

2008年全球金融危机爆发，中国果断采取反危机措施，加大基础设施投资，城市化高歌猛进，到2011年城市化率突破50%，2012年服务业占GDP的比重突破50%。2017年按劳动力就业的行业分布看，农业劳动力占比只有1.5%；工业部门中的制造业就业占比为27.4%，建筑业占比为15.23%；中国服务业占比为51.6%，中国呈现出城市经济主导和经济结构服务化的趋势，预计2018年城市化率接近或突破60%，中国未来城市化率逐步进入稳定增长阶段，不是靠农村居民快速城市化，而是因城市出生率高、预期寿命长、人口自然增长高于农村，而农村老龄化和死亡率程度高于城市，主导城市化的因素从人口转移转向人口自然增长阶段，城市化的高速增长期逐步变缓。改革开放40年，中国成功跨越了三个阶段，即农业主导到工业化主导，再到城市经济主导，经济结构服务化，现代经济体系逐步成熟。

中国的产业结构演进道路也很清晰，工业化长期稳定在高份额。中国第一次工业化主要是以苏联援建的158项工业项目为基础，优先发展重工业的工业化模式，通过"剪刀差"获取农村剩余，城市消费也被极度压缩用于积累，经济大起大落，并出现了停滞，重工业的工业化道路难以为继。改革开放后中国推动了第二次工业化，称为均衡发展的工业化，并积极鼓励非公经济发展和对外开放，中国从一个畸形的工业化体系转变成全球最大的开放、复杂的制造业体系①。随着城市化率突破50%，经济结构再次呈现服务化转型，2017年服务业比重超过了50%，劳动就业占59%（见表3）。

表3 中国主要经济部门占比情况

单位：%

经济部门	1978年	1988年	1998年	2008年	2017年
农林牧渔业	27.9	25.5	17.4	10.5	7.9
工业	44.1	38.3	40.1	41.2	33.7
建筑业	3.8	5.3	5.9	5.9	6.8
批发和零售业	6.6	9.8	8.1	8.2	9.1
交通运输、仓储和邮政业	4.9	4.5	5.5	5.1	4.7
住宿和餐饮业	1.2	1.6	2.1	2.1	1.8
金融业	2.1	4.3	5.1	5.7	8.5
房地产业	2.2	3.1	4.0	4.6	6.7
其他	7.2	7.5	11.9	16.6	20.8

资料来源：安格斯·麦迪森：《中国经济的长期表现：公元960—2030年》，伍晓鹰、马德斌译，上海人民出版社，2008；历年《中国统计年鉴》。

从国际比较看（见表4），中国与其他经济体各个阶段服务业相比，发达国家达到成熟后服务业比重仍然逐步上升，但相对比较稳定，偏于制造业的德国、日本稳定在70%左右，而其他发达经济体稳定在80%左右。东亚制造业国家比较低，韩国一直稳定在60%左右，中国服务业也不必追求过快发展，中国的服务业中金融服务业比重居全球最高，对于当前中国的发展阶段已经有所脱离。中国经济正转向高质量发展阶段，但传统行业仍是中国经济增长的引擎，如果不能清理冗余或引入更多的竞争机制，则可能使经济面临严重的增长放缓风险。同时，中国其他服务业中包含了太多的行政化的服务体系，如科教文卫体等非市场化部分很大，因此服务业在一定程度上被低估了，服务业自身结构调整是下一阶段的改革重点。

---

① 陈佳贵等：《中国工业化进程报告》，社会科学文献出版社，2007。

表4 中国与其他经济体各阶段服务业占比情况

单位：%

国别	1978年	1988年	1998年	2008年	2016年
中国	24.6	31.2	37.0	42.8	51.6
美国	—	—	75.3	77.2	78.9
德国	—	—	67.6	69.0	68.9
法国	64.4	69.1	73.7	77.6	79.2
日本	58.0	60.8	64.8	69.9	70.1
新加坡	63.9	64.0	66.0	72.6	73.8
韩国	44.3	50.0	57.3	61.2	59.2
巴西	48.3	46.2	69.3	67.3	73.3
阿根廷	46.4	52.5	65.3	59.9	65.8
智利	54.0	45.2	59.5	58.5	64.4
乌拉圭	—	53.8	65.8	63.3	64.4
马来西亚	35.1	41.6	42.8	47.1	55.7
泰国	45.9	49.2	53.5	50.3	55.8
印度尼西亚	—	39.7	36.7	37.5	43.7
菲律宾	34.9	41.9	50.8	53.9	59.5

数据来源：世界银行WDI数据库。

从供给带动看（见表5）：（1）经济增长的带动力从第二产业转向了第三产业，2017年第三产业增加值占GDP比重为51.6%，对经济增长贡献率为58.8%；（2）工业增长拉动的百分点在前30年的贡献都超过服务业，只有在近10年其贡献率低于了服务业，但第二产业中的制造业在前25年是决定性的贡献者，后15年贡献份额已经逐渐排名至第二位；（3）服务化趋势在继续加强。

表5 供给端各部门对增长的拉动

年份	1978	1995	2002	2008	2017	1978	1995	2002	2008	2017
	增长拉动（%）					贡献率（%）				
第一产业	1.1	1.0	0.4	0.5	0.4	9.8	8.7	4.1	5.2	4.9
第二产业	7.2	6.9	4.5	4.7	2.5	61.8	62.8	49.4	48.6	36.3
工业	7.3	6.3	4.0	4.2	2.0	60.2	57.3	44.3	43.4	30.3
第三产业	3.3	3.1	4.2	4.5	4.0	28.4	28.5	46.5	46.2	58.8
批发和零售业	1.5	0.5	0.7	1.3	0.7	12.7	4.3	7.9	13.7	9.2
金融业	0.2	0.4	0.4	0.6	1.1	1.9	4.1	3.9	6.0	16.4

数据来源：历年《中国统计年鉴》。

从需求结构看（见表6）：（1）出口贡献在中国快速发展的1995~2008年起到了决定性的作用，利用比较优势，中国经济增长高速发展，2009年后中国经济逐步转向内需，并对全球经济复苏起到带动作用；（2）中国需求结构逐步均衡，2017年消费贡献率达58.8%，校正了改革开放之初的投资贡献率高达67.0%的畸形投资，经济逐步平稳，需求结构逐步均衡。

表6 需求端各部门对增长的拉动

年份	1978	1995	2002	2008	2017	1978	1995	2002	2008	2017
	增长拉动（%）					贡献率（%）				
消费	4.5	5.1	5.1	4.3	4.1	38.3	46.2	55.6	44.2	58.8
投资	7.8	5.1	3.6	5.1	2.2	67.0	46.6	39.8	53.2	32.1
净出口	-0.6	0.8	0.4	0.3	0.6	-5.3	7.2	4.6	2.6	9.1

数据来源：历年《中国统计年鉴》。

工业化带动了城市化，体现在大量农村剩余劳动力进入现代化部门，工业在城市及其周围的全面发展推动了城市开发区、周围的工业园迅速建立，城市化速度大幅提高，农民身份不断转换为城市人口。城市化率的提高完全是由经济服务化推动的非农就业比重上升所带动的，未来发展的关键仍然是非农就业。工业化带动了城市化发展，而城市化的发展决定了一个国家经济结构的现代化，其经济结构均衡，本质上更表现为人口资源配置和人的发展。

四 中国经济增长质量提升与效率模式重塑

改革开放40年，中国经济进入中高收入阶段，预计到2025年左右迈进高收入国家行列。中国经济的增长模式也从后发赶超迈向中高端协调发展。习近平总书记对中国未来30年的规划目标是：从2020年到2035年，中国将"基本实现社会主义现代化"；接下来2035年到2050年，确立其社会主义现代化强国的地位。从经济增长的理论逻辑和国际经验表明，一国经济增长质量提升需要持续的效率改进，即劳动效率改进和全要素生产率贡献比重的提升，经济增长按创新、协调、绿色、开放和共享的发展路径前行，原有的规模扩张、非平衡等赶超的路径需要向新的发展路径转变。

中国经济进入高质量发展阶段必须重视两个效率的同步提升。只有劳动生产率不断提高，人民的收入水平才能稳步提升，劳动生产率的增长速度直接决定了工资水平提升速度，在工业化过程中劳动生产率的提高依靠的是"资本密集"，而经济结构服务化后靠的是"人力资本密集"，劳动生产率的提高反映了人力资本深化程度并决定了一国福利水平。全要素生产率对经济的贡献不断提高，是企业技术进步与配置效率提升的综合反映。只有全要素增长率超过要素投入带来的增长时，才能提高全要素生产率的贡献率，而且全要素生产率的贡献率被视为内生增长贡献水平的测量。放大至一国来看，全要素生产率的贡献比重提高意味着一个国家经济增长逐步摆脱要素投入带来的增长，进入内生增长的道路，而全要素生产率增长本身才能克服人力、资本深化带来的规模报酬递减问题。[①]

中国改革开放至今 40 年的增长中，资本投入对 GDP 增长的贡献，一直维持在 70%~80% 的水平，综合考虑资本、劳动力对增长的贡献之后，效率改进对 GDP 增长的贡献大致维持在 20%~30% 的水平。显然，这种较低的 TFP 的贡献，是中国资本驱动增长模式的特定现象。（1）资本存量增长持续加速。表 7 显示，在经济持续超高速增长的 1978~2007 年，资本存量平均增长速度为 11% 左右，不论与哪个发展阶段相似的国家相比，这个资本积累速度都是绝对高的。预计 2008~2018 年这个时期，虽然中国的潜在增长速度下降了，但是资本存量的增长速度仍然维持在 11%~12% 的高水平。（2）资本边际收益持续递减。长期的投资依赖导致资本边际报酬递减，而且报酬递减和低增长的不良循环以及中国资本驱动模式路径依赖的低效率问题越来越明显。表 7 显示，1978~2007 年，资本效率（Y/K，即 GDP 与当年投资之比）为 0.302，

---

① 张平：《中国经济迈向中高端发展的效率提升与供给侧改革——2017 年经济展望》，《现代经济探讨》2017 年第 1 期。

至 2008~2018 年，仅为 0.079。

用简单的柯布－道格拉斯生产函数对中国 TFP 进行计算得出：1978~2007 年中国高峰增长期间，TFP 对经济增长的贡献率为 23.33%，细算 1993~2007 年 TFP 对经济增长的贡献率超过了 35%[①]，但到了 2008~2018 年，经济增长速度下滑的同时，各种计算表明 TFP 贡献率降低至 20% 以下，同期经济增长主要是靠大规模刺激资本积累的方式来进行，展望未来增长，资本规模递减特征会越来越严重，不改变 TFP 低贡献现状，潜在经济增长率会持续下降。

表7 生产函数分解

期间	1978~2018 年	1978~2007 年	2008~2018 年
［1］潜在增长（生产函数拟合）三因素（%）	9.50	10.03	8.08
［2］资本投入（K）：弹性	0.635	0.636	0.631
［3］资本贡献份额 =（［2］×［8］）/［1］（%）	71.69	64.83	87.05
［4］劳动投入（L）：弹性	0.365	0.364	0.369
［5］劳动贡献份额 =（［4］×［11］）/［1］（%）	8.73	11.84	2.23
［6］TFP 增长率（%）	1.86	2.34	0.866
［7］TFP 贡献份额 =100－［3］－［5］（%）	19.58	23.33	10.72
［8］资本投入增长率（$k=dK/K$）=［9］×［10］（%）	10 99	10.96	11.04
［9］（净）投资率（I/Y）（%）	45.44	39.31	130.76
［10］资本效率（Y/K）	0.242	0.302	0.079
［11］劳动投入增长率（$l=dL/L$）=［12］+［13］（%）	2.272	3.263	0.504
［12］劳动年龄人口增长率（POP_l）（%）	2.603	3.709	0.657
［13］劳动参与率变化率（θ_L）（%）	−0.331	−0.446	−0.153
［14］劳动生产率增长率（$y=Y/L$）=［15］+［16］（%）	3.741	3.88	3.433
［15］资本效率（Y/K）增长率（%）	−5.429	−4.765	−7.12
［16］人均资本（K/L）增长率（%）	9.17	8.645	10.553

资料来源：中国经济增长前沿课题组：《迈向中高端的结构变革》，载李扬主编《中国经济增长报告（2016~2017）》，社会科学文献出版社，2017。

[①] 陆明涛、袁高华、张平：《经济增长的结构性冲击与增长效率：国际比较的启示》，《世界经济》2016 年第 1 期。

经济结构转型升级、制度机制匹配与效率路径重塑是中国跨越发展的根本所在。十九大后推动经济发展的基本思路也得到进一步完善，重点强调三个方面的内容：一是要推动高质量发展；二是要着力攻克发展方式、经济结构、增长动力三大关口；三是要加快建设现代化的经济体系，强调质量第一、效率优先。因为工业化赶超的效率路径、发展机制和结构转型到了中等收入阶段似乎处于一个非常不确定的过程中，如果没有好的制度、机制推动转型升级，未能明确新的效率路径，很难完成经济增长的跨越，或需要长期的探索才能实现。

工业化时期，发展经济学的"结构主义"进行了很多政策的总结，各国也做了很多实践，归纳起来最重要的就是政府的干预。在后发国家市场体系尚未建立，政府可以作为市场参与的超级主体以弥补市场的不完善性，提出了：（1）工业化"补贴"，利用产业政策，选择性金融政策、税收优惠政策等鼓励制造业发展；（2）资本积累激励，国内通过利率管制等各类方法筹集资金，压低国内劳动报酬，提升资本报酬，从而进行招商引资，并展开区域性竞争，达到国内外筹集资金用于制造业的快速发展；（3）开放政策，扩大市场规模，汇率政策上通过贬值提高国际竞争力等；（4）通过引进设备完成技术进步的"干中学"，推动国内制造业的技术进步和产业升级；（5）将 GDP 作为广泛的激励相容性指标，推动地方 GDP 的竞争。工业化的快速推进离不开政府的积极干预，工业化具有典型的"规模经济"特征，经济效率同步提升，经济结构具有加速增长和提升效率的双重作用，并足以弥补干预带来的成本。

经济结构进入服务化后隐含了很多不确定性因素，特别是增长、结构与效率同步现象出现了重大的不一致性，而国际经验更表明经济结构服务化后国家增长路径会出现严重的分化，需要认真理解才能清晰地得出效率路径转换的不确定性和转换的可行路径。

（1）结构与效率路径不同步。基于前面的计算，当经济结构服务化后，服务业比重上升很快，但其效率低于工业部门，因此服务业比重越高则一定会出现整体经济劳动生产率下降的特征。这一过程不同于工业化，服务化推动的增长不是一个"规模收益与效率递增"的同步过程，服务业的发展规模效率低于工业化，因此各国经济结构服务化后，服务业比重越高，增长普遍减速，但增长的效率和质量却出现了分化，发达国家靠服务提升经济增长的效率、稳定性，而后发国家效率改进下降，经济结构更为扭曲，易受外部冲击。一个典型的经验事实是：经济结构服务化后效率路径非连续，出现了分化。

（2）经济结构服务化的"成本病"。服务化普遍导致所谓的"鲍莫尔病"，或称为"成本病"，即由于服务业效率低，但服务需求旺，相对价格上涨，导致服务价格相对于制造业价格上升，即低效率改进导致的价格上涨，形成了服务成本上升。从广义上看"成本病"更表现为"城市化成本病"，即城市化高成本推进，但城市化过程没有提升聚集和创新效率，导致整体社会普遍成本提高。城市成本问题不仅威胁制造业，也同样威胁服务业的升级。

（3）产业升级不确定。城市化是经济发展的必然产物，从国际比较看，城市化率突破50%后，服务业比重快速上升，制造业比重下降，都面临着产业升级的内在要求，即靠低成本的产业要被城市化后带来的高成本所冲击淘汰，但也包含了城市聚集和创新外溢带来的效率提升的机遇，成本与效率赛跑。中国城市化成本增长过快，效率改进下降，这是中国现在已经出现的经验事实，高成本的住房、公共服务等导致中国城市化过程中有快速"去工业化"的趋势，使得服务业从生产性服务业进行效率提升的台阶逐步失去，产业结构转型升级失去了战略支点，产业升级变得不确定。

（4）"干中学"转向"自主创新"的技术进步路径不确定。"干中学"的技术进步往往是同质性的技术进步，它首先受到本地与国际技术水平差距的限制，越接近前沿国家的技术水平，其效率越低；其次，它受到需求规模的限制，由于技术同质性特征，很容易导致"规模收益递减"。进入中等收入阶段，与先进技术差距缩小和需求多样性，干中学技术进步效率迅速下降，但这并不直接导致自主创新比重的提高。自主创新核心就是自主知识产权能得到"垄断租金"的激励，更要获得资本市场的激励才能完成自主创新活动。

自主创新是异质性的，其创新风险不断提高，需要更多的人力资本投入和分布式创新活动，需要市场化的"高定价"激励才能完成。但由于自主创新不确定，公司和政府都愿意通过引进的方式走"干中学"的技术演进，消除不确定性，这无可厚非。但是仅限于"干中学"技术进步的增长，其持续性会受到限制，而且"干中学"路径容易导致"过度投资"引进技术和锁定技术演进路线，压制本土创新性。自主创新和"干中学"不是一个关于技术路径好坏的简单争论和自动转换，其机制建设是根本，衡量的最重要因素仍是TFP，如果 TFP 贡献持续下降，则认为技术进步演进出现了挑战。从国际经验比较看，从低收入阶段跃进到中等收入阶段的大多数国家在早期阶段 TFP 上升很快，贡献率也明显提高，但进入中等收入阶段后 TFP 下降明显，说明这一阶段的技术路径已经不是连续性的了，需要路径的转换。

（5）消费升级的不确定性。经济结构服务化过程中，要素服务化质量提高是关键，即以人的要素提升为核心，消费中广义人力资本的消费比重不断提高，提升人力质量，完成人力资本与结构升级的互动，形成所谓消费的动态效率补偿，但这一过程也是不确定的。如果过多地对服务业实行管制，消费服务没能提高人们的广义人力资本，消费效率不提升，则转型困难。

经济结构服务化意味着更复杂的经济系统协同、分布创新、高质量人力资本良性激励与循环等的出现，经济增长中"非竞争性"的新要素需要不断生产出来，包括制度规则、创意、国民知识参与分享水平、教育、信息网络等，这些新增长要素质量的不断提升决定了这一阶段服务化能够带动升级的根本。[①]

中国经济进入高质量发展阶段的增长效率模式，是以服务业结构高级化为基础，这种高级化的重要表现之一，就是服务业越来越趋于知识技术密集，它具有两大特征，一是通过现代服务业提升整体经济的配置效率，二是人力

---

① 中国经济增长前沿课题组：《突破经济增长减速的新要素供给理论、体制与政策选择》，《经济研究》2015 年第 11 期；袁富华、张平、刘霞辉、楠玉：《增长跨越：经济结构服务业、知识过程和效率模式重塑》，《经济研究》2016 年第 10 期。

要素的提升，用人力资本投入生产人力资本的方式服务于人，同时将人力资本不断提升。换句话说，我们把服务业作为知识过程和人力资本积累的载体来看待，而非像传统经济学理论中把服务业作为工业部门的分工辅助环节或成本项来看待。这种认识暗含的逻辑是，一方面现代服务业促进了工业更为高效率，另一方面现代服务业本身就成为城市化阶段的创新和增长引擎，那么服务业效率要与工业效率改进同步，否则高效率模式将难以维持。

消费和服务增长的关键不在于规模、比重，而在于结构升级，尤其是知识过程作用的发挥。在向发达城市化增长转换的时期，根据前文，可能的路径导向有两条：一条是囿于工业化规模扩张的惯性，服务业的发展以低技能的劳动力再生产为主，另一条是以知识过程为支撑的服务业的增长。经济结构服务化过程中，服务业规模扩张和比重增加是不可避免的趋势，但是推动这种状况的动力应该是服务业的结构升级，以及消费结构升级与服务业增长的联动。

消费把时间资本化：诸如教育、休闲娱乐等行业的消费，已经不是传统理论上所认为的瞬时完成，与知识产品相关的消费应该看作一个过程——这是现代生产性服务业的新特征。这与知识生产消费的方式有关，"人—人"面对面交流过程中，知识生产者创造、传播，消费者接受吸收知识，在市场交换的情景中，消费者根据信息流（时间上的信息发送）的新奇性支付费用。这个过程中，消费者根据心理需求的满足程度，对不同的知识流给出意愿的支付，高水平的知识产生溢价。

消费把空间资本化：消费的迂回性，即经济服务化时代的网络化与工业化时代的网络化最大的不同，在于知识信息网络化的作用凸显。因此，发达经济城市化阶段的消费，除实现了时间的资本化外，还实现了空间的资本化，主要是借助于因特网提高知识密集型服务业的可贸易性、"人—人"面对面交流距离的拉近等。消费的这种空间资本化，一方面有利于知识流和新奇的传播扩散，提高知识生产率、扩大知识产出；另一方面有利于消费市场分割的细化，使得信息冗余大量存在情况下提取定制化服务成为可能，专用性的知识服务和溢价也因此被抽取出来，从而指示了现代服务业结构升级和效率增进方向。

知识过程的发生、循环和扩展，本质上是物质生产循环向以人为载体的知识循环体系的转换。因此，循环的起点逐步从生产转向消费，通过知识消费、知识网络的互动产生高质量的知识消费服务和创新溢价。知识过程如果不能有效地融合到传统的物质生产循环之中，那么，服务业升级转型和以人为主体的知识服务循环体系也将会失去作用。特别是对经济追赶型国家来说，服务化进程中的效率模式重塑，消费结构升级将面临严重的制度挑战，把握不好就会导致转型失败，这一转变路径具有极高的结构和制度"门槛"。

整体而言，改革开放 40 年来，中国经济正由高速增长阶段转变为高质量发展阶段，当前正处在转变发展方式、优化经济结构、转换增长动力的攻关期，建设现代化经济体系是跨越关口的迫切需要，也是我国经济发展的重要战略目标。因此，我们必须以供给侧结构性改革为主线，推动经济增长质量提升和效率提升，挖掘新的增长动力，提高全要素生产率，从而构建出市场机制有效、宏观调控有度、微观主体有活力的经济体制，提升整个国家的经济实力和国际竞争力，为实现"两个一百年"的发展目标打下坚实的基础。

改革开放以来宏观经济政策的演进与创新

王一鸣[*]

导 读：1978 年 12 月召开的中国共产党十一届三中全会开创了中国改革开放和现代化建设新的历史进程。这个历史进程已经持续了 40 年。贯穿这个历史进程的有两条基本线索，首先是经济体制改革，也就是通过改革开放，建立能够有效提高资源配置效率、推动经济发展的体制机制；其次是探索适合中国国情的发展模式，找到一条实现工业化、现代化的道路。在这个历史进程中，宏观经济政策的演进大体可分为三个重要阶段。第一个阶段，1978~1996 年，以探索建立社会主义市场经济体制为背景、以抑制经济过热和通货膨胀为主线。第二个阶段，1997~2012 年，以确立和完善社会主义市场经济体制为背景、以有效扩大内需和应对外部冲击为主线。第三个阶段，2013年至今，以全面深化改革为背景、以适应引领经济发展新常态和推进供给侧结构性改革为主线。这三个阶段都有一些重要的历史事件。如第一阶段的治理三次经济过热，第二阶段的应对亚洲金融危机和国际金融危机，第三阶段的推进和深化供给侧结构性改革等。从中

---

[*] 王一鸣，国务院发展研究中心副主任、研究员，中国经济 50 人论坛成员。主要研究领域为经济发展战略、宏观经济政策、区域经济政策等。

可以看出，伴随着过去40年艰辛探索，中国的宏观经济政策在实践中发展和完善，宏观经济管理能力不断提高，并逐步形成了有中国特色的宏观经济管理体系。

一 1978~1996年：抑制经济过热和遏制通货膨胀

这个阶段宏观经济总量失衡的主要特征是需求膨胀、供给不足。在近20年的时间里，除了少数年份外，大多数年份都面临较为严重的通货膨胀。主要原因是，一方面，从经济体制看，传统计划经济体制效率低下，预算软约束严重，国民经济表现为较为严重的短缺经济。另一方面，从经济发展看，发展水平十分落后，各方面都有强烈的加快发展愿望和投资冲动。这一时期，宏观经济失衡集中表现为经济过热和通货膨胀，先后发生了1985年（CPI上涨9.3%以上）、1988年（CPI上涨18%以上）和1994年（CPI上涨24%以上）三次严重的通货膨胀（见图1），宏观政策主要采取从紧的财政和货币政策，以抑制经济过热和遏制通胀。

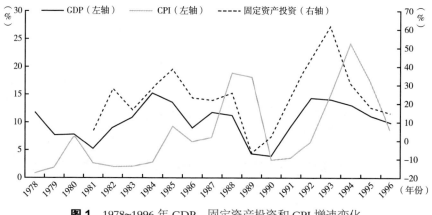

图1 1978~1996年GDP、固定资产投资和CPI增速变化

（一）改革开放初期："十年规划"和经济调整

1976 年"文化大革命"结束后，中国长期被压抑的发展热情重新释放，从上到下都憋着一口气，要把被"四人帮"耽误的时间抢回来，把国民经济搞上去，但在指导思想上没有充分考虑经济结构严重扭曲的实际情况，出现了脱离实际、急于求成的倾向，使国民经济逐步走向过热。1977 年编制的《十年规划纲要（1976—1985 年）》提出，1978~1985 年，要新建和续建 120 个大型项目，包括十大钢铁基地、九大有色金属基地、八大煤炭基地、十大油气田、30 个大电站等，比较典型地反映了当时大干快上、急于求成的倾向。

1978 年底，党的十一届三中全会后，党中央决定从 1979 年到 1981 年进行 3 年经济调整。1979 年 3 月成立的国务院财政经济委员会提出"调整、改革、整顿、提高"的八字方针，针对固定资产投资增长过快、物资缺口过大等经济过热带来的问题，采取了压缩固定资产投资和基本建设项目、压缩国防经费和行政管理费用、加强银行信贷管理、冻结企业存款等措施。在这些政策措施的综合作用下，固定资产投资过快增长势头开始降温，并于 1983 年回落到较为合理的区间。

（二）20 世纪 80 年代中期：第一次经济过热

1982 年 9 月召开的党的十二大明确提出了到 20 世纪末工农业生产总值"翻两番"的战略目标。1984 年 9 月党的十二届三中全会确立了社会主义商品经济的改革目标，进一步激发了各方面热情。一些地方开始为"翻两番"而大幅增加投资，经济过热的苗头随之显现，货币供应迅速增加。1984 年，银行信贷总额比上年增长 28.8%，现金（M0）发行比上年增长 49.5%。1985 年第一季度末现金（M0）、狭义货币（M1）、广义货币（M2）分别比上年同期增长 59%、39% 和 44%。从 1985 年第二季度开始，物价迅速上扬，全年居民消费价格上涨 9.3%。

这一轮经济过热，主要是一些地方为了提前实现"翻两番"，纷纷扩大投资规模造成的。按照原定部署，前 10 年是打基础，后 10 年实现腾飞，但一些地方竞相攀比，层层加码。与此同时，信贷和工资奖金发放失控，造成投资和消费需求"双膨胀"。1985 年上半年开始，中央政府实行财政、信贷"双紧"政策，严格控制工资和奖金发放。1985 年 9 月，邓小平在中央一次会议讲话中指出："速度过高，带来的问题不少，对改革和社会风气也有不利影响，还是稳妥一点好。一定要控制固定资产的投资规模，不要把基本建设的摊子铺大了"①。到第四季度，经济过热态势才有所缓解。值得指出的是，从 1984 年末到 1985 年，经济学界对于经济是否过热、是否要采取紧缩政策有过激烈争论，而 1985 年 9 月召开的"宏观经济管理国际讨论会"（又称"巴山轮会议"）② 形成的意见，对坚定实施"双紧"政策发挥了重要作用。

（三）20世纪80年代后期：第二次经济过热

1986 年上半年，"双紧"政策使工业和经济增长出现下滑迹象，一些地方和企业纷纷要求放松信贷控制。经济学界对此也有争论。一些经济学家认为，这种现象只是抑制经济过热时出现的暂时现象，用不着惊慌失措，但也有一些经济学者以经济"滑坡"为由，主张放松信贷。从 1986 年第二季度开始，中央银行大幅度增加货币信贷投放，加之 1984 年农业大丰收后部分地区出现"卖粮难"现象，对农业问题产生盲目乐观情绪，导致农业主要是粮食生产三年徘徊，而加工业快速发展又使能源、原材料供给不足的矛盾凸显出来，农产品和能源原料价格开始上涨，1987 年通货膨胀再次抬头。在这样的背景下，1988 年 5 月上旬中央又决定在此后 5 年中实现价格和工资改革"闯关"③，通货膨胀预期迅速形成。1988 年下半年价格指数迅速攀升，全年居民消费价格指数上涨 18.8%，城市普遍出现了商品抢购风潮，进一步使经济问

① 邓小平：《在中国共产党全国代表会议上的讲话（1985 年 9 月 23 日）》，载《邓小平文选》（第三卷），人民出版社，1993，第 143 页。
② 参阅吴敬琏《当代中国经济改革》，中信出版社，2017，第 468 页。
③ 参阅吴敬琏《当代中国经济改革》，中信出版社，2017，第 470 页。

题转化为社会问题。

为了控制爆发性的通货膨胀，1988 年 9 月中央工作会议决定实行"强行着陆"的宏观调控。1988 年第三季度开始急剧压缩固定资产投资规模，停止审批基本建设项目；清理整顿公司，控制社会集团购买力；强化物价管理，对重要生产资料实行最高限价；严格控制贷款规模，提高存款准备金并调整利率。随后，1989 年到 1991 年进行了为期三年的"治理整顿"，紧缩财政金融、压缩固定资产投资规模，抑制需求过快增长。一系列强硬的紧缩措施虽然使通货膨胀率迅速回落，但也付出了沉重的代价。1989 年第三季度，货币供应量指标下降到谷底，M1 和 M2 年增长率下降到 -1% 和 13%，市场需求疲软、工业生产下滑、企业开工不足，就业压力增大，财政状况恶化，出现了较为严重的经济低迷状况。

（四）20世纪90年代初期：第三次经济过热

1991 年底中国经济开始走出低谷。1992 年初，邓小平发表"南方谈话"[①]，明确提出社会主义也能搞市场经济，再一次解放了人们的思想。1992 年党的十四大确立了建立社会主义市场经济体制的改革目标，全国掀起新一轮改革和发展浪潮。1992 年国内生产总值增速由上年的 9.1% 提高到 14.2%，全社会固定资产投资由 23.8% 提高到 44.4%，工业增加值由 14.4% 提高到 21.2%。1993 年上半年，投资和消费需求迅速扩大，全社会固定资产投资增长 61%，其中国有单位增长 70.7%，社会消费品零售总额增长 21.6%。投资和消费"双膨胀"的直接后果是，货币超经济发行，通货膨胀压力明显加大，1992 年 M1 和 M2 分别增长 35.7% 和 31.3%，生产资料价格同比上涨 40% 以上，35 个大中城市居民生活费用价格指数上升 17.4%。

为了制止经济状况的进一步恶化，保持经济发展的好势头，1993 年 6 月下旬，中共中央和国务院印发了《关于当前经济情况和加强宏观调控的意

---

① 邓小平：《在武昌、深圳、珠海、上海等地的谈话要点（1992 年 1 月 18 日~2 月 21 日）》，载《邓小平文选》（第三卷），人民出版社，1993，第 370~383 页。

见》（即 1993 年"中央 6 号文件"），宣布采取 16 项措施来稳定经济，包括：
（1）严格控制货币发行，稳定金融形势；（2）坚决纠正违章拆借资金；（3）灵活运用利率杠杆，大力增加储蓄存款；（4）坚决制止各种乱集资；（5）严格控制信贷总规模；（6）专业银行要保证对储蓄存款的支付；（7）加快金融改革步伐，强化中央银行的金融宏观调控能力；（8）投资体制改革要与金融体制改革相结合；（9）限期完成国库券发行任务；（10）进一步完善有价证券发行和规范市场管理；（11）改进外汇管理办法，稳定外汇市场价格；（12）加强房地产市场的宏观管理，促进房地产业的健康发展；（13）强化税收征管，堵住减免税漏洞；（14）对在建项目进行审核排队，严格控制新开工项目；（15）积极稳妥地推进物价改革，抑制物价总水平过快上涨；（16）严格控制社会集团购买力的过快增长，加强集团购买力的控购管理工作。这一系列加强和改善宏观调控政策的实施，扭转了经济生活中突出矛盾进一步恶化的趋势，稳定了经济局势。

1993 年党的十四届三中全会《关于建立社会主义市场经济体制若干问题的决定》，明确了社会主义市场经济体制的基本框架，随后相继推行了财税、金融、投资、外贸等领域的改革，以社会主义市场经济为基础的新的宏观调控框架初步建立，利率、税率、汇率等经济杠杆的调控作用逐步增强，长期制约经济增长的供给数量"瓶颈"逐步消除，从而总体上结束了"短缺"时代，国内市场由卖方市场向买方市场转换。

到 1996 年，中国经济成功实现了"软着陆"①，国内生产总值增长 9.7%，通货膨胀得到控制，居民消费价格指数从 1995 年的 17.1% 回落到 1996 年的 8.3%，到 1997 年进一步回落至 2.8%，外汇市场汇率稳定在 1：8.7，年末国家外汇储备达到 1050 亿美元，并实现了人民币经常项目可兑换。这次宏观调控的成功实践，对中国在 1997 年亚洲金融危机爆发后，有效减缓亚洲金融危机的冲击，实现人民币不贬值，起到了重要作用。

---

① 华而诚：《中国经济的软着陆（1992~1997）》，中国财政经济出版社，1997，第 229 页。

二 1997~2012年：应对外部冲击和有效扩大内需

这个阶段宏观经济失衡的特点发生新变化，在 15 年间，除 2003~2007 年外，大部分时间表现为需求疲软，供给过剩，与上一阶段失衡的方向正好相反。主要原因在于，经济发展带来产能的迅猛扩张，而经济体制改革深化强化了市场约束，相对于市场需求而言，产能出现过剩。与此同时，受到 1997 年亚洲金融危机和 2008 年国际金融危机的冲击，国内有效需求不足的矛盾凸显出来，经济增速明显放缓，分别从 1997 年的 9.2% 回落到 1999 年的 7.7%，2007 年的 14.2% 回落到 2009 年的 9.4%（见图 2）。如何应对外部冲击的影响，缓解内需不足的压力，进而稳定经济增长并保障就业目标实现，成为这一阶段宏观调控的首要目标。相应的，宏观经济政策由长期实施的紧缩性政策转变为扩张性政策。自 1998 年下半年后的一个时期，为应对亚洲金融危机的冲击，采取了积极的财政政策和稳健的货币政策。2008 年后的一个时期，为应对国际金融危机的冲击，进一步采取更加积极的财政政策和适度宽松的货币政策，直至 2012 年底。

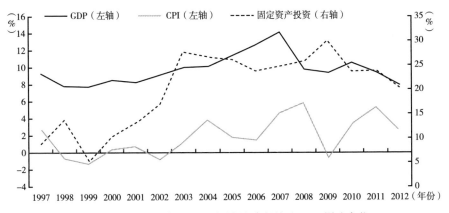

图 2 1997~2012 年 GDP、固定资产投资和 CPI 增速变化

（一）20世纪90年代后期：应对亚洲金融危机冲击

亚洲金融危机对中国经济的冲击，源于外部需求对中国经济增长的巨大支撑作用。1994年外汇体制改革和人民币贬值后，中国出口贸易快速增长，贸易平衡逐步转变为每年高达数十亿甚至数百亿美元的顺差（见图3）。巨大的外部需求弥补了国内需求不足，使中国经济在1993年后采取紧缩政策的背景下，仍保持年均10%左右的增速。亚洲金融危机初期，亚洲国家货币纷纷贬值，大部分货币兑美元汇率贬值幅度超过10%，而中国承诺人民币不贬值，出口竞争力受到较大影响。从1997年8月开始，中国对外贸易出口增长开始放慢，到1998年更加明显，比上年出口增速降低20.4个百分点，加之外商直接投资大幅下降和国内投资增速明显放缓，加大了经济下行压力。

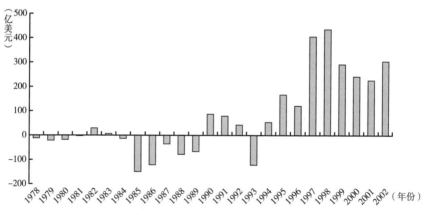

图3 1978~2002年中国净出口额变化

为应对亚洲金融危机的冲击，中国制定了扩大内需、实施积极财政政策的战略方针，决定由中央财政向商业银行发行长期国债，主要用于加强基础设施建设，同时拓宽融资渠道，鼓励和引导民营经济增加投资。1998年中央经济工作会议明确指出："扩大国内需求、开拓国内市场，是我国经济发展的基本立足点和长期战略方针。"[1] 1998~2001年，共发行长期建设国债5100亿

---

[1] 江泽民：《关于一九九九年经济工作的总体要求（1998年12月7日）》，载《十五大以来重要文献选编（上）》，人民出版社，2000，第658~659页。

元，主要投向基础设施，如高速公路、交通运输、发电设施以及大型水利工程，扭转了投资快速下滑的势头。1998 年固定资产投资增速由 1997 年的 8.8%回升到 13.9%。与此同时，采取比较宽松的货币政策，中央银行下调准备金率，并连续下调存贷款利率，增加货币供给。采取措施促进外贸增长，多次提高部分商品出口退税率。在完善宏观调控的同时，加快了改革开放步伐，特别是加快对石油、通信、铁路、电力等部门进行战略重组，推进公司化改制，实行政企职能分离和建立新的政府监管框架。同时，积极推动入世谈判，并于 2001 年顺利加入了世贸组织，中国出口随之大幅增加，使经济扭转了下滑态势，经济进入新一轮上升期。

（二）2003~2007 年：入世后的经济繁荣期

2002 年党的十六大提出，"要在本世纪头二十年，集中力量，全面建设惠及十几亿人口的更高水平的小康社会，国内生产总值到二〇二〇年力争比二〇〇〇年翻两番"①。2003 年十六届三中全会通过的《关于完善社会主义市场经济体制若干问题的决定》明确了深化改革的目标，调动了地方政府加快发展的热情。与此同时，一些地方固定资产投资开始升温，尤以房地产投资为甚，加之入世后外贸出口迅速增长，出现了经常账户和资本账户"双顺差"（见图 4），外汇储备不断增长，央行被动购汇并不断释放基础货币，人民币流动性迅速增长，为扩大投资创造了条件，2003 年固定资产投资增长 27.7%，M2 增长一度达到 20%，推动经济增速回升到 10%，到 2006 年和 2007 年，经济增速进一步上升到 12.7% 和 14.2%。与此同时，投资增长过快、流动性过剩、物价结构性上涨压力增大等问题显现出来。虽然没有出现类似于 1985 年、1988 年和 1993 年那样的经济全面过热局面，但汽车、钢铁、电解铝等部分产业领域重复建设较为突出，生产资料和农产品价格上涨较快，通过成本推动物价总水平上升，通货膨胀压力开始显现。

---

① 江泽民：《全面建设小康社会，开创中国特色社会主义事业新局面（2002 年 11 月 8 日）》，载《十六大以来重要文献选编（上）》，中央文献出版社，2005，第 15 页。

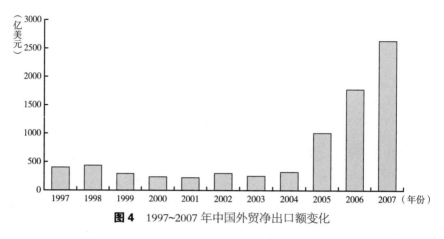

图 4 1997~2007 年中国外贸净出口额变化

针对经济运行中的突出矛盾，2004 年底中央政府将实施近七年的积极财政政策调整为稳健的财政政策，将长期建设国债规模从 2002 年的 1500 亿元缩减到 2004 年的 1100 亿元，2005 年进一步缩减到 800 亿元。2007 年中又将稳健的货币政策调整为适度从紧的货币政策。2007 年底召开的中央经济工作会议明确提出，要把"防止经济增长由偏快转为过热、防止价格由结构性上涨演变为明显的通货膨胀"作为宏观调控的首要任务[①]，进一步将宏观经济政策调整为稳健的财政政策和从紧的货币政策，并采取了一系列宏观调控举措，防止苗头性问题演变成趋势性问题、局部性问题演变成全局性问题。

（三）2008~2012年：应对国际金融危机冲击

2008 年爆发的国际金融危机，引发世界经济自二战以来最严重的衰退，外部需求急剧收缩，造成中国出口下滑，工业生产大幅回落，就业压力明显增大。在外部冲击和内在条件变化的交互作用下，中国经济增速从 2007 年的 14.2% 放缓至 2008 年的 9.7% 和 2009 年的 9.4%。针对经济增速明显回落但物价涨幅仍在高位的情况，2008 年初，宏观经济政策目标由"双防"，即"防止经济增长由偏快转为过热、防止价格由结构性上涨演变为明显的通货膨

---

① 王一鸣：《坚持宏观调控与市场机制的有机统一》，《求是》2011 年第 24 期。

胀"，调整为"一保一控"，即"保持经济平稳较快发展、控制物价过快上涨"①。到 2008 年第四季度，国际金融危机愈演愈烈，对中国经济形成较大冲击，中国政府果断出台应对危机冲击的一揽子计划，并提出"出手要快、出拳要重、措施要准、工作要实"的要求②，宏观政策调整为积极的财政政策和适度宽松的货币政策，并迅速出台了一系列政策举措。一是提出进一步扩大内需、促进经济平稳较快增长的十项措施，计划两年增加约 4 万亿元投资，重点投向"三农"、保障性安居工程、交通等基础设施、节能减排和社会事业等五个方面。二是启动轻工、汽车、钢铁、纺织、装备制造、船舶、石化、有色、电子信息等十大产业振兴规划，遏制和扭转工业增速下滑。三是加大金融对经济发展的支持力度，2008 年 9 月后先后五次下调基准利率，四次下调存款准备金率，促进货币信贷稳定增长。四是着力促进就业，改善民生，加大支农惠农力度，扩大居民消费需求。

通过实施一揽子经济计划，迅速扭转了经济快速下行态势，在全球主要经济体中率先实现复苏。2009 年第一季度经济增速仅为 6.2%，但在一揽子计划实施后经济增长实现 V 型反转，2009 年第二、三、四季度经济增长率分别回升到 7.9%、8.9% 和 10.7%。产业振兴措施较快扭转了工业快速下行的压力，2009 年第一、二、三、四季度，规模以上工业增加值增长率分别为 5.1%、9.1%、12.4% 和 18%，形成强劲回升势头。经济迅速复苏稳定了就业，2009~2010 年城镇就业人员分别增加了 1219 万人和 1365 万人，保持在较高的水平。

有效应对国际金融危机，大大提升了中国经济在全球经济中的地位。2010 年中国国内生产总值超过日本，成为世界第二大经济体。人均国内生产总值超过 4000 美元，由中低收入国家迈入中高收入国家行列。同时，也要看到，由于应对危机中过于倚重短期需求政策，对深化改革重视不够，结构性

① 王一鸣：《坚持宏观调控与市场机制的有机统一》，《求是》2011 年第 24 期。
② 《国务院召开省区市人民政府和部门主要负责同志会议》，《人民日报》2008 年 11 月 10 日，第 1 版。

矛盾仍较为突出，大规模增加基础设施投资，而基础设施投资周期长，回报率较低，加之要求地方资金配套，增加了地方债务积累；钢铁、水泥等传统产业过度扩张，风电、多晶硅等出现重复建设倾向，产能过剩开始从工业消费品领域逐渐深入到工业投资品领域；适度宽松的货币政策，使2009年和2010年实际信贷规模达到18万亿元左右，带来了流动性过剩问题，增大了后期的资产价格上涨压力。

三　2013年至今：经济发展进入新常态和供给侧结构性改革

2012年底，中国从全面反危机的政策轨道逐步退出。这个阶段，宏观经济失衡逐步由总量性失衡为主转向结构性失衡为主，经济发展进入新常态。其一是经济增长速度开始由高速进入中高速，进入经济增速换挡期。其二是长期累积的结构性矛盾逐步显现，表现为供需的结构性失衡，需要推进存量的结构性调整，进入结构调整阵痛期。其三是自2008年下半年后反危机的刺激政策形成的超量M2供应，并由此带来M2/GDP的迅速攀升（见图5），金融风险不断积累，进入前期政策消化期。"三期叠加"的特征要求创新宏观调控方式，既要完善需求管理政策，适度扩大总需求，宏观政策重回积极的财政政策和稳健的货币政策轨道，以稳定市场预期和信心，但更重要的是，要

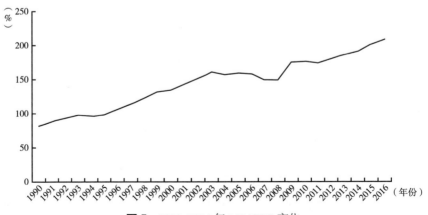

图 5　1990~2016 年 M2/GDP 变化

推进供给侧结构性改革，优化存量资源配置，增加优质增量供给，通过供需结构动态平衡，促进经济持续健康发展。

（一）经济发展进入新常态

2011 年后，中国经济在波动中持续下行，从 2010 年 10.6% 的两位数增长跌落到个位数增长，2016 年进一步下降到 6.7%，比 2010 年下降 3.9 个百分点（见图 6），经济增长出现阶段性变化。2013 年后，中国做出经济发展进入新常态的重大判断，强调宏观经济管理要适应和引领新常态，加快结构调整和动力转换。从国际比较看，中国经济增速变化的特征与二战后同样经历过高速增长的日本、韩国在增长阶段转换时的表现大体相近。2015 年，按现价计算，中国人均 GDP 达到 7920 美元左右，按购买力平价计算，约为 11000 国际元，大体相当于日本和韩国高速增长阶段结束时的人均 GDP 水平。2011~2015 年，中国经济年均增长 7.8%，比日本、韩国高速增长阶段结束前五年的增速略高。日本经济的高速增长在 1974 年结束，之前的 1969~1973 年，经济年均增长 6.5%。韩国经济的高速增长大体上在 1998 年结束，1993~1997 年，经济年均增长 7.4%。通过比较可以看到，中国经济增速回落是一个相对缓和的过程。

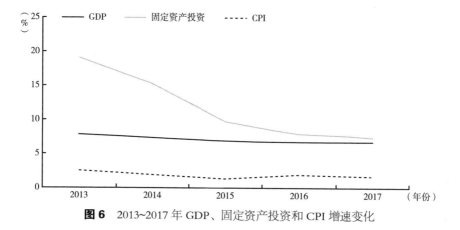

图 6 2013~2017 年 GDP、固定资产投资和 CPI 增速变化

中国经济增速回落受到供需结构变化的双重影响。从需求端看，2013 年中国城镇居民户均住房超过 1 套，2014 年每千人拥有汽车超过 100 辆，按照可比的国际经验，"住""行"的市场需求发生明显变化，房地产开发投资和汽车消费从过去两位数高速增长回落到个位数增长，与"住""行"关联的钢铁、建材、有色、玻璃、水泥等工业部门产量增速大幅回落，需求结构加快向高端化、多样化、服务化转换。从供给端看，2012 年后，中国 16~59 岁的劳动年龄人口逐年减少，人口数量红利快速消失，资源和环境的硬约束强化，综合生产成本明显提高。在供需结构变化的双重影响下，经济增速逐年放缓，2013~2016 年经济增速由 7.8% 下降到 6.7%。长期以来支撑中国经济高速增长的动力，如投资需求拉动、工业产能扩张和生产要素大规模高强度投入推动，受到供需两端结构性变化的约束而趋于减弱。

第一，依靠扩大投资拉动经济增长的空间明显收窄。在应对亚洲金融危机和国际金融危机冲击时，更多是通过扩大投资需求拉动经济增长。随着传统产业产能接近或达到上限规模，再简单沿用老办法化解供需矛盾，越来越受到投资效率下降和债务杠杆攀升的约束。2015 年中国增量资本产出比（ICOR），也就是每新增 1 元 GDP 所需的投资达到 6.7 元，比 2010 年的 4.2 元提高近 60%。根据国际清算银行数据，2010~2015 年，中国非金融部门负债总规模年均增长 16.6%，比同期名义 GDP 年均增速快约 6 个百分点。继续依靠扩大投资拉动经济增长，不仅投资效率会继续下降，债务杠杆会继续攀升，还将增大金融风险发生的概率，也难以扭转经济短暂回升后继续下行的态势。

第二，依靠制造业增量扩能为主推动经济增长受到产能过剩的约束。进入新常态，经济结构从增量扩能为主转向调整存量、做优增量并举。随着传统产业市场需求趋于饱和，工业增速持续回落，服务业比重逐年上升，2015 年服务业占 GDP 的比重首次突破 50%，达到 50.2%。在工业内部，钢铁、煤炭、建材、有色、石化、电力等行业渐次达到或超过市场需求峰值，2015 年粗钢产能已达 11.3 亿吨，但产量为 8.04 亿吨，产能利用率仅为 71.1%，考虑到未统计的产能，实际产能利用率可能更低；煤炭实有产能 42 亿吨，在建产能 15 亿吨，合计总规模约 57 亿吨，而 2015 年消费量仅为 39.2 亿吨，产能过剩状况十分突出。再像过去那样，依靠"铺摊子"扩大制造业产能推动经济增长，将加剧重复生产和产能过剩，扭曲资源配置，已经越来越走不下去了。

第三，依靠生产要素大规模高强度投入的条件发生变化。进入新常态，支撑经济高速增长的生产要素供求关系发生明显变化。劳动年龄人口逐年减少，矿产资源人均占有量大幅下降，土地供给日趋紧张，生态环境硬约束强化，原有的低成本竞争优势开始减弱，继续依靠大规模增加要素投入支撑经济增长已经越来越困难。在市场的倒逼下，越来越多的企业通过增加研发投入，培育新的增长点，但技术创新对经济增长的贡献仍然偏低，经济增长还难以完全摆脱对要素投入的依赖，需要加快推动增长动力从主要依靠要素驱动为主转向创新驱动为主。

面对国内外发展的新形势新挑战，特别是面对"三期叠加"的经济下行压力，宏观调控方式有所调整。2013 年，中央政府提出"区间调控"的概念，要求把握好宏观调控的方向、力度、节奏，使经济运行处于合理区间，守住稳增长、保就业的"下限"，把握好防通胀的"上限"，在这样一个合理区间内，着力调结构、促改革，推动经济转型升级。2014 年，进一步提出要在坚持区间调控的基础上，注重实施"定向调控"，也就是在调控上不搞"大水漫灌"、不采取短期强刺激措施，而是抓住重点领域和关键环节，更多依靠改革的办法，更多运用市场的力量，有针对性地实施"喷灌""滴灌"，先后实行向小微企业等定向减税和普遍性降费、扩大"营改增"试点、积极盘活存量资金等政策，同时积极采取定向降准、定向再贷款、非对称降息等措施，加大对经济发展薄弱环节的支持力度。2015 年，又提出要更加精准有效地实施"相机调控"，强调做好政策储备和应对预案，把握好调控措施出台的时机和力度，不断提高相机抉择的水平。从"区间调控"到"定向调控"再到"相机调控"，体现了宏观调控的新探索和新实践。

（二）推进供给侧结构性改革

2012 年召开的党的十八大提出，"到 2020 年实现国内生产总值和城乡居民收入比 2010 年翻一番，全面建成小康社会"，也就是"两个翻番"目标。而进入新常态的中国经济，增长速度、经济结构、增长动力出现了不同以往的变化，要有效应对这些挑战，关键还在于深化改革。党的十八届三中全会是在中国改革进入关键时期和攻坚阶段召开的一次重要会议，会议通过的《中共中央关于全面深化改革若干重大问题的决定》强调，"使市场在资源配置中起决定性作用和更好发挥政府作用"。这是具有里程碑意义的重大理论创新，是对市场经济规律认识的重大突破，为推进供给侧结构性改革做了理论上的准备。

中国经济运行面临的突出矛盾和问题，虽然有周期性、总量性因素，但根源是重大结构性失衡，导致经济循环不畅，必须从供给侧、结构性改革上想办法。2015 年底，党中央提出推进供给侧结构性改革，重点推进"三去一降一补"，主要举措如下。

第一，去产能。从钢铁和煤炭入手，去除落后过剩产能。按照市场化法治化原则，以处置僵尸企业为突破口，推动企业兼并重组，通过严格执行环保、能耗、质量、安全等相关法律法规标准，去除落后产能，盘活沉淀的土地、厂房、设备等各种资源。在推动钢铁、煤炭行业化解过剩产能的同时，逐步开展其他产能严重过剩行业的去产能工作。

第二，去库存。以化解房地产库存为重点，按照分类调控、因城施策的原则，在房价上涨压力大的一线和二线热点城市合理增加土地供应，提高住宅用地比例，盘活城市闲置和低效用地，在人口净流出的三、四线城市控制房地产用地供给量，抑制房地产存量规模过快增长。提高棚户区改造货币化安置比例，鼓励农业转移人口购买城市商品房，通过推进人的城镇化减少房地产库存。

第三，去杠杆。在控制总杠杆率增速的前提下，把降低企业杠杆率作为重中之重，出台降低企业杠杆率等政策举措。按照市场化法治化原则，有序推进资产重组和债务处置，开展市场化债转股，推进不良资产证券化试点，推动企业降低杠杆率。

第四，降成本。中央和地方政府都推出了一系列降成本的举措，利率、电价、部分税费、五险一金、铁路运费都有所下调。特别是营改增改革，抵扣链条进一步理顺，各行业名义税负有所下降。推进放管服改革，减少审批事项，削减政府性收费，优化政府服务，提高办事效率，降低制度性交易成本。

第五，补短板。各级政府对农业农村、水利、脱贫攻坚、生态环保等投入明显加大。与此同时，增加创新能力建设、人力资本投资、社会保障体系建设的投入，加快建立覆盖全社会的征信体系，推进统一的政府信息平台建设和共享，加强市场监管和服务能力建设。

在深入推进"三去一降一补"的基础上，供给侧结构性改革不断拓展新领域。针对实体经济结构性供需失衡、传统产业盈利能力下降等问题，明确要求大力振兴实体经济，推动实体经济适应市场需求变化，加快产品更新换代，提高产品质量和工艺水平，增强企业创新能力和核心竞争力。针对金融和实体经济失衡、金融风险不断聚集等问题，加强和改善金融监管，抑制宏观杠杆率过快上升，防范和化解金融风险，维护金融安全和稳定。针对房地产和实体经济失衡、高房价和高库存并存等问题，加快建立符合国情、适应市场规律的基础性制度和长效机制，促进房地产市场平稳健康发展。

经过两年多的努力，钢铁、煤炭等过剩产能得到部分化解，房地产去库存持续推进，宏观杠杆率趋于稳定，企业资产负债表有所改善，陆续出台减税降费措施，企业生产经营成本得到降低，补短板取得较大进展。供给侧结构性改革有效改善了供需关系，加快了市场出清，对工业企业盈利改善起到重要支撑作用，引领经济发展企稳向好，推动中国经济运行发生多方面积极变化。从 2016 年下半年开始，工业品价格指数由负转正，工业增加值增速止跌回升，企业利润由降转升。2017 年经济增长 6.9%，位居世界主要经济体前列。需求结构调整取得重大进展，消费需求对经济增长的拉动作用增强，2013~2017 年，最终消费对经济增长的年均贡献率为 56.2%，其中，2016 年为 64.6%，2017 年为 58.8%，稳居 "三驾马车" 之首。产业结构调整加快，2015 年服务业增加值占比首次突破 50%，2016 年上升到 51.6%，2017 年保持这一水平。传统行业内部组织结构改善，水泥、造纸、挖掘机等行业前十名企业市场份额明显提高。创新驱动力明显增强，高速铁路、特高压输变电、电动汽车等产业技术创新取得重大突破，移动支付、平台经济、分享经济、线上线下融合、跨境电商等新模式方兴未艾。

四 在改革和发展实践中创新和完善宏观经济政策

改革开放以来，中国坚持社会主义市场经济的改革方向，逐步增强市场配置资源的作用，不断健全宏观调控体系，调整完善宏观经济政策，成功应对了 1978~1996 年短缺经济条件下投资消费双膨胀导致的经济过热和严重通货膨胀，1997~2012 年有效需求不足背景下经济下行压力、亚洲金融危机和国际金融危机等造成的严重冲击，以及 2013 年以来经济发展进入新常态，经济增速换挡、结构调整阵痛和前期政策消化 "三期叠加" 的挑战，促进了经济持续健康发展。

（一）经济体制改革是宏观经济政策演进的基本脉络

科学有效的宏观调控是社会主义市场经济体制的重要组成部分。伴随着改革开放以来经济体制深刻变革，中国宏观经济政策在实践中创新和发展。特别是 1992 年党的十四大提出建立社会主义市场经济体制的改革目标后，适应社会主义市场经济条件的宏观调控政策体系在实践中不断完善。1993 年党的十四届三中全会提出的社会主义市场经济体制框架，把建立和健全宏观调控体系作为五大支柱之一。2003 年党的十六届三中全会提出完善社会主义市场经济体制的任务，把更大程度发挥市场在资源配置中的基础性作用、健全宏观调控体系作为重要内容。2013 年党的十八届三中全会进一步明确，要使市场在资源配置中起决定性作用和更好发挥政府作用。经济体制改革的不断深化为创新和完善宏观经济政策体系提供了制度保障。

过去 40 年，特别是党的十四大确立建立社会主义市场经济的改革目标以来，中国立足发展社会主义市场经济实践，根据国情合理借鉴市场经济国家理论和经验，逐步形成了以国家发展规划为战略导向，财政政策、货币政策与产业政策、区域政策等相互协调的宏观调控政策体系。但也要看到，宏观调控在实践中仍然面临一些问题，缺乏体现经济发展质量和效益的调控指标，市场化调控工具尚不完善，行政干预手段使用仍然较多；政策之间效果抵消或负面效应叠加时有发生，调控决策及其实施的规范化、机制化建设滞后，政策传导机制不畅；宏观调控政策实施的法律保障和权威性、执行力不足等。这些问题的存在，影响了宏观调控的科学性、有效性。随着市场配置资源作用不断增强、宏观调控实践不断丰富，现有宏观调控政策体系需要在实践中不断创新和完善。

（二）在改革和发展实践中创新和完善宏观经济政策

从过去 40 年宏观政策的演进中可以看出，中国宏观经济政策的目标定位具有服务国家中长期发展战略的特征，这与中国作为后起的追赶型经济体加快工业化、现代化进程是分不开的。在宏观经济政策框架中，增长和就业往往是首要目标，物价稳定和国际收支平衡是次要目标。为了实现增长和就业目标，宏观调控主要着力于投资和出口，在政策组合中往往是以具有结构效应的财政政策为主导，作为辅助性的货币政策也是以非市场化的数量型工具为主。2017 年 10 月召开的党的十九大，做出了中国经济已由高速增长转向高质量发展阶段的重大判断，这对创新和完善宏观调控提出了一系列新的要求。

1. 更加注重质量和效益的调控目标

随着经济由高速增长转向高质量发展阶段，宏观调控要充分考虑经济发展从规模速度型向质量效率型转变的要求，更加注重质量和效益的调控目标，按照质量优于速度的原则，在明确经济增长预期目标的同时，把充分就业、物价稳定、金融稳定放在更加突出的位置。今后一个时期，尤其要针对实体经济盈利能力下降、金融"脱实向虚"、资产泡沫和风险聚集等问题，把防控金融风险放到更加重要的位置。

2. 更加注重从投资导向转向消费导向

长期以来，中国经济发展投资主导特征十分明显，稳投资成为稳增长的重要条件。但从 2009 年以来，固定资产投资增速已连续 8 年回落，对经济增速的贡献持续下降。与此同时，2015 年以来消费对经济增长的贡献则稳定在 50% 以上。投资增速下降、消费贡献上升、国内市场扩容，标志着中国经济增长对投资的依赖度下降，消费对经济增长的主导作用日益明显。宏观经济政策的着力点应该从投资导向转向消费导向，更加重视消费结构、消费周期等方面的一系列新变化，创新宏观调控方式，更多采取间接性、引导性调控手段，构建适应消费主导时代的宏观经济政策体系。

3. 更加注重拓宽财政政策作用空间

中国宏观经济政策体系中，财政政策具有更重要的地位。经济转向高质量发展阶段，市场主导型结构调整路径，要求改变运用财政资金直接推动结构调整的做法，增加教育、医疗、社会保障和社会安全网方面的支出。在财政收入方面，要降低企业税费负担，降低社会保险费，清理各种不合理收费，营造公平的税负环境。这就要求，调整财政支出结构并提高财政资金利用效率，同时从调整中央和地方政府债务结构、构建地方主体税种等方面改善政府中长期收支平衡，为发挥财政政策作用拓展空间。

4. 更加注重完善货币政策传导机制

长期以来，中国货币政策具有价格型和数量型手段、市场化和非市场化政策工具综合使用的特点，根源在于利率传导机制不健全。随着中国国内金融市场机制和金融机构治理的不断完善，货币政策的传导渠道更为通畅，加之中国和世界的联系更加紧密，人民币国际化背景下资本双向流动更加频繁，原来一些行之有效的数量型政策效力趋于下降，而价格型政策的传导机制并不健全，要求完善货币政策传导机制，构建目标利率和利率走廊机制，推动货币政策操作从数量型工具为主转向以价格型工具为主。

5. 更加注重加强政策协调配合

中国特色的宏观经济政策体系，既要发挥财政、货币政策的主导作用，同时又要促进财政、货币政策与产业、区域等政策的协调配合。这就要求建立健全重大政策统筹协调机制，加强财政和货币政策协调配合，实现财政与货币政策的协同效应，避免政策效力过度叠加或相互抵消，形成政策合力，提高宏观调控效率。同时，还要加强财政、货币政策与产业、区域等政策的协调，增强宏观经济政策体系的有效性。

6. 更加注重合理引导市场预期

随着经济市场化进程不断深化，市场主体日趋多元化，对政策信号更趋敏感，对市场预期管理的要求越来越高。过去几年，中国股市、汇市、房市、债市都出现过波动，各类风险的传导性也在增强，市场预期更加敏感。要更加注重市场预期管理，加强与市场主体的沟通交流，提高政策透明度，重大政策出台或者发生重大突发事件时做好权威解读工作，让市场主体能够更好地理解政策意图，防止发生误判，避免市场出现过度波动，增强在复杂局面下引导预期、管控风险的能力。

7. 更加注重建立健全决策支持体系

加强经济监测预测预警，提高国际国内形势分析研判水平。强化重大问题研究和政策储备，完善政策分析评估及调整机制。加快完善统计法规和制度，加大对统计数据造假行为的惩戒力度。建立现代统计调查体系，推进统计调查制度、机制、方法创新。注重运用互联网、统计云、大数据技术，提高宏观数据信息及时性、全面性和准确性。加快完善政府信息共享平台，增进信息实时共享和互通，打破政府部门信息孤岛。

8. 更加注重国际宏观经济政策协调

随着中国经济体量增大和推动形成全面开放新格局，中国与全球经济的互动性明显增强。作为全球第二大经济体，中国不仅对全球经济的"溢出效应"开始显现，而且"边际效应"影响也在增大。要密切跟踪国际经济金融形势和主要经济体宏观经济政策变化，主动加强与主要经济体和国际机构的沟通对话。与此同时，充分利用中国经济体量增大、对全球经济增长贡献上升的契机，主动创设议题，逐步完善多边或双边协调机制，增强在内外互动条件下驾驭经济、应对外部挑战的能力。

财税改革的一个基本脉络

高培勇[*]

导　读：中国财税体制改革 40 年的历程，以改革的阶段性目标区分，大致可以归为五个既彼此独立又互为关联的阶段。其间存在着一条上下贯通的主线索，就是它始终作为整体改革的一个重要组成部分，服从、服务于整体改革的需要。伴随着由经济体制改革走向全面深化改革的历史进程，而不断对财税体制机制进行适应性的改革。这一适应性改革的基本脉络可归结为：以"财政公共化"匹配"经济市场化"，以"财政现代化"匹配"国家治理现代化"，以"公共财政体制"匹配"社会主义市场经济体制"，以"现代财政制度"匹配"现代国家治理体系和治理能力"。由此可获得的一个重要启示，就是经济的市场化必然带来财政的公共化，国家治理的现代化要求和决定着财政的现代化。加快建立现代财政制度，是进入中国特色社会主义新时代的财税体制改革的必由之路。

---

[*] 高培勇，中国社会科学院学部委员、中国社会科学院经济研究所所长。学术领域以财政经济学为主，主攻财税理论研究、财税政策分析等。

一 引言

随着 2018 年的到来，发端于 1978 年并与整个改革开放事业如影随形、亦步亦趋的中国财税体制改革，已经步入不惑之年。

在过去的 40 年间，中国财税体制改革所面临的问题之复杂、所走过的道路之曲折、所承载的使命之沉重、所发生的变化之深刻、所取得的成果之显著，不仅在中国，而且在世界历史上，都是十分罕见的。对中国财税体制改革的实践进行理性分析和系统总结，把财税体制改革的基本轨迹、基本经验和基本规律讲清楚、说明白，把实践中做对了的东西总结出来，不仅对讲好中国改革开放的故事非常重要，而且本身就是理论创新，就是对中国特色社会主义政治经济学的理论贡献。

本文所确立的任务是，以讲好中国财税体制改革实践的故事为主要着眼点，梳理中国财税体制改革的基本轨迹，概括中国财税体制改革的基本经验。以此为基础，尝试提炼中国财税体制改革的基本规律。

40 年间的中国财税体制改革历程，按照阶段性的改革目标做大致区分，可以归为如下五个既彼此独立又互为关联的阶段。

二 1978~1994年：为整体改革"铺路搭桥"

中国的经济体制改革是从分配领域入手的。最初确定的主调，便是"放权让利"。通过"放权让利"激发各方面的改革积极性，激活被传统经济体制几乎窒息掉了的国民经济活力。在改革初期，政府能够且真正放出的"权"，主要是财政上的管理权。政府能够且真正让出的"利"，主要是财政在国民收入分配格局中所占的份额。这一整体改革思路与财税体制自身的改革任务——由下放财权和财力入手，打破或改变"财权集中过度、分配统收统支，税种过于单一"的传统体制格局——相对接，便有了如下的若干改革举措。[①]

——在中央与地方之间的财政分配关系上，实行"分灶吃饭"。从 1980 年起，先后推出了"划分收支、分级包干"、"划分税种、核定收支、分级包干"以及"收入递增包干、总额分成、总额分成加增长分成、上解递增包干、定额包干、定额补助"等多种不同的体制模式。

——在国家与企业之间的分配关系上，实行"减税让利"。从 1978 年起，先后推出了企业基金制、利润留成制、第一步利改税、第二部利改税、各种形式的盈亏包干制和多种形式的承包经营责任制等制度。

——在税收制度建设上，着眼于实行"复税制"。从 1980 年起，通过建立涉外税制、建立内资企业所得税体系、全面调整工商税制、建立个人所得税制、恢复和改进关税制度、完善农业税等方面的改革，改变了相对单一化的税制格局，建立起了一套以流转税、所得税为主体，其他税种相互配合的多税种、多环节、多层次征收的复税制体系。

——在与其他领域改革的配合上，给予"财力保障"。以大量和各种类型的财政支出铺路，配合并支撑了价格、工资、科技、教育等相关领域的改革举措的出台。

上述的这些改革举措，对换取各项改革举措的顺利出台和整体改革的平稳推进所发挥的作用，可说是奠基性的。然而，无论放权还是让利，事实上，都是以财政上的减收、增支为代价的。主要由财税担纲的以"放权让利"为主调的改革，却使财政收支运行自身陷入了不平衡的困难境地。

一方面，伴随着各种"放权""让利"举措的实施，财政收入占 GDP 的比重和中央财政收入占全国财政收入的比重迅速下滑：前者由 1978 年的 31.1%，相继减少到 1980 年的 25.5%，1985 年的 22.2%，1990 年的 15.7% 和 1993 年的 12.3%；后者则先升后降，1978 年为 15.5%，1980 年为 24.5%，

---

① 高培勇、温来成：《市场化进程中的中国财政运行机制》，中国人民大学出版社，2001，第 32~53 页。

1985 年为 38.4%，1990 年下降为 33.8%，1993 年进一步下降至 22.0%。[①]

另一方面，财政支出并未随之下降，反而因"放权""让利"举措的实施而出现了急剧增加（如农副产品购销价格倒挂所带来的价格补贴以及为增加行政事业单位职工工资而增拨的专款等）。1978~1993 年，财政支出由 1122.09 亿元持续增加至 4642.20 亿元，15 年间增加了 3.13 倍，年均增加 21%。

与此同时，在财政运行机制上也出现了颇多的紊乱现象。诸如擅自减免税、截留挪用财政收入、花钱大手大脚、搞财政资金体外循环、非财政部门介入财政分配等问题相当普遍，层出不穷。

"两个比重"迅速下降并持续偏低、财政支出迅速增长以及财政运行机制陷于紊乱状态的一个重要结果是：财政赤字逐年加大，债务规模日益膨胀，而且中央财政已经达到了难以担负宏观调控之责的空前水平。

1979~1993 年，除 1985 年财政收支略有结余之外，其余年份均出现财政赤字，且呈逐年加大之势：1981 年为 68.9 亿元，1990 年上升至 146.9 亿元，到 1993 年则扩大至 293.35 亿元。若按国际通行做法，将当年的债务收入纳入赤字口径，则 1993 年的财政赤字水平实为 978.58 亿元。

从 1979 年起，政府恢复了中断长达 20 年之久的外债举借。1981 年，又开始以发行国库券的形式举借内债。后来，又先后发行了重点建设债券、财政债券、国家建设债券、特别国债和保值公债。1993 年，国家财政的债务发行收入规模已经达到 739.22 亿元。

以中央财政债务依存度［债务收入／（中央财政本级支出＋中央财政债务支出］而论，到 1993 年，已经达到 59.63% 的国际罕见水平。这意味着，当年中央财政本级支出中的一半以上，要依赖举债或借款收入来解决。[②]

---

① 转引自财政部综合计划司《中国财政统计（1950—1991）》，科学出版社，1994；国家统计局：《中国统计年鉴（2015）》，中国统计出版社，2015，第 214~230 页。
② 转引自财政部综合计划司《中国财政统计（1950—1991）》，科学出版社，1994；国家统计局：《中国统计年鉴（2015）》，中国统计出版社，2015，第 214~230 页。

三 1994~1998年：踏上制度创新之路

如此的困难境况，很快让人们从改革最初成果的喜悦中冷静下来。意识到"放权让利"的改革不可持续，在这一思路上持续了十几年之久的财税体制改革自然要进行重大调整：由侧重于利益格局的调整转向新型体制的建立。恰好，1992年10月中共十四大正式确立了社会主义市场经济体制的改革目标，1993年11月召开的中共十四届三中全会又通过了《中共中央关于建立社会主义市场经济体制若干问题的决定》。于是，以建立适应社会主义市场经济的财税体制为着眼点，从1994年起，中国的财税体制改革踏上了制度创新之路。[①]

1994年元旦的钟声刚刚敲过，政府便在财税体制方面推出了一系列重大改革举措。

——按照"统一税法、公平税负、简化税制和合理分权"的原则，通过建立以增值税为主体、消费税和营业税为补充的流转税制，统一内资企业所得税，建立统一的个人所得税制，扩大资源税的征收范围，开征土地增值税以及确立适应社会主义市场经济需要的税收基本规范等一系列的行动，全面改革税收制度，搭建了一个新型的税收制度体系。

——在根据中央和地方事权合理确定各级财政支出范围的基础上，按照税种统一划分中央税、地方税和中央地方共享税，建立中央税收和地方税收体系，分设中央税务机构和地方税务机构，实行中央对地方税收返还和转移支付制度，初步建立了分税制财政管理体制基本框架。

——根据建立现代企业制度的基本要求，在降低国有企业所得税税率、取消能源交通重点建设基金和预算调节基金的同时，实行国有企业统一按国家规定的33%税率依法纳税，全面改革国有企业利润分配制度。

——彻底取消向中央银行的透支或借款，财政上的赤字全部以举借国债方式弥补，从制度上斩断财政赤字与通货膨胀之间的必然联系。

---

① 项怀诚：《中国财政体制改革》，中国财政经济出版社，1994，第1~11页。

这是一个很重要的转折。在此之前所推出的财税体制改革举措，多是围绕利益格局的调整而展开的，而且，也是在整体改革目标定位尚待明晰的背景下而谋划的。这一轮财税体制改革的显著不同之处，就在于它突破了以往"放权让利"思路的束缚，走上了转换机制、制度创新之路：从重构适应社会主义市场经济体制的财税体制及其运行机制入手，在改革内容与范围的取舍上，既有利益格局的适当调整，也注重新型财税体制的建立。着重财税运行机制的转换，正是1994年财税体制改革的重心所在。

时至今日，我们颇为看重并为之自豪的发生在中国财税领域的一系列积极变化，比如财政收入步入持续快速增长的轨道、"两个比重"持续下滑的局面得以根本扭转、财政的宏观调控功能得以改进和加强、国家与国有企业之间的利润分配关系有了基本的规范，等等，正是这一轮财税体制改革收获的成果。可以说，通过这一轮财税体制改革，我们初步搭建起了适应社会主义市场经济体制的财税体制及其运行机制的基本框架。

四 1998~2003年：构建公共财政体制框架

1994年的财税体制改革，固然使中国财税体制走上了制度创新之路，但并没有解决问题的全部。因为，说到底，1994年财税体制改革所覆盖的，还只是体制内的政府收支，游离于体制之外的政府收支并没有进入视野。而且，1994年财税体制改革所着眼的，也主要是以税收制度为代表的财政收入一翼的制度变革，至于另一翼——财政支出的调整，虽有牵涉，但并未作为重点同步进行。与此同时，既得利益的掣肘加之财政增收的动因，也在一定程度上束缚了改革的手脚，使得一些做法带有明显的过渡性或变通性色彩。

随着1994年财税体制改革成效的逐步显现，蕴含在游离于体制之外的政府收支和财政支出一翼的各种矛盾，愈发显露出来并演化为困扰国民收入分配和政府收支运行过程的"瓶颈"。于是，在20世纪90年代后期，以规范政府收支行为及其机制为主旨的"税费改革"以及财政支出管理制度的改革，先后进入中国财税体制改革的重心地带并由此将改革带上了财税体制整体框架的重构之路——构建公共财政体制框架。

1998 年 3 月 19 日，朱镕基总理在主持国务院工作之后举行的首次记者会上说下了一段颇具震撼力的话：目前存在的一个问题是费大于税。很多政府机关在国家规定以外征收各种费用，使老百姓不堪负担，民怨沸腾，对此必须进行改革。以此为契机，中国拉开了"税费改革"的序幕。

实际上，在全国性的"税费改革"正式启动之前，各地已经有过治理政府部门乱收费的尝试。最初的提法，是所谓"费改税"。其主要初衷，是通过将五花八门的各种收费改为统一征税的办法来减轻企业和居民的负担。后来，随着改革的深入和视野的拓宽，人们逐渐发现，现存政府收费的种种弊端并非出在政府收费本身。现存的、被称为"政府收费"的大量项目，既未经过人民代表大会的审议，又基本不纳入预算，而是由各部门、各地区自立规章，作为自收自支的财源，或归入预算外收入，或进入制度外收入，直接装入各部门、各地区的小金库。因而，它实质是一种非规范性的政府收入来源。"费改税"的目的，显然不是要将本来意义的政府收费统统改为征税，而是以此为途径，将非规范性的政府收入纳入规范化轨道。于是，"费改税"开始跳出"对应调整"的套路而同包括税收在内的整个政府收入盘子的安排挂起钩来。也正是在这样的背景之下，"费改税"一词为"税费改革"所取代，进而被赋予了规范政府收入行为及其机制的特殊意义。

在"税费改革"日渐深入并逐步取得成效的同时，财政支出一翼的改革也在紧锣密鼓地进行中。先后进入改革视野的有：财政支出结构由专注于生产建设领域逐步扩展至整个公共服务领域的优化调整；推行以规范预算编制和分类方法、全面反映政府收支状况为主要着眼点的"部门预算制度"；实行由财政（国库）部门集中收纳包括预算内外收入在内的所有政府性收入且由国库单一账户集中支付政府部门所有财政性支出的"国库集中收付制度"；推进将政府部门的各项直接支出逐步纳入向社会公开竞价购买轨道的"政府采购制度"。

然而，无论是财政支出一翼的调整，还是以"税费改革"为代表的财政收入一翼的变动，所涉及的，终归只是财税体制及其运行机制的局部而非全局。当分别发生在财政收支两翼的改革局限性逐渐凸显出来之后，人们终于达成了如下共识：零敲碎打型的局部调整固然重要，但若没有作为一个整体的财税体制及其运行机制的重新构造，并将局部的调整纳入整体财税体制及其运行机制的框架之中，就不可能真正构建起适应社会主义市场经济的财税体制及其运行机制。于是，将包括收入、支出、管理以及体制在内的所有财税改革事项融入一个整体的框架之中，并且，作为一个系统工程加以推进，便被提上了议事日程。在当时，人们也发现，能够统领所有财税改革线索、覆盖所有财税改革事项的概念，除了"公共财政"之外，找不到任何其他更适合的词汇。于是，以1998年12月15日举行的全国财政工作会议为契机，决策层做出了一个具有划时代意义的重要决定：构建中国的公共财政基本框架。①

正是从那个时候起，作为整个财税体制改革与发展目标的明确定位，公共财政体制框架的构建正式进入财税体制改革的轨道。

五 2003~2012年：进一步完善公共财政体制

正如社会主义市场经济体制要经历一个由构建到完善的跨越过程一样，伴随着以构建公共财政体制框架为主线的各项财税体制改革的稳步推进，财税体制改革也逐渐步入深水区而面临着进一步完善的任务。时隔5年，2003年10月，中共十六届三中全会通过了《中共中央关于完善社会主义市场经济体制若干问题的决定》。在那份历史文献中，根据公共财政体制框架已经初步建立的判断，提出了进一步健全和完善公共财政体制的战略目标。认识到完善的公共财政体制是完善的社会主义市场经济体制的一个重要组成部分，将完善公共财政体制放入完善社会主义市场经济体制的棋盘，从而在两者的密切联系中谋

---

① 在那次会议上，时任中共中央政治局常委、国务院副总理李岚清代表中共中央明确提出"积极创造条件，逐步建立公共财政基本框架"。李岚清：《深化财税改革确保明年财税目标实现》，《人民日报》1998年12月16日。

划进一步推进公共财政建设的方案，也就成了题中应有之义。以此为契机，财税体制改革又开始了旨在进一步完善公共财政体制的一系列操作。①

最先进入操作程序的，是税制改革。在《中共中央关于完善社会主义市场经济体制若干问题的决定》第 20 条款中，税制改革的内容被概括为如下八个项目：

> 改革出口退税制度。统一各类企业税收制度。增值税由生产型改为消费型，将设备投资纳入增值税抵扣范围。完善消费税，适当扩大税基。改进个人所得税，实行综合和分类相结合的个人所得税制。实施城镇建设税费改革，条件具备时对不动产开征统一的物业税，相应取消有关收费。在统一税政前提下，赋予地方适当的税政管理权。创造条件逐步实现城乡税制统一。

按照这样一套部署，在这一时期，先后有出口退税制度的改革、作为改进个人所得税的内容之一——上调工薪所得减除额标准和实行高收入者自行申报、实现城乡税制统一改革的重要一步——取消农业税、增值税由生产型转为消费型改革、统一各类企业税收制度的主要内容——内外资两个企业所得税法合并等几个项目得以启动。

几乎是与此同时，财政支出以及财政管理制度线索上的改革也开始实施。《中共中央关于完善社会主义市场经济体制若干问题的决定》第 21 条款做出如下部署：

> 健全公共财政体制，明确各级政府的财政支出责任。进一步完善转移支付制度，加大对中西部地区和民族地区的财政支持。深化部门预算、国库集中收付、政府采购和收支两条线管理改革。清理和规范行政事业性收费，凡能纳入预算的都要纳入预算管理。改革预算编制制度，完善

---

① 《中共中央关于完善社会主义市场经济体制若干问题的决定》，人民出版社，2003；谢旭人：《中国财政改革三十年》，中国财政经济出版社，2008，第 141~149 页。

预算编制、执行的制衡机制，加强审计监督。建立预算绩效评价体系、实行全口径预算管理和对或有负债的有效监控。加强各级人民代表大会对本级政府预算的审查和监督。

需要提及的是，这一轮的改革，适逢科学发展观和构建社会主义和谐社会重大战略思想的提出。在全面落实科学发展观和构建社会主义和谐社会的棋盘上推进的上述改革，其进展是非常显著的：在取消农业税打破了原有农村公共服务供给体系的同时，公共财政开始了逐步覆盖农村的进程；财政支出越来越向以教育、就业、医疗、社会保障和住房为代表的基本民生事项倾斜；围绕推进地区间基本公共服务均等化，加大了财政转移支付的力度并相应调整了转移支付制度体系；以实行全口径预算管理和政府收支分类改革为入手，强化了预算监督管理，进一步推进了政府收支行为及其机制的规范化，等等。

六 2012年至今：建立现代财政制度

在中国 40 年改革发展史上，2012 年是一个十分重要的转折点。这一年，中共十八大召开，开启了中国特色社会主义进入新时代的征程。也是在这一年，延续多年的中国经济发展的速度、结构和动力格局发生重大变化。还是从这一年起，改革开放进入攻坚期和深水区。于是，在新的历史起点上全面深化改革，实现经济体制、政治体制、文化体制、社会体制和生态文明体制改革的联动，作为一种历史的选择而提至我们面前。2013 年 11 月，中共十八届三中全会通过了《中共中央关于全面深化改革若干重大问题的决定》。立足于全面深化改革的宏观背景，在其中的第五部分，以建立现代财政制度为基本目标，分别从预算管理制度改革、税收制度改革以及中央和地方财政关系改革三个方面，就启动新一轮财税体制改革做出了系统部署。[1]

---

[1]《中共中央关于全面深化改革若干重大问题的决定》，人民出版社，2013，第 19~21 页；楼继伟：《深化财税体制改革　建立现代财政制度》，《求是》2014 年第 20 期。

——就预算管理制度改革而言，有别于以往围绕一般公共预算（亦称财政预算）而定改革方案的做法，新一轮预算管理制度改革的视野扩展到包括一般公共预算、政府性基金预算、国有资本预算和社会保险基金预算在内的全部政府收支。其目标，就是在覆盖全部政府收支的前提下，建立"全面规范、公开透明"的现代预算管理制度。基于这一目标所做出的部署如下。

改进预算管理制度。实施全面规范、公开透明的预算制度。审核预算的重点由平衡状态、赤字规模向支出预算和政策拓展。清理规范重点支出同财政收支增幅或生产总值挂钩事项，一般不采取挂钩方式。建立跨年度预算平衡机制，建立权责发生制的政府综合财务报告制度，建立规范合理的中央和地方政府债务管理及风险预警机制。

——就税收制度改革而言，有别于以往围绕税收总量增减而定改革方案的做法，新一轮税制改革设定的前提是"稳定税负"。其目标，就是在"稳定税负"的前提下，通过"逐步提高直接税比重"优化税收收入结构，建立现代税收制度。基于这一目标所做出的部署如下。

深化税收制度改革，完善地方税体系，逐步提高直接税比重。推进增值税改革，适当简化税率。调整消费税征收范围、环节、税率，把高耗能、高污染产品及部分高档消费品纳入征收范围。逐步建立综合与分类相结合的个人所得税制。加快房地产税立法并适时推进改革，加快资源税改革，推动环境保护费改税。

——就中央和地方财政关系改革而言，有别于以往围绕中央或地方财力增减而定改革方案的做法，新一轮中央和地方财政关系改革的目标，被锁定于"发挥中央和地方两个积极性"，构建现代中央和地方财政关系新格局。以发挥"两个积极性"而非"一个积极性"为目标所做出的部署如下。

建立事权和支出责任相适应的制度。适度加强中央事权和支出责任，国防、外交、国家安全、关系全国统一市场规则和管理等作为中央事权；部分社会保障、跨区域重大项目建设维护等作为中央和地方共同事权，逐步理顺事权关系；区域性公共服务作为地方事权。中央和地方按照事权划分相应承担和分担支出责任。中央可通过安排转移支付将部分事权支出责任委托地方承担。对于跨区域且对其他地区影响较大的公共服务，中央通过转移支付承担一部分地方事权支出责任。保持现有中央和地方财力格局总体稳定，结合税制改革，考虑税种属性，进一步理顺中央和地方收入划分。

2013 年 11 月迄今，4 年多的时间里，作为阶段性的改革成果，新一轮的财税体制改革已在如下几个方面取得了相应进展。

——在预算管理制度改革领域，正式颁布了新修订的《预算法》。并且，围绕新《预算法》颁布了一系列旨在规范政府收支行为的制度。以此为基础，现代预算管理制度的若干基本理念得以确立，以四本预算构建的全口径政府预算体系得以建立，预决算公开透明也取得一定成效，等等。

——在税收制度改革领域，营改增全面推开且简并了增值税税率，资源税改革顺利推进，消费税征收范围逐步拓展，税收征管体制机制改革启动，环境保护税正式开征。

——在中央和地方财政关系改革领域，以全面实施营改增为契机，公布了《全面推行营改增试点后调整中央与地方增值税收入划分过渡方案》。此后不久，又发布了《关于推进中央与地方财政事权和支出责任划分改革的指导意见》。

2017 年 10 月举行的中共十九大，立足于中国特色社会主义进入新时代的新的历史方位，在系统评估中共十八届三中全会以来财税体制改革进程的基础上，围绕下一步财税体制改革的重点内容做出了如下部署[①]：

① 习近平：《决胜全面建成小康社会，夺取新时代中国特色社会主义伟大胜利》，人民出版社，2017，第 34 页。

加快建立现代财政制度，建立权责清晰、财力协调、区域均衡的中央和地方财政关系。建立全面规范透明、标准科学、约束有力的预算制度，全面实施绩效管理。深化税收制度改革，健全地方税体系。

仔细体会上述这一段话并同中共十八届三中全会关于财税体制改革的部署相对照，就会发现，其中所发生的变化，意义极其深刻[①]。

——起始句变化了。中共十八届三中全会提出"建立现代财政制度"，中共十九大报告添加了前缀"加快"——"加快建立现代财政制度"。从"建立现代财政制度"到"加快建立现代财政制度"，集中反映了中共十八届三中全会所开启的新一轮财税体制改革的紧迫性。可以说，"加快"将一张财税体制改革蓝图绘到底，真正落到实处，已成为中国特色社会主义新时代的迫切要求。

——排序变化了。在中共十八届三中全会所部署的三个方面财税体制改革内容中，预算管理制度改革居首，税收制度改革次之，中央和地方财政关系改革收尾。中共十九大报告对三个方面内容的排序做了调整：中央和地方财政关系改革跨越其他两方面改革而从尾端跃至首位，预算管理制度改革和税收制度改革则相应退居第二和第三。排序的调整，折射的是三个方面改革内容相对重要性的变化。可以说，随着中国特色社会主义进入新时代，加快中央和地方财政关系改革，不仅是新一轮财税体制改革必须跨越的关口，更是必须首先完成的任务。

——表述变化了。中共十八届三中全会关于财税体制改革内容的表述，篇幅近千字，相对完整而系统。中共十九大报告对于财税体制改革的直接表述，只有 78 个字，系画龙点睛式的。所凸显出来的，当然是最重要、最关键的内容。如中央和地方财政关系改革的目标是"权责清晰、财力协调、区域均衡"，预算管理制度改革的目标是"全面规范透明、标准科学、约束有力"，

---

① 高培勇：《将一张财税体制改革蓝图绘到底》，《光明日报》2017 年 12 月 12 日。

税收制度改革的重点是"健全地方税体系"。可以说，这些简明扼要、极具针对性的表述，均系中国特色社会主义新时代财税体制改革推进的重点所在和关键部位。

应当指出的是，中共十九大对财税体制改革做出如此部署，既是中国特色社会主义进入新时代的必然要求，亦是在对中共十八届三中全会以来财税体制改革进程做出恰当评估的基础上做出的战略抉择。所以，上述的重点所在也好，关键部位也罢，之所以在众多的改革议题和线索中被凸显出来，就在于它们实质是新一轮财税体制改革的焦点、难点和痛点。

注意到十八届三中全会开启的全面深化改革有明确的时间表："到二〇二〇年，在重要领域和关键环节改革上取得决定性成果，完成本决定提出的改革任务，形成系统完备、科学规范、运行有效的制度体系，使各方面制度更加成熟更加定型。"[①]中共十九大报告有关财税体制改革部署传递出一个最重要信息：未来3年要围绕上述焦点、难点和痛点打一场攻坚战，将十八届三中全会绘制的新一轮财税体制改革蓝图真正落到实处。

结 语

从主要着眼于为整体改革"铺路搭桥"、以"放权让利"为主调的改革，到走上制度创新之路、旨在建立新型财税体制及其运行机制的1994年的财税改革；从以规范政府收支行为及其机制为主旨的"税费改革"以及财政支出管理制度的改革，到作为一个整体的财税改革与发展目标的确立；从构建公共财政基本框架，到进一步完善公共财政体制和公共财政体系，再到以建立现代财政制度定位财税体制改革目标，为推进国家治理体系和治理能力现代化发挥基础性和支撑性作用，当我们大致把握了40年间中国财税体制改革的基本轨迹之后，一个绕不开、躲不过且对本文的命题具有重大意义的问题便

[①]《中共中央关于全面深化改革若干重大问题的决定》，人民出版社，2013，第3页。

接踵而来：梳理以往改革的基本轨迹，概括以往改革的基本经验，其最终的着眼点，当然要放在改革基本规律的提炼上。迄今中国的财税体制改革进程是否具有一般意义的规律性？

该是对本文的分析做适当总结的时候了。

第一，中国财税体制改革的一大特点，就是它始终作为整体改革的一个重要组成部分，始终与整体改革捆绑在一起并服从、服务于整体改革的需要。

如果说改革开放 40 年来我们走出的一个基本轨迹就是由经济体制改革走向全面深化改革，经济体制改革和全面深化改革的目标又分别在于经济市场化和国家治理现代化，那么，作为其中的一个重要组成部分，可以清晰地看到，40 年来的中国财税体制改革实质上是一个顺应这一变革并逐步向匹配经济市场化和国家治理现代化的财税运行格局及其体制机制靠拢和逼近的过程。

第二，关于中国经济体制改革，迄今一个最广为流行的表述是"市场化改革"。如果说经济体制改革是沿着一条颇具规律性且逼近经济市场化的道路走过来的，那么，作为与之相匹配的一个必然选择，财税体制改革的基本取向就是走向"财政公共化"。

当财税体制改革刚刚起步的时候，并未确立公共化的改革取向，更未有构建公共财政体制的说法。那时几乎所有的改革举措，都是基于提升经济活力目的、围绕着"放权让利"的主调而推出的。然而，正是这种旨在为整体改革"铺路搭桥"、从下放财力和财权入手的种种举措，打破了"财权集中过度、分配统收统支，税种过于单一"的传统体制格局，把中国财税运行格局带上了收入来源公共化和支出投向公共化的轨道。并且，作为收入来源公共化和支出投向公共化的必然结果，由此启动了中国财税体制机制的公共化进程。

当改革必须调整航向、在社会主义市场经济体制的棋盘上谋划全新的财税体制改革方案的时候，虽然并未清晰地意识到经济市场化与财政公共化的高度相关性，但那时所操用的几乎每一个棋子或推出的几乎每一个举措，也都是基于财税运行格局已经变化且不可逆转的现实而选择的。而且，在那样一种情势之下，能够与社会主义市场经济体制对接的财税体制机制安排以及相关的原则界定，自然离不开经济的市场化这个基础。来自诸多方面的同市场经济血脉相连的因素、理念、规则、制度等叠加在一起，不仅催生了公共财政的概念以及相关的实践，而且改革的着眼点也越来越向财政公共化的方向聚集。

到后来，当局部性的改革随着改革的深入而逐步向全局延伸，以至于必须对财税体制改革目标有个总体定位的时候，也许是水到渠成的功效所致，"构建公共财政基本框架"便被作为一种必然的选择，进入人们的视野。并且，从那以后，包括收入、支出、管理和体制在内的几乎所有的财税改革线索和几乎所有的财税改革事项，都被归结于这条改革的主线索，都被覆盖于这一改革的总目标。也正是从那以后，关于中国财税改革与发展目标或财税体制改革目标，无论学术界还是实践层，都越来越集中于"构建公共财政体制"或"建立公共财政制度"的概括或表述。

概括起来讲，由"非公共性"的财税运行格局及其体制机制起步，沿着"财政公共化"的路径，一步步逼近"公共性"的财税运行格局及其体制机制方向，正是经济体制改革背景下中国渐进式财税体制改革的一条主线索。

也可以说，由"非公共性"逐步向"公共性"靠拢和逼近的所谓"财政公共化"过程，是这一阶段的中国财税体制改革所经受的最可称道的重大挑战。

这实际上告诉我们，经济的市场化和财政的公共化，是一枚硬币的两个方面。经济的市场化，必然带来财政的公共化。搞市场经济，就必须搞公共财政。这可以成为中国财税体制改革的一个规律性现象。

第三，以中共十八届三中全会通过《中共中央关于全面深化改革若干重大问题的决定》为标志，中国踏上了全面深化改革新征程。随着改革开放进入全面深化改革阶段并确立国家治理现代化的目标，始终作为整体改革的一个组成部分且服从、服务于整体改革需要的财税体制改革，必然要转向匹配国家治理现代化的改革道路——以"财政现代化"匹配国家治理的现代化。

这一变化带给财税体制改革的最为深刻的影响，就是跳出以往追随经济体制改革而定改革方案的思维范式，将财税体制改革置于全面深化改革的总棋局，从而走上了建立现代财政制度的改革道路。

以现代财政制度标识的财税体制改革大不同于以往的财税体制改革。以往的财税体制改革，多着眼于财税体制的属性特征，追求的是财税体制与社会主义市场经济体制的"性质匹配"——以"财政公共化"匹配"经济市场化"。其基本目标，是建立与社会主义市场经济体制相匹配的公共财政体制。新一轮的财税体制改革，则是着眼于财税体制的时代特征，追求的是财税体制与国家治理体系和治理能力的"现代化匹配"——以"财政现代化"匹配"国家治理现代化"。因而，它绝非以往改革目标的简单延续，而是匹配国家治理现代化的总进程，在公共财政体制建设取得突破性进展的基础上，从现代财政文明出发布局财税体制改革，打造现代国家财政制度的一般形态，建设顺应历史规律、切合时代潮流、代表发展方向、匹配中国国情的现代财政制度。

这意味着，以现代财政制度标识的财税体制改革，其理念、思想和战略均大不同于以往。站在"财政公共化"的肩膀之上，按照全新的理念、思想和战略推进改革，使得改革循着"财政现代化"的路径前行，直至建立起匹配现代国家治理体系和治理能力的现代财政制度，正是全面深化改革背景下中国财政体制改革的一条主线索。

也可以说，由"公共财政体制"向"现代财政制度"靠拢和逼近的所谓"财政现代化"过程，是这一阶段的中国财税体制改革所面临的最可称道的重大挑战。

这实际上也告诉我们，国家治理的现代化和财政的现代化，是一枚硬币的两个方面。国家治理的现代化，必然要求和决定着财政的现代化。推进国家治理体系和治理能力的现代化，就必须以建立现代财政制度作为基础和重要支柱。这可以成为中国财税体制改革的又一个规律性现象。

第四，随着中国特色社会主义进入新时代，中共十八届三中全会开启的新一轮财税体制改革已经进入倒计时状态。

注意到当下中国财税体制机制格局同中共十八届三中全会确立的改革目标之间的距离仍旧十分遥远，可以立刻做出的判断是，作为国家治理的基础和重要支柱也好，作为全面深化改革的基础性和支撑性要素也罢，财税体制改革的全新功能和作用既不会自动从天上掉下来，也不会仅靠党和国家颁发的文件自动得以实现，更不会通过对外喊喊口号、对内发发牢骚而自动得以落实，而必须付诸加快建立现代财政制度的施工实践，经过异常艰苦的、实实在在的财税体制改革行动，方可能取得进展，进而逼近目标。

从这个意义上讲，进入中国特色社会主义新时代的财税体制改革，面临着一场围绕改革的焦点、难点和痛点而展开的攻坚战。

金融体系的演变和改革

殷剑峰*

导　读: 我国金融体系是一个典型的金融约束体制，金融资源的配置由政府而非市场主导，金融体系的结构是银行导向而非资本市场导向，同时，在对外开放方面又具有相对封闭的特征。在1978~2010年的人口红利时期，这种金融体系适应了动员储蓄、实施大规模投资的经济需求，成为人口红利的金融基础。2009年之后，我国的金融体系发生了深刻的结构变化，尽管银行依然是资产规模最大的机构，但非金融机构、银行内部的非传统业务和非金融债券市场迅速发展，而这些新兴的机构、业务和市场正在将越来越多的金融资源向基建房地产配置，在客观上导致金融风险的累积。可以看到，在2009年后的"后人口红利"时期，我国经济在产业结构、需求结构和技术进步等三个方面都在转型，过往的金融体系已经无法为这种经济转型提供所需要的新的金融服务。未来金融改革的根本方向在于形成由市场在金融资源配置中发挥决定性作用的金融市场化体制，并借此推动资本市场的快速发展。

---

* 殷剑峰，对外经济贸易大学金融学院教授，惠园特聘教授。研究领域为宏观金融。

一 引言：我国金融体系的基本特点

金融体系是金融工具、金融机构和金融市场的集合，它的基本功能就是通过媒介储蓄和投资，跨时空配置资源，即资源的跨期配置。金融体系一直被认为是现代经济的核心，但金融体系只是经济体系的一个子系统。金融体系运转的机制和效率影响着整个经济体系，反过来，金融体系的运转又受到经济体系中其他子系统的影响。

与金融资源配置由市场发挥决定性作用的金融市场化体制相比，我国的金融体系具有典型的金融约束体制特征（financial restraint）[①]，政府在金融资源配置中发挥了主导作用。与政府主导相对应，我国金融体系呈现出银行导向（bank-oriented）而不是资本市场导向（capital market-oriented）的结构特征，并且，从对外开放的角度看，整个金融体系是相对封闭的。

首先，从配置金融资源的机制看，与政府主导的经济发展模式相适应，在我国的金融体系中，是政府而非市场发挥着主导作用。政府的主导作用除了表现在对价格（如利率）的管制上之外，还包括对金融机构准入退出的行政管制，对金融业务和金融产品的行政管制，以及对获得金融资源主体的隐含偏好或者限制。经过近40年的金融改革与发展，中国金融机构的公司化治理、利率市场化等取得了重大进展，但是，行政管制的特征并无根本性的变化。例如，包括股票市场和债券市场在内的资本市场还没有实施注册制，退出制度也极其不完善。而且，不同所有制企业在获得金融资源方面存在着差别待遇：国有企业除了在股票市场占据了半壁以上的江山之外，在包括银行贷款在内的各种债务融资方面也占据了更多的资源。

对政府主导的金融体系，一个值得关注的问题就是金融管理事权在中央

[①] 蔡昉：《刘易斯转折点》，社会科学文献出版社，2008；殷剑峰：《关于我国财政金融体制改革"顶层设计"的思考》，《比较》2013年第2期（总65期）。

和地方间的分配。根据市场准入、机构管理、过程监督、危机救助以及宏观政策等金融管理事权是隶属于中央或联邦政府，还是在中央和地方之间进行分配，可以将金融体系分为"金融集权"（financial centralization）体制和"金融分权"（financial decentralization）体制。集权和分权是相对的，各国都不同程度地存在着中央和地方的金融分权，但由于一个经济体内部的资金是自由流动的，金融运转的外部性不可能局限于某个地区，因此，总体的趋势还是朝向金融集权。例如，在1863年之前的自由银行体制时期，美国银行业完全由州政府颁发牌照；在1863年之后的"双重银行体系"时期，联邦和州政府同时管理银行；如今，双重银行体系已经名存实亡，州政府监管、没有在联邦存款保险公司投保的银行只拥有整个银行体系不到0.2%的存款[1]。

其次，从媒介储蓄和投资的渠道看，与投资驱动的经济发展模式相适应，我国的金融体系是（传统）银行业发挥主要作用的银行导向体系，而不是资本市场发挥主要作用的市场导向体系。从居民金融资产的结构可以看到这两种体系的差异。表1比较了我国和美国的居民金融资产，可以看到，我国居民部门以存款为主，截至2015年，存款相当于我国居民金融资产的61%。相比之下，存款占美国居民金融资产的比重只有14%左右，证券和各种基金则占到近70%。银行导向体系有助于动员储蓄，推动大规模的房地产基建投资，但是，这种体系难以适应创新驱动的要求，难以发挥消费对增长的基础性作用。可以看到，我国居民消费率低的一个主要原因在于居民收入占国民可支配收入的份额较低，而难以通过资本市场获得财产性收入又是居民收入份额低的关键原因。并且，银行导向的金融体系主要将金融资源分配给了企业部门，而不是居民部门，因而，这种体系主要是为生产者而不是消费者服务的。

---

[1] 米什金:《货币金融学》(第十一版)，中国人民大学出版社，2016。

表1 中美两国居民部门金融资产结构比较

单位：%

中国	2004年	2009年	2013年	2014年	2015年
存款	81.72	73.17	69.67	67.38	61.37
证券	8.42	12.17	9.61	3.66	10.69
其中：股票	4.93	11.53	8.47	1.82	4.22
保险准备金	7.82	11.25	11.95	19.95	18.94
非公司股权					
其他	2.04	3.41	8.77	9.00	9.00
美国	2004年	2009年	2013年	2014年	2015年
存款	13.93	16.66	14.69	14.85	13.79
证券	25.48	24.87	25.03	24.41	26.36
其中：股票	17.66	14.92	19.13	19.56	19.93
各种基金	40.33	42.51	43.07	43.57	42.87
非公司股权	17.42	12.87	14.54	14.53	15.6
其他	2.83	3.09	2.66	2.65	1.37

数据来源：CEIC及测算。

最后，从金融体系的开放程度看，我国的金融体系依然是一个高度封闭的体系——这与我国已经成为世界第一大贸易国的地位是完全不相称的。以2016年中美资本项目做一比较可以看到，其一，在资本项目三大子项目中，我国的证券投资项开放程度最低，我国的证券投资资产和负债分别只占GDP的3.26%和7.22%，远远低于美国的水平。实际上，我国证券投资项的开放程度甚至还低于经济落后于我国的印度。其二，从直接投资看，尽管我国常年成为世界第一大直接投资输入国，但存量直接投资依然落后于美国。更为重要的是，我国对外直接投资的发展速度远远落后于输入直接投资的速度，2016年我国直接投资的资产只占GDP的11.76%（见表2）。

表2 2016年中美资本项目三大子项目余额占GDP的比重

单位：%

国家	直接投资（资产）	直接投资（负债）	其他投资（资产）	其他投资（负债）	证券投资（资产）	证券投资（负债）
中国	11.76	25.59	15.01	8.79	3.26	7.22
美国	39.72	40.76	21.43	27.46	65.10	105.01

数据来源：CEIC。

应该说，我国这种政府主导、银行导向和相对封闭的金融体系基本适应了人口红利时期对动员储蓄、实施大规模投资的要求。然而，随着我国经济结构和人口结构的变化，这种金融体系亟待做彻底的变革。

二 人口红利时期的中国金融体系

观察中国的人口结构可以发现，我国劳动年龄人口占总人口比重自 1978 年起开始超越全球平均水平，到 2010 年前一直处于上升水平（见图 1）。在我国劳动年龄人口比重上升的过程中，扣除 2009 年全球危机造成的影响，这段时期我国年均 GDP 增速在 10% 左右，因而被称作中国的"人口红利"。在导致人口红利的多种因素和机制中，金融因素不能忽略。唯有一个能够动员储蓄、实施大规模投资的稳定的金融体系，才会使得不断增加的劳动力与资本结合，形成生产力。

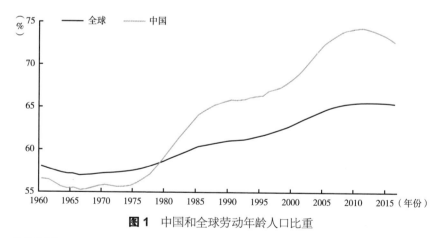

图 1 中国和全球劳动年龄人口比重

数据来源：CEIC。

1. 1978~1993 年：混沌初开的金融体系

1978 年，金融体制改革与经济体制改革几乎同时摆上议事日程。与经济体制改革中资源配置的权力由计划转向市场的取向一致，在金融领域中，"大一统"的金融体系开始被拆散、分解为包括银行、非银行金融机构和各种金融市场的日益复杂的金融体系，金融资源的配置越来越多地由各种类型的金融机构和非金融部门的分散决策共同决定。

在这段金融改革进程中，一个非常值得关注的特点就是，随着地方政府通过行政性分权获得了较大的经济管理权限，其对金融体系的控制也在加强。回顾这段历史可以发现，无论是银行、非银行金融机构的经营，还是金融市场的运行，甚至是中央银行基础货币的投放，都留有地方政府干预的印记。金融改革的另一个特点就是，它并没有像经济改革那样在计划经济体制之外产生了大量、新型的市场经济主体，这些被称作"非国有经济部门"的市场主体逐步发展并在就业、产值等方面超越了原来的国有经济部门。在金融领域，新诞生的重要金融机构——四大专业银行都来自一个母体——"大一统"金融体制下的中央银行，这些机构在管理机制上与非金融领域的国有企业无异。至于其他机构，如股份制商业银行、信托公司等，事实上也是隶属于各级政府。

与其他大型经济体一样，我国的财政体制也是中央和地方分灶吃饭的财政分权体制。为了推动地方经济发展，地方政府就有了"套取"银行信贷以发展地方经济的动机。不过，这种动机的实现还得依靠两个条件："自下而上"式的金融改革和雏形未现的中央金融管理体制。1994 年前的金融改革具有典型的"自下而上"的特点，这为地方政府介入金融资源的调配提供了便利。首先，在银行体系中，1979 年以后陆续成立的中、农、工、建等国有专业银行均以区域为核心的"块块"结构，导致地方分支行的权力极大，而地方政府对这些地方分支行又有很大的影响力，甚至有人事任免权。其次，各地出现了大量由地方政府批准设立的非银行金融机构尤其是信托投资公司。这些信托投资公司名为经营"信托"，实则都在做"信贷"：通过吸收存款和同业拆借资金用以发放贷款。一些地方政府为了使地方所属的信托投资公司扩大融资规模，甚至公开下文要求地方管辖的企事业单位将自有资金和专项资金放在信托投资公司的账户上①。最后,包括货币、债券和股票市场在内的各种金融市场都是"自下而上"发展起来的。除了中央认可、地方管理的上海和深圳交易所之外,各地成立了数量众多的证券交易中心、资金拆借市场,这些中心和市场有的是中国人民银行省市分行出面组建的,有的是地方政府单独或者与企业共同组建的。

在财政分权的格局下,"自下而上"式的金融改革造就了金融分权,而中央金融管理体制尚未确立则大大加强了分权的程度——这非常类似于大萧条前美国的情形。在1992年10月国务院成立证券管理委员会和中国证监会之前,当时的中央金融管理体制实则为中国人民银行一家机构对信贷和非信贷业务、银行和非银行金融机构以及各种金融市场实施管理。但是,这种管理的效力至少因为两个原因而被大大削弱了。首先,中国人民银行的组织架构也是仿照国有专业银行的做法,实行由上至下、以行政区域为主的管理架构,在省、自治区和直辖市设立分行,在地区一级设立中心支行,市县设立支行,这些分支行具有很大的权力,而地方政府又对中国人民银行的这些分支行有很大影响。其次,尽管通过设立中国工商银行剥离了中国人民银行办理的信贷和储蓄业务,但是,"政企不分"依然是主要特点,突出表现在中国人民银行广泛地参与到各种金融市场的设立和管理中,并利用奇高的法定存款准备金率参与到信贷资金的分配中。

2. 1994~2009年:金融约束体制的建立

金融权力的上收始于1993年中央对混乱金融秩序的清理整顿,包括对信托投资公司的全面清理、中国证监会对各地证券市场的整顿以及当时的国家计委对企业发债权力的上收。不过,系统、彻底地收权来自1993年12月25日国务院根据十四届三中全会精神做出的《关于金融体制改革的决定》。在

---

① 例如,1982年2月13日,甘肃省计委等部门发出联合通知,决定把存在银行账户的专项基金存款,转作地方信托存款,由地方负责支配。这次事件直接导致了中央的强烈反弹,国务院立即要求甘肃省人民政府纠正,并发出了《关于整顿国内信托投资公司业务和加强更新改造资金管理的通知》。

这个决定中，明确指出要建立"强有力的"中央银行宏观调控体系，要建立"统一开放、有序竞争、严格管理"的金融市场。之后，1995 年的《中国人民银行法》确立了币值稳定乃央行首要职责，严禁央行向各级政府部门提供贷款；1995 年的《商业银行法》则要求强化统一法人体制，实行严格的授权授信制度，并确立了分业经营的原则，不准商业银行参与信托、保险、证券业务。

1997 年亚洲金融危机之后，在继续收拾过去遗留的巨额呆坏账、清理信托投资公司和各地证券交易中心的同时，开始了艰巨的国有商业银行改革任务。直至 2002 年第二次全国金融工作会议召开，明确了国有独资商业银行改革是金融改革的重中之重，改革的方向是按现代金融企业的属性进行股份制改造。

以 2003 年中国银监会的成立为标志，我国金融管理体制正式形成了俗称"一行三会"的分业经营、分业管理的架构。此外，由于历史原因（也有部委间争权的因素），其他一些部委也参与到对某个市场（如国家发改委对企业债）、某类金融机构和业务（如商务部对融资租赁）的金融管理中。当然，财政部在金融管理中的地位是不言而喻的，尤其在增长型财政体制下更是如此。于是，"一行三会"以及各个部委就形成了所谓的"条条"。在金融管理事权的分配上，这些"条条"与地方政府的"块块"的博弈构成了我国金融体制的基本特征。

在金融管理事权方面，以"一行三会"为主的"条条"存在着很多重叠的区域。以非金融企业债券为例，在发行方面主要由中国人民银行（通过银行间市场交易商协会）、中国证监会和国家发改委分管，在交易方面由中国人民银行和中国证监会分管银行间市场和交易所市场。在 2005 年之前，非金融企业债市场除了中国证监会管理的少量可转债品种之外，几乎完全由国家发改委管理的企业债垄断，市场几无生机。"条条"之间的竞争始于 2005 年中国人民银行推出短期融资券，当年债券存量飙升，增速高达 150% 以上。2009 年中国人民银行推出中期票据后，进一步产生了刺激效应，因为中期票据与国家发改委的企业债以及中国证监会推出的公司债在属性上并无太大差异。"条条"间的竞争是我国非金融企业债在2005~2012年短短的7年间翻了20多倍的主要原因,其间中国人民银行管辖的短期融资券和中期票据在市场中的份额由0上升到57%强,中国证监会下属的债券品种份额也有显著上升,而国家发改委的权力空间被压缩了。那么,"条条竞争"是谁得利呢?"块块"!表3显示,地方国企发债的份额从2005年不到24%上升到2012年的近43%,地方国企发债中又有一半左右是地方融资平台的"城投债"。另外,表3也说明,我国的债券市场显然不是为民企服务的,包括民企在内的其他企业发债份额只有不到7%。

表3 我国非金融企业债的规模和结构

年份	非金融企业债		分管部委结构（%）			发行结构（%）		
	合计（亿元）	增速（%）	中国人民银行	国家发改委	中国证监会	央企和铁道部	地方国企	其他
2001	480.36	—	0	100	0	75	23	2
2002	718.30	50	0	100	0	83	15	2
2003	996.30	39	0	100	0	81	17	2
2004	1282.50	29	0	100	0	83	16	1
2005	3247.00	153	43	57	0	74	24	2
2006	5452.10	68	47	53	0	66	30	3
2007	7822.45	43	41	58	1	64	32	4
2008	13125.35	68	45	52	3	71	27	2
2009	25355.18	93	52	44	4	66	31	2
2010	36562.88	44	55	40	5	62	35	3
2011	49901.76	36	58	36	6	57	38	5
2012	72854.69	46	57	35	8	50	43	7

资料来源：国家金融与发展实验室。

至此,金融约束体制基本建立,中国的金融体制具有了金融约束论所描述的所有典型特征:第一,虽然利率管制一直处于不断放松的过程中,但存款利率上限和贷款利率下限没有取消,存款利率上限一直高于通货膨胀率——这也是得益于当时全球性通货紧缩的背景;第二,过度竞争受到限制,不仅银行的准入受到限制,而且金融市场尤其是与银行贷款业务直接竞争的债券市场处于被抑制的状态①，此外，除了外国直接投资（FDI）之外，资本项目受到严格管制；第三，中央对地方调动金融资源的能力实行了严格的约束，包括整顿地方金融机构，严格限制地方新设金融机构，加强对信贷规模和金融市场融资的控制等②。

在分税制后财政体制依然保持分权的同时，金融约束体制的建立促进了金融深化，同时扭转了前期金融分权造成的信用膨胀和通货膨胀倾向，使得金融运转趋于稳定。图2显示，从1994年开始，"超贷"现象得到迅速纠正，贷存比自此一直小于100%；而M0/GDP也一改之前的不断上升的趋势，自1994年后（除了亚洲金融危机期间）就不断下降。"超贷"现象的改变和M0/GDP的下降反映了一个基本事实：地方政府通过金融分权"倒逼"货币发行的机制得到纠正，信用膨胀乃至通货膨胀压力得到控制。

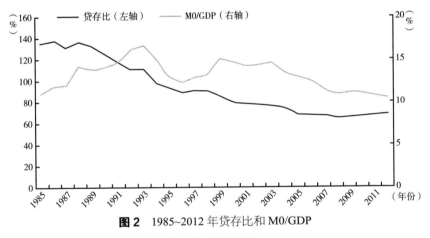

图2 1985~2012年贷存比和M0/GDP

资料来源：根据中国人民银行和国家统计局数据计算。

3. 金融约束体制与人口红利

随着金融约束体制的建立，我国的金融体系形成了银行导向的金融结构。

---

① 例如，根据1993年的《企业债券管理条例》和《公司法》，只能是股份有限责任公司、国有企业可以发放债券，累计债券总额不得超过企业净资产的40%。

② 例如，1993年的《企业债券管理条例》第十一条规定：中央企业发行企业债券，由中国人民银行会同国家计划委员会审批；地方企业发行企业债券，由中国人民银行省、自治区、直辖市、计划单列市分行会同同级计划主管部门审批。

这种结构虽然在今天看来存在着诸多弊端,例如,居民部门缺乏高收益、多样化的金融投资渠道,企业部门难以获得资本市场的有力支持,但它与人口红利时期对金融体系的基本要求是一致的:通过政府主导和金融集权,建立一个稳健的银行体系,从而低成本地吸收储蓄,为大规模投资融资。

我们知道,人口红利得以形成的一个关键就是与年轻劳动力相匹配的资本积累。随着劳动年龄人口的增加,储蓄率和投资率的上升非常关键:其一,对于中国这样的发展中经济体,劳动力丰富,但资本稀缺,因此,资本宽化(capital widening)和资本深化(capital deepening)是走出"人口陷阱""贫困陷阱"进而推动经济增长的基本前提——在发展经济学中,这被称作"资本原教旨主义"(capital fundamentalism)[①];其二,劳动力从农村、农业向城市和非农业的转移,其前提条件是劳动力能够与资本相匹配。

图 3 显示,伴随劳动年龄人口比重的上升,中国的储蓄率和投资率也刻画了类似的轨迹。利用简单的线性回归可以发现,劳动年龄人口比重每上升1 个百分点,储蓄率会上升 1.2~1.5 个百分点。同时,由于储蓄构成了投资的基础,储蓄率每上升 1 个百分点,投资率会上升 0.5~0.6 个百分点。由此,在

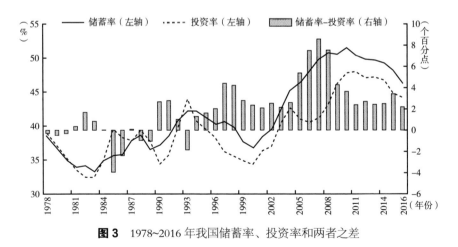

图 3 1978~2016 年我国储蓄率、投资率和两者之差

数据来源:CEIC。

---

① 波金斯等:《发展经济学》,中国人民大学出版社,2006。

人口红利时期，我国形成了高储蓄、高投资和高经济增长的"三高"奇迹。

与其他处于类似发展阶段的国家进行比较，我们也可以看到，高储蓄和高投资的作用甚至比劳动年龄人口的增加更为有力。如表4所示，在1981~2010年的3个10年中，中国的GDP增长率显著高于印度和巴西，与此同时，中国的劳动年龄人口比重只是略微超过两国，但是，中国的储蓄率和投资率却高出两国1倍左右。如果说巴西的人均GDP比中国高，因而两国处于不同的发展阶段，进而对投资和储蓄有不同要求的话，那么，中国人均GDP在20世纪90年代超过印度则无疑要归功于高投资率及其背后的高储蓄率了。

表4 中国、印度、巴西人口和经济指标比较

项目	时间	储蓄率	投资率	劳动年龄人口比重	GDP 增长率	人均 GDP
中国 / 印度	1981~1990	1.75	1.61	1.11	1.68	0.84
	1991~2000	1.78	1.65	1.12	1.91	1.71
	2001~2010	1.63	1.32	1.12	1.36	2.78
中国 / 巴西	1981~1990	1.54	1.74	1.08	5.68	0.12
	1991~2000	2.24	2.10	1.06	4.09	0.16
	2001~2010	2.54	2.43	1.06	2.91	0.40

注：根据世界银行数据计算。

高储蓄、高投资、高经济增长的"三高"奇迹与1994年后金融约束体制的建立密不可分。在这样的体制下，稳健的银行体系使得居民部门愿意将储蓄存放于银行，同时，由于经济发展之初能够推动经济增长的项目易于辨识，银行贷款可以大规模投资提供廉价的资金。另一个需要关注的特征是，与其他发展中经济体不同，我国的资本积累依靠的是我国的"内源融资"，而不是外资。观察图3可以发现，从1994年以后，我国的储蓄率一直高于投资率，而此前经常会出现投资率高于储蓄率的现象。高于投资率的储蓄率使得我国的资本积累不仅迅速，而且能够较好地抵御诸如亚洲金融危机那样的巨大外部冲击。

与"三高"奇迹相伴的是另外一个"奇迹"：自1994年后形成的"双顺

差"。"双顺差"指的是我国经常账户和非储备金融账户（老版国际收支平衡表中的"资本账户"）同时呈现的顺差格局（见图4）。这种格局的形成一方面与1993年人民币汇率并轨后形成的人民币盯住美元的体制有关，另一方面当然也得益于国内金融体系的稳定。"双顺差"从两个方面促进了中国人口红利的形成：其一，经常账户的长期顺差意味着我国劳动力与资本结合后形成的生产力有了外部市场需求的支持；其二，非储备金融账户的长期顺差意味着外部资本的流入，这同样是劳动力能够得到有效利用的条件。

图4 我国的经常账户和非储备金融账户余额与名义 GDP 之比

数据来源：CEIC。

三　后人口红利时期的金融体系

随着2010年我国劳动年龄人口比重见顶下降，我国经济发展进入后人口红利时期。在这一时期，动员储蓄、实施大规模投资的重要性已经下降，金融体系应该承担起推动经济发展机制转型的新使命。然而，2009年后，我国金融体系发生了重大变化，随着非银行金融部门的崛起，中央对地方的金融约束开始弱化，金融资源开始转向房地产，地方政府、居民部门和金融部门加杠杆问题日益凸显。

在 2016 年 10 月的《全球金融稳定报告》（*Global Financial Stability Report*）中，IMF 指出，全球金融危机之后，由于金融创新、银行资产负债表恶化和强化的银行监管，非银行金融部门（Nonbanks）在主要发达经济体和新兴经济体都得到快速发展，并对金融体系的稳定和货币政策操作的有效性提出了挑战。2009 年后我国金融体系的一个重要变化也是非银行金融部门的崛起。这里，我们将"非银行金融部门"界定为银行传统存贷款业务之外的金融机构、市场和业务，主要包括非银行金融中介、非金融债券市场和银行部门内部的同业、市场交易业务等。非银行金融部门的崛起是经济和金融发展的必然结果，但是，这也对我国货币政策以及分业监管的金融架构提出了挑战。

1. 2009年后金融体系的变化：非银行金融部门的崛起

2009 年之后，由于多种因素，中国金融体系出现了一个重要变化——非银行金融部门的崛起。非银行金融部门的崛起首先表现为非银行金融机构的快速发展。以三类主要非银行金融机构（保险、信托和券商）为例，2010 年其资产总额仅仅相当于银行资产总额的 10% 左右，到 2016 年上升到 17%。其中，信托业的发展速度最令人称奇：2012 年即超过保险业，到 2016 年资产规模已经比保险业高出 3 万亿元——在其他国家，保险业通常是仅次于银行的第二大金融机构（见表 5）。

表 5 银行与主要非银行金融机构资产总额及比较

年份	银行（10 亿元）	保险（10 亿元）	信托（10 亿元）	券商（10 亿元）	非银行 / 银行（%）
2010	96161	5048	3040	1966	10.46
2011	113787	6014	4811	1573	10.90
2012	133686	7355	7471	1720	12.38
2013	152475	8289	10907	2080	13.95
2014	172203	10159	13980	4090	16.39
2015	199156	12360	16304	6418	17.62
2016	230376	15117	18168	5790	16.96

注：2016 年信托资产为截至第 3 季度数据。

数据来源：CEIC。

无论是银行，还是非银行金融机构，其基本功能就是期限和风险的转换者，因此，一个问题就是：后者的发展究竟是替代了前者的功能，还是成为前者功能的补充？在其他国家，例如美国，非银行金融机构往往成为银行的竞争对手，并迫使银行出现"脱媒"危机。但是，从我国的情况看，尽管两类机构间存在竞争性，但互补性表现得似乎特别强。例如，2016年资金信托的规模近16万亿元，其中银信合作高达4.4万亿元。

非金融部门崛起的第二个表现是非金融债券市场的快速发展。如表6所示，在2009年之前，包括国债在内的所有非金融债券只相当于银行境内外信贷的20%左右，扣除国债之后则只有不到5%。2009年之后，债券规模迅速扩张，至2016年，包括国债在内的所有非金融债券已经相当于银行境内外信贷的37.32%，扣除国债后则为20.85%。可见，债券市场的发展主要靠的是国债之外的债券品种。

表6 信贷与债券余额及两者关系

年份	境内外信贷（亿元）	国债（亿元）	地方政府债（亿元）	非金融企业债券（亿元）	债券/信贷（%）	债券（不含国债）/信贷（%）
2008	262966	52987	0	6856	22.76	2.61
2009	276536	58832	2000	11046	25.99	4.72
2010	311960	65163	4000	14614	26.86	5.97
2011	356619	68265	6000	17900	25.84	6.70
2012	418492	71884	6500	25565	24.84	7.66
2013	470725	87043	8616	31047	26.92	8.43
2014	539357	95909	11624	38323	27.04	9.26
2015	635880	106749	48260	41973	30.98	14.19
2016	727576	119845	106282	45388	37.32	20.85

数据来源：CEIC。

除了在信用评级、标准化等方面存在差异之外，债券的功能与信贷一样，都是非金融部门的债务融资工具。因此，作为信贷的替代品，债券市场的发展应该对银行形成直接竞争——同样，在其他国家，例如20世纪80年代以后的美国，债券市场的发展是银行"脱媒"的主要因素之一。但是，与非银行金融机构同银行之间的关系一样，我国债券市场的发展似乎与银行部门的发展存在着较强的互补性。以下我们将会看到，我国债券市场的主要持仓机构还是银行。因此，中国的债券市场并非教科书上所说的"直接融资"场所，它依然是银行的"间接融资"渠道。此外，2015 年推出的地方政府债务置换还推动了银行信贷的投放：银行可以将债务置换之后腾挪出来的信贷额度重新投放到市场，从而使得银行资产进一步扩大。

最后，非银行金融部门的崛起还表现在银行部门自身资产负债表的重大结构性变化。在表 7 中，从负债端看，在全部负债中，银行对居民部门和非金融企业部门的负债（居民和非金融企业在银行存款）出现了显著下降的趋势。到 2016 年，对居民债务比重仅有 30.14%，对非金融企业债务比重为31.52%，两者合计比重为 61.66%。换言之，银行的主要资金来源已经不是存款了，尤其不是居民存款了。负债端比重上升的主要是对其他存款性公司债务、对其他金融性公司债务和债券发行。

表7 存款货币类机构资产负债结构特点

单位：%

年份	资产		负债		净债权	
	对非金融企业债权	对居民债权	对非金融企业债务	对居民债务	对非金融企业净债权	对居民净债权
2006	48.89	5.38	34.35	39.39	14.54	-34.01
2007	43.41	9.38	34.39	34.51	9.01	-25.13
2008	41.85	8.91	33.41	36.31	8.44	-27.40
2009	43.91	10.09	36.16	33.92	7.75	-23.83
2010	42.59	11.66	37.98	33.24	4.61	-21.58
2011	40.90	11.88	35.66	32.90	5.24	-21.01
2012	39.95	11.98	33.66	33.02	6.30	-21.04
2013	39.32	12.91	33.54	32.88	5.78	-19.97
2014	39.10	13.31	32.05	31.96	7.05	-18.65
2015	39.35	13.42	31.43	31.32	7.92	-17.90
2016	36.31	14.30	31.52	30.14	4.78	-15.84

数据来源：CEIC。

从资产端看，在全部资产中，对居民债权上升显著，但对非金融企业债权下降更快，两者合计，银行对居民和非金融企业的债权（主要是贷款）比重下降到2016年的50.61%。资产端份额上升的是对其他存款性公司债权、对其他金融性公司债权和对中央政府债权（国债）。如果将存贷款业务视为传统银行业务，那么，这种变化说明，银行部门内部也已经形成传统银行部门和包括金融同业、市场交易在内的非传统银行部门了，并且，后者的发展速度远远快于前者。

同时，银行部门对非金融企业的净债权和对居民部门的净债务（负的净债权）都在下降，教科书上所描述的银行传统形象——吸收居民部门存款再贷放企业部门——已经无法描述银行的真正面目了。

2. 非银行金融部门崛起的背后：地方政府和居民加杠杆

首先可以看到，与发达国家自20世纪80年代以来的表现一样[1]，货币和信用正在脱钩（decoupling）（见表8）。广义货币M2已经无法反映信用

表8 我国广义货币M2、信用总量及其部门分布

单位：亿元，%

年份	M2	信用总量	信用总量/M2	政府	其中：中央政府	其中：地方政府	非金融企业	居民
2009	610225	535275	88	82967	58892	24074	378133	81819
2010	725852	670793	92	101754	65303	36451	462807	112586
2011	851591	805548	95	114608	68575	46034	554867	136073
2012	974149	976513	100	137034	72369	64665	678084	161395
2013	1106525	1161915	105	174148	87688	86459	788939	198870
2014	1228375	1338475	109	209953	96714	113239	895556	232547
2015	1392300	1561506	112	275972	107683	168289	1012467	274708
2016	1517730	1819243	120	368395	120869	247526	1108172	342676

注："非金融企业"中不包括地方平台贷款和城投债，这两部分债务被归到"地方政府"。
数据来源：国家金融与发展实验室。

---

[1] Moritz Schularick and Alan M. Taylor, "Credit Booms Gone Bust: Monetary Policy, Leverage Cycles and Financial Crises, 1870-2008", www.nber.org.

总量——非金融部门全部债务存量的规模：2009 年，信用总量还只有 M2 的 88%，而到 2016 年，信用总量相当于 M2 的 1.2 倍。换言之，有 20% 的债务融资规模不在 M2 的统计范畴内。如果进一步考虑随后讨论的金融部门负债，则 M2 遗漏的信息就更加多了。所以，我们看到，在最近几年中原先以 M2 为中间目标的货币政策发生了重大转变，尽管政府工作报告中还总是提及 M2。

从信用总量的部门分布看，2016 年，在全部近 182 万亿元信用总量中，政府部门为 36.8 万亿元，占比 20%，占比较 2009 年上升 5 个百分点，其中，中央政府占比由 2009 年的 11% 下降到 2016 年的 7%，而地方政府占比在同期则由 4% 上升到 14%；非金融企业为 110.8 万亿元，占比从 2009 年的 71% 下降到 2016 年的 61%；居民部门为 34.3 万亿元，占比从 2009 年的 15% 上升到 2016 年的 19%。信用总量的部门分布变化清晰地表明，虽然企业仍然是债务融资的主体，但危机后地方政府和居民部门的负债增速更快。

信用总量的部门分布变化揭示出一个有意思的现象。与应对危机的扩张财政政策相一致，其他国家都是由中央政府增加负债。然而在我国，相对于其他部门，中央政府事实上是"往后缩"的。同时，创造财富、推动经济增长的企业部门在危机后也采取了相对谨慎的负债策略。相反，地方政府和居民部门成为增加负债、抵消经济周期性下滑的主力。

杠杆率（负债 /GDP）的部门分布与信用总量部门分布发生的变化相一致。2016 年，非金融部门总体的杠杆率（信用总量 /GDP）依然在上升，但增速趋缓（见图 5）。2016 年杠杆率为 244%，较 2015 年上升 12 个百分点，而 2015 年较 2014 年上升 21 个百分点。与上述信用总量部门变化一致，杠杆率增速趋缓主要源于非金融企业去杠杆取得进展，与此同时，中央政府杠杆率保持不变，地方政府杠杆率和居民部门杠杆率则分别比 2015 年上升 8 个和 5 个百分点。

2016 年非金融企业（不含地方平台贷款和城投债）杠杆率为 149%，较 2015 年下降 1 个百分点。事实上，自 2009 年"四万亿"之后，除了 2011~2012 年有一个短期回升之外，非金融企业负债增速总体上是下降趋

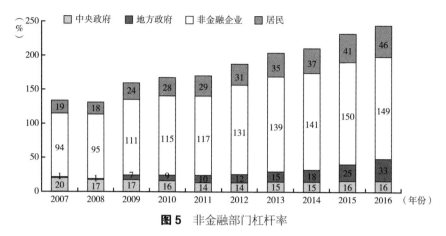

图5　非金融部门杠杆率

数据来源：国家金融与发展实验室。

势——这个特点与危机后美国的情况类似，说明在扣除地方平台和城投公司之后，我国非金融企业部门的资产负债表并非许多人想象的那么糟糕。例如，如果考察我国工业企业的"微观杠杆率"，即企业资产负债率，可以发现，全球危机后工业企业总体上呈现去杠杆的趋势，其中，私营企业表现得更加明显。股份制企业的资产负债率则是典型的（理性的）顺周期行为：在2008年危机前加杠杆，危机后去杠杆。即使就国有工业企业来说，虽然在2009年后为应对危机而迅速加杠杆，但自2013年后也在去杠杆。目前，国有工业企业的资产负债率已经接近2007年的最低水平。

所以，在涤除地方的平台企业和城投公司之后，非金融企业去杠杆的问题并没有当下舆论所说的那么迫切——尤其是进一步涤除非金融企业负债中涉及基建和房地产的部分之后。相反，随着经济的反弹复苏，非金融企业需要加杠杆。如果当前金融去杠杆过快，不仅会提高市场利率水平，还会减少非金融企业的信用可得性。

地方政府是2016年杠杆上升最快的部门，其风险值得高度关注。我国地方政府本级财政收入一直低于本级财政支出，地方财政赤字的弥补一靠中央财政转移支付，二靠地方基金收入中的土地出让金收入。近些年，土地出让金占地方本级财政收入的比重稳定地保持在40%左右，它已经成为许多地方政府尤其是中西部地方政府主要的可支配财力。因此，房地产的状况对地方政府偿债能力非常关键。

3. 非银行金融部门崛起的背后：金融加杠杆

信用总量一方面对应于非金融部门的负债，另一方面则对应于金融部门的资产。崛起的非银行金融部门在推动信用总量快速上升的同时，其资金来源主要还是银行。

表9统计了银行信用创造的各个渠道。可以看到，一方面，作为传统银行业务，银行信贷的规模占整个银行信用创造的比重下降；另一方面，随着银行非信贷业务的发展，传统信贷之外的信用创造活动成为银行资产业务增长的动力。例如，尽管这些年我国非金融债券市场快速发展，但非金融债券的主要持仓机构还是银行。2016年，银行持有的非金融债券高达26.8万亿元，占非金融债券存量的60%以上。此外，银行通过表外业务（如银信政合作、委托贷款）进行的信用创造活动也快速发展。所以，总体上看，在非金融部门的信用总量中，银行信用依然高达近88%。当然，银行信用的份额有所下降。

表9 银行信用及其构成

单位：亿元，%

年份	银行信贷	银行持有的非金融债	银行同业业务	银信政合作	委托贷款	银行信用合计	银行信用/信用总量
2009	420260	65628	15221	6449	3202	510759	95.42
2010	502871	82831	33872	16605	3813	639993	95.41
2011	581893	96238	37594	19246	18008	752979	93.48
2012	672875	111422	57886	25319	25712	893214	91.49
2013	766327	129586	71629	31460	40992	1039993	89.52
2014	867868	147944	83319	42810	56033	1197974	89.51
2015	984875	200056	92068	54214	65580	1396793	89.45
2016	1110976	267983	76048	60928	79189	1595123	87.79

注："银行持有的非金融债"包括银行通过理财产品持有的部分。

数据来源：国家金融与发展实验室。

虽然银行依然是资产规模最大的机构，但非银行金融机构的份额确实存在上升趋势。从非银行金融机构的信用创造活动看，其持有的非金融债券最为重要，但占非银行金融机构信用合计的份额不断下降，份额上升的主要是委托贷款、信托和保险的信用创造。至2016年，在非金融部门的信用总量中，非银行金融机构信用占比已经上升到11%强（见表10）。

表 10 非银行金融机构信用及其构成

单位：亿元，%

年份	非银行金融机构持有的债券	委托贷款	信托	保险	非银行金融机构信用合计	非银行信用/信用总量
2009	19887	2135	717	985	23723	4.43
2010	22451	2542	3033	1946	29972	4.47
2011	28320	12005	7262	3882	51470	6.39
2012	39582	17142	16675	7806	81204	8.32
2013	45943	27328	33911	10560	117742	10.13
2014	54027	37356	29310	12999	133691	9.99
2015	76303	43720	18023	16034	154079	9.87
2016	108605	52792	23995	19269	204661	11.26

注："非银行金融机构持有的债券"中扣除了理财产品持有的债券；"信托"中不包含银信政合作。

数据来源：国家金融与发展实验室。

传统银行信贷下降、非传统银行业务和非银行金融机构份额的上升，导致金融部门内部的相互负债不断增加和金融部门杠杆持续上升。与非金融部门杠杆率的变化类似，我国金融部门杠杆率（不含存款的金融部门负债/GDP）呈现持续上升但增速趋缓的态势（见图6）。2016年金融部门杠杆率为97%，较2015年上升9个百分点，而2015年较2014年上升11个百分点。与美国相比，我国金融部门杠杆率大体相当于其2002年的水平。不过，随着美、中金融部门间一去一加的相对变化，我国已经于2015年、2016年连续两年超过了美国。

观察金融部门内部的相互负债，非银行金融机构对银行的负债（即"对其他金融性公司债权"）自 2015 年第 1 季度起就成为最大科目，且上升也最为迅速——这也进一步说明，非银行金融机构对银行的资金来源存在高度依赖性。2016 年第 4 季度，"对其他金融性公司债权"达到 26.5 万亿元，占整个金融部门负债的比重为 36.7%，较 2015 年第 4 季度增加近 10 万亿元（见图 7）。

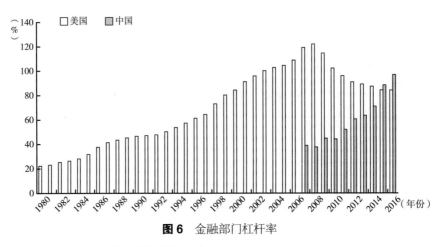

图 6 金融部门杠杆率

数据来源：CEIC，国家金融与发展实验室。

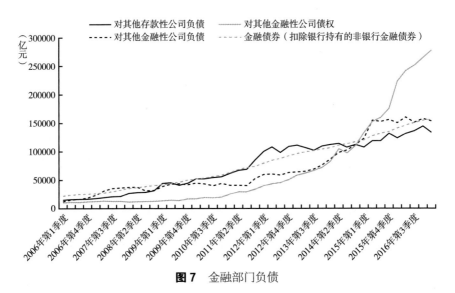

图 7 金融部门负债

数据来源：国家金融与发展实验室。

2017 年第 1 季度，"对其他金融性公司债权"进一步上升至 27.8 万亿元，在金融部门负债中的比重达到 38.5%。

就银行而言，"对其他金融性公司债权"已经成为近些年资产扩张的主要科目（见图 8）。从 2009 年"四万亿"之后，这一科目的增速由 20% 上升到 2011 年的 60%，并一直维持到 2016 年的第 3 季度。至 2017 年第 1 季度，"对其他金融性公司债权"已经接近 28 万亿元，占银行部门总资产的 11% 左右。此外，银行部门资产中另一个值得关注的科目是"对政府债权"，这一科目自 2015 年第 1 季度实施地方政府债务置换后开始加速上涨。2017 年第 1 季度，"对政府债权"的规模达到 17.5 万亿元，较 2015 年第 1 季度增加 10 万多亿元，增加的部分基本上就是地方政府债券。

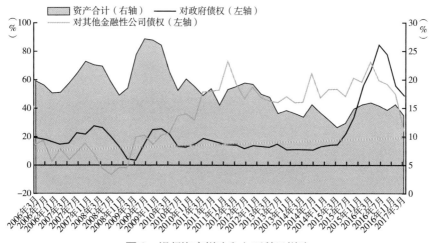

图 8 银行资产增速和主要科目增速

数据来源：CEIC。

无论是传统的银行业务，还是新兴的非银行业务，其资金运用都具有偏好房地产的特征，包括与此直接相关的房地产企业贷款、个人按揭贷款和间接相关的基建项目等。可以看到，非银行金融机构在获得包括银行资金在内的融资之后，其资金运用又有相当部分进入到地方政府的基建和房地产项目。以资金信托为例，在 2016 年底 17 万亿元的规模中，投给地方基础产业的规模是 2.7 万亿元，占比 16%；投给房地产的是 1.4 万亿元，占比 8%；不考虑投给工商企业、购买债券等资金运用项目中与地方政府、房地产相关的融资，资金信托中至少有 24% 是投向了地方政府基建和房地产。至于其他非银行金融机构的资金运用，如保险债权投资计划，几乎都可归于此。粗略估算，在目前非银行金融机构给实体部门提供的 25 万亿元资金中，至少有 30% 即 8 万亿元左右与地方政府基建和房地产相关。

　　除了非银行金融机构的资金运用偏好基建和房地产，传统的银行信贷更是如此。根据本外币信贷的行业结构，将其中的个人（多为按揭）、FIRE（金融房地产）、传统服务业（多与基建有关）合并，则 2015 年与房地产直接间接相关的贷款占比高达 56%（见图 9）。按 50% 推算 2016 年，则银行目前信贷中约 60 万亿元与基建和房地产有关。这部分信贷加上银行持有的地方政府债券（10 万亿元）、城投债（约 1.2 万亿元）以及银行通过非银行金融机构融资间接投向地方基建和房地产的资金（8 万亿元），总的敞口近 80 万亿元，占银行资产规模的 40%。总之，银行信贷、非银行金融机构资金以及近些年发展较快的债券市场，都在相当大的程度上成为金融资源向基建和房地产倾斜的通道。

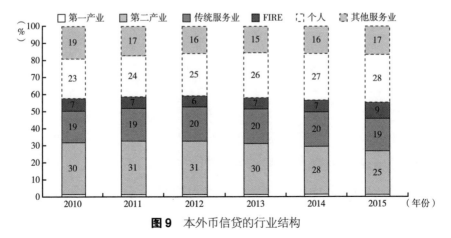

图 9 本外币信贷的行业结构

数据来源：CEIC。

四 后人口红利时期我国金融体系的发展方向

后人口红利时期我国金融体系发生的变化，一方面是因为全球危机之后，原先带动经济发展的两个引擎——制造业和投资受到打击，以至于金融资源趋向于房地产；另一方面也反映了在人口红利时期形成的以动员储蓄、实施大规模投资为主要职责的金融体系已经无法适应全球金融危机以来我国经济结构发生的深刻的转型。经济结构的转型意味着金融体系的任务不再是简单的动员储蓄、实施大规模投资。随着我国经济发展进入后人口红利阶段，在新的经济发展机制下，金融体系的根本任务应该是高效利用逐渐稀缺的金融资源，转变服务对象，推动技术进步和创新。

首先，经济产业结构从工业化转向服务业化是长期趋势，这要求原先以服务于工业为主的金融体系转向更多地满足服务业的金融需求。图 10 显示，我国工业增加值占全球比重已经于 2012 年超过美国，但服务业增加值占比连美国的一半都不到（2016 年中美服务业增加值占比分别为 12% 和 31%）。显然，未来中国要重回世界经济舞台的中央，就必须持续甚至加快发展服务业。经济的服务业化当然要求金融业的健康和持续发展——金融业本身就是现代

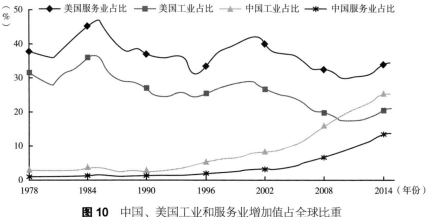

图 10 中国、美国工业和服务业增加值占全球比重

数据来源：世界银行。

服务业的一个关键组成部分，同时，服务业的金融需求与工业存在极大的不同——工业有厂房、机器设备、土地等抵押品，服务业缺少抵押品，因此，传统基于抵押的银行业务模式难以适应，必须大力发展资本市场和以资本市场为基础的非银行金融机构。

其次，经济需求结构从依靠投资拉动到依靠消费拉动是长期趋势，这要求金融体系服务的对象从工业化时期的生产者转向消费者。图11显示，我国投资占全球投资的比重在2009年即超过美国，但是，消费占全球比重只有美国的一半不到（2016年中美消费占全球比重分别为10%和27%）。所以，从需求结构看，中国必须持续、加快发展消费。经济的需求结构变化对金融体系也提出了新要求：在工业化时期，我国的金融体系通过动员储蓄，主要是为生产者的投资进行融资；现在，金融体系应该更多地为消费者服务。为消费者服务一方面当然意味着需要加快发展消费金融，另一方面还需要为消费者过去近四十年积累的巨大财富提供管理服务——这只能依靠资本市场。值得特别注意的是，在人口老龄化阶段，我们还需要大力发展适应老龄化的金融产品、机构和市场——这里，私人养老金是关键，而私人养老金的发展也必须依靠资本市场。

最后，技术进步而非要素投入成为经济增长的最大引擎也要求金融体系

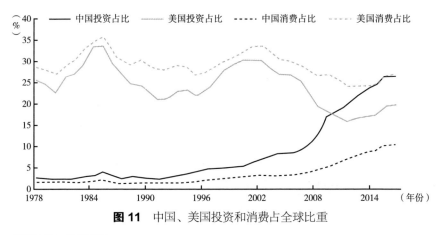

图11 中国、美国投资和消费占全球比重

数据来源：世界银行。

功能的转变。随着 2010 年我国进入后人口老龄化阶段，经济增长的两大要素投入——劳动力和资本投入都已经见顶，未来增长的基础只能是技术进步。适应技术进步的金融体系必然不能是银行导向的，必须有功能多样、结构层次多样化的资本市场。

在第五次全国金融工作会议上，习近平总书记指出，要"优化结构，完善金融市场、金融机构、金融产品体系"。各国的经验教训表明，资本市场的发展是经济从依靠制造业转向依靠服务业、从依靠投资转向依靠消费、从依靠资本积累转向依靠技术进步的金融基础。经过近 40 年的改革发展，我国资本市场的发展已经取得重大进展，但是，与发达国家相比，依然相对落后，例如，截至 2016 年，我国股市市值不到美国的 1/3。

发展资本市场就必须从政府主导的金融约束体制转向金融市场化体制。按照习近平总书记在第五次全国金融工作会议上的讲话精神，就是要"发挥市场在金融资源配置中的决定性作用"。发展经济学和转型经济学早就注意到，随着经济的发展，政府主导资源配置的效力越来越低下。在 20 世纪 90 年代之前的苏联和东亚新兴经济体中，强有力的计划经济和政府主导的模式之所以能够获得相当程度的成功，就在于经济发展之初资本的短缺和高效投资项目的易于识别。在这种情况下，一只有力的"援助之手"通过产业政策、限制竞争，可以迅速突破资本短缺的瓶颈，通过投资有利的项目推动经济增长。但是，随着经济的逐步成熟，能够推动未来经济增长的投资项目越来越不易识别，"援助之手"就会变成"无能之手"甚至"攫取之手"。

从政府主导的金融约束体制向市场发挥决定性作用的金融市场化体制的转变，首先需要"条条"职能的转变，即从行政审批、价格管制和干预微观金融活动的行政干预体制转向以维护市场公平竞争和宏观金融稳定的市场化监管体制。事实上，正如金融约束论的作者们所担心的那样，现在各个"条条"正在变成权力的既得利益者，正在成为改革的阻力。金融资源配置机制的转变不仅涉及金融体制改革的问题，也涉及经济体制改革的其他方面，尤其会涉及金融资源的主要获得者——国有企业和地方政府的改革。转型经济学告诉我们，如果借款人存在软预算约束，仅仅靠金融体制改革（如利率市场化）并不能提高金融资源的配置效率，甚至会使得软预算约束问题更加恶化。

从金融约束体制转向金融市场化体制意味着监管部门在金融管理方面的职责也要发生转变。在第五次全国金融工作会议上，习近平总书记指出：强化监管，提高防范化解金融风险的能力……要处理好政府和市场的关系，完善市场约束机制，提高金融资源配置效率。当前，应该顺应混业经营的趋势，重新设计各个监管"条条"的架构，从当前多头分散的管理体制转向集中统一的管理体制。需要注意的是，建立集中统一管理体制的前提是"条条"职能的转变，在依然是行政干预的体制下，权力的过快集中将会迅速扼杀金融创新的活力。在当前潜在的系统性金融风险日益不容忽视的情况下，统一管理体制的第一步应该是尽快建立一个横跨"条条"的信息收集、整合和分析的平台，以摸清我国总体及各地区、各部门的杠杆和偿债能力，并形成对宏观金融风险持续的跟踪评估机制。

在"条条"职能转变和重构的过程中，应该加强对地方的金融约束，坚持金融管理主要是中央的事权。在第五次全国金融工作会议上，习近平总书记两次提到地方政府，强调："各级地方党委和政府要树立正确政绩观，严控地方政府债务增量，终身问责，倒查责任。""地方政府要在坚持金融管理主要是中央事权的前提下，按照中央统一规则，强化属地风险处置责任。"

金融体系是现代经济的核心，经济的转型决定了金融体系发展的方向，而金融体系的健康运转又是经济转型的根本保障。在完成人口红利阶段动员储蓄、实施大规模投资的任务之后，中国金融体系将会迈向市场在金融资源配置中发挥决定性作用的金融市场体制，资本市场在金融体系中的作用将会大大提升。

产品和资源价格形成机制的根本性转变

张卓元 *

导　读：产品和资源价格形成机制改革是中国经济体制改革的一个重要领域，是现代市场体系形成和市场在资源配置中发挥决定性作用的关键。中国近四十年的改革实践表明，与国有企业改革常常步履蹒跚不同，价格改革从一开始就迈步向前，有时步子还迈得相当大，走在其他改革的前列。这是中国经济运行机制较快转轨、20 世纪 90 年代中后期即开始出现买方市场、经济市场化程度迅速提高的重要原因。

价格改革包括两个方面，一是理顺价格关系，形成比较合理的价格结构；二是转变价格形成机制，从行政定价转为市场定价。其中，价格形成机制改革是最重要的，只有从行政定价转变为市场定价，才能从根本上理顺价格关系。中国价格改革正是从着重改革价格形成机制，以此逐步校正长期扭曲的价格结构的。

* 张卓元，中国社会科学院学部委员、经济研究所研究员，孙冶方经济科学基金会荣誉理事长。第九、十届全国政协委员。主要研究领域：政治经济学、价格学。

一 价格改革取得实质进展

党和政府一直重视价格改革。1984 年，党的十二届三中全会《中共中央关于经济体制改革的决定》就提出，"价格是最有效的调节手段，合理的价格是保证国民经济活而不乱的重要条件，价格体系的改革是整个经济体制改革成败的关键"。[①]改革开放以来，在经济转轨过程中，价格改革是继农村改革即实行家庭联产承包责任制后的改革突破口。由于大步推进价格改革，在1992 年确立社会主义市场经济体制改革目标时，已经率先在实物商品和服务价格方面初步实现从政府定价到市场价格体制的转轨。此后市场价格比重继续稳步上升，一直占据绝对优势地位（见表1）。

表1 改革开放以来实物商品三种价格形式比重变化表

单位：%

项目 年份	商品零售环节			农产品收购环节			生产资料出厂环节		
	政府 定价	政府 指导价	市场 调节价	政府 定价	政府 指导价	市场 调节价	政府 定价	政府 指导价	市场 调节价
1978	97.0	0	3.0	92.2	2.2	5.6	100.0	0	0
1984	73.5	10.5	16.0	67.5	14.4	18.1	—	—	—
1988	47.0	19.0	34.0	37.0	23.0	40.0	60.0	0	40.0
1990	29.8	17.2	53.0	25.0	23.4	51.6	44.6	19.0	36.4
1991	20.9	10.3	68.8	22.2	20.0	57.8	36.0	18.3	45.7
1992	5.9	1.1	93.0	12.5	5.7	81.8	18.7	7.5	73.8
1995	8.8	2.4	88.8	17.0	4.4	78.6	15.6	6.5	77.9
2000	3.2	1.0	95.8	4.7	2.8	92.5	8.4	4.2	87.4
2004	3.0	1.7	95.3	1.9	1.4	96.5	8.9	2.7	87.8
2008	2.4	2.0	95.6	0.7	2.2	97.1	2.4	1.1	96.5

注：因计算时采用四舍五入，故某些比例数据合计未必为100%。

资料来源：成致平：《价格改革三十年（1977~2006）》，中国市场出版社，2006，第 163 页。2008 年数据见《中国物价》2012 年第 8 期，第 6 页。

[①]《中共中央关于经济体制改革的决定》（1984 年）。

　　中国的服务价格的市场化改革也快速推进，到 1992 年，市场价格形式已占优势（见表 2）。

表 2　中国 1992 年第三产业服务价格形式构成

价格形式	服务行业	产值比重（%）
市场价格		64.4
管制价格	交通运输、邮电通信业	15.5
非经济价格		20.1
卫生、体育和社会福利业		4.2
国家、政党机关、社会团体		11.5
教育、广播、电视		4.4

　　资料来源：据《中国首次第三产业普查资料摘要：1991~1992》（中国统计出版社，1995）第 174~187 页计算；转引自张卓元主编《新价格模式的建立与市场发育的关系》，经济管理出版社，1996，第 111 页。

　　2005 年中央关于"十一五"规划建议再次提出转变经济增长方式和 2007 年十七大报告提出转变经济发展方式后，深化资源产品价格改革任务突出起来，要求"完善反映市场供求关系、资源稀缺程度、环境损害成本的生产要素和资源价格形成机制"。此后，逐步提高水价、电价、金属矿石价格，放开煤炭价格，实行汽油价格与国际市场原油价格接轨，逐步放开天然气价格等，使长期偏低的资源产品价格的扭曲状况逐步得到纠正。

　　党的十八届三中全会决定进一步指出，"完善主要由市场决定价格的机制。凡是能由市场形成价格的都交给市场，政府不进行不当干预。推进水、石油、天然气、电力、交通运输、电信等领域价格改革，放开竞争性环节价格。政府定价范围主要限定在重要公用事业、公益性服务、网络型自然垄断环节，提高透明度，接受社会监督"。此后，价格改革攻坚又取得明显进展。

　　经过近四十年不懈努力，中国产品和资源（含服务）价格绝大部分已由市场形成。据权威部门对 2013~2016 年我国价格市场化程度的测算，我国 2013~2016 年价格市场化程度分别为 94.68%、95.16%、96.45% 和 97.01%。从产业看，随着 2015 年国家放开烟叶收购价格，我国农产品价格已全部由市场形成，2016年第一产业价格市场化程度达到100%；第二产业的市场化程度为97.37%；由于国家先后放开了电信资费和部分交通运输、邮政、建设项目服务价格，2016年第三产业的市场化程度达到了95.9%。可以说，价格领域是我国国民经济中市场化程度最高的。

二 价格改革的主要历程

中国价格改革既坚持市场取向又采取逐渐推进、"摸着石头过河"的方式，总体来说比较平稳、顺利。尽管有的经济学家曾提出一次放开价格的思路[①]，但未被采纳。由于价格改革采取逐步推进的方式，中国不像苏联、东欧等国那样在向市场价格体制转轨中出现恶性通货膨胀和人民生活水平大幅度下降的严重问题，而是能够在保持物价大体稳定下推进价格改革，1978~2016年平均年物价上涨率（以CPI上涨率为代表）为4.95%，其中1978~2007年为5.7%，仍在社会可承受的范围之内。尽管这中间也受到过三次中度通货膨胀的干扰和袭击，但治理及时，未酿成大的灾难。这就有效地保证了改革开放近四十年来改革、发展、稳定的相互促进，保证了近四十年来没有出现经济负增长（增速最低的1990年为3.8%）和人民收入、生活水平的下降。当然，在近四十年的价格改革过程中，也有不少困难和小的曲折，有思想理论的交锋等。

（一）1979~1984年以调整不合理价格体系为主，为此后大规模放开价格创造条件

1979年，国家大幅度提高农产品收购价格。提价的有18种农产品，包括粮食、油脂油料、棉花、生猪、菜牛、菜羊、鲜蛋、水产品、甜菜、甘蔗、大麻、苎麻、蓖麻油、蚕茧、南方木材、毛竹、黄牛皮、水牛皮，其中粮食、棉花超计划收购部分还加价50%，平均提价幅度达24.8%。提价刺激了农产

---

① 吴稼祥等：《管住货币一次放开价格的思路》，《世界经济导报》1988年8月8日，第12版。

品增产和农民收入增加，1979 年农民由于农产品提价增加收益 108 亿元。

农产品收购价格提高后，国务院于 1979 年 11 月 1 日起，调整了猪肉、牛肉、羊肉、禽、蛋、蔬菜、水产品、牛奶八类主要副食品的销售价格，提价总金额 42 亿元，提高幅度 30% 左右，同时给职工发放副食品价格补贴每人每月 5 元。为了稳定城市居民生活，对于定量供应的粮食、食用油的销售价格保持不变，增加了对经营部门的补贴。

在这期间，对一些重要工业品价格也进行了调整。调高了煤炭、生铁、钢材等产品价格和交通运输价格（如 1983 年 10 月起，铁路货运提价 21.6%），降低了农用薄膜、农用柴油、电子产品、农机产品价格。调整了纺织品价格，主要是 1981 年 11 月和 1983 年初两次调整了涤棉布和纯棉布的比价，大幅度降低了涤棉布的价格，适当提高纯棉布的价格，涤棉布和纯棉布的比价从 3∶1 调整到 1.4∶1。

需要指出，改革初期，党和政府采取一系列调价措施，如大幅度提高农产品收购价格，鼓励农民增收并取得成效，有的专家据此认为，靠政府调价也能理顺价格关系。20 世纪 80 年代中期，有经济学家推荐测算影子价格，并夸大影子价格的作用，企图通过采用决策价格体系来理顺价格关系。[1]

与此不同，许多经济学家主张让价格回到市场交换中形成，并以市场价格体制作为价格改革的目标模式。调整价格和影子价格、浮动价格等只能作为过渡形式加以利用。持这种意见的经济学家认为，由于改革之初价格结构严重扭曲，为避免一下子全面放开价格带来利益关系的剧烈变动和增强价格改革的可控性，需要采取一些调整价格的办法，参考影子价格以及利用浮动价格等，这是无可非议的。但是一定要看到，调整价格有其固有的缺陷，调价可以一时使价格关系顺一些，但因没有改变价格形成机制，过不了多久，由于供求关系等变化，原来比较顺的价格关系又不顺了，从而出现新的扭曲。所以，单靠调整价格是永远理不顺价格关系的。只有实现价格形成机制的转

---

① 见国务院经济技术社会发展研究中心产业政策研究组《资源最优配置与决策价格体系》，《成本与价格资料》1987 年第 20 期。

换，即放开价格由市场调节，建立市场价格体制，才能从机制上保证理顺价格关系，保证形成比较合理的价格体系和结构。

（二）1985年以后以放开价格为主，1985~1988年消费品价格逐步放开

1985年1月1日，中央一号文件规定：从当年起，除个别品种外，国家不再向农民下达农产品收购派购任务，按照不同情况，分别实行合同订购和市场收购。粮食、棉花取消统购，改为合同订购，除此以外，生猪、水产品和大中城市、工矿区的蔬菜，也逐步取消派购。这样，就把多年对粮油实行的统购加价和超购加价这两种国家定价模式，改为国家定价和市场价格并存。

工业品方面，从1982年起，陆续放开了小商品价格，第一批为6类160种，第二批1983年9月放开8类350种。1984年10月进一步规定：除各级政府必须管理的少数品种外，放开小商品价格。1986年，全部放开了小商品价格，并放开了自行车、收录机、电冰箱、洗衣机、黑白电视机、中长纤维布和80支以上棉纱制品的价格，扩大了消费品市场调节价范围。

由于逐步放开工农业消费品价格，在社会商品零售总额中，市场调节价比重相应地逐步提高，到1990年已超过半数。据国家物价局计算，在社会商品零售总额中，1978年，国家定价占97%，市场调节价只占3%；到了1984年，国家定价占73.5%，国家指导价占10.5%，市场调节价占16%；到1990年，国家定价占29.8%，国家指导价占17.2%，市场调节价占53%。[①]

1985年以后，工业生产资料价格开始逐步放开，先实行双轨制，然后合并为市场价格单轨制。

（三）1984~1991年中国实行工业生产资料价格双轨制及顺利并为市场价格单轨制

中国工业生产资料20世纪80年代中期开始实行双轨制价格，到90年代

---

① 成致平：《价格改革三十年（1977~2006）》，中国市场出版社，2006，第648页。

初顺利向市场价格单轨制过渡，是中国推进渐进式市场化价格改革的成功范例。

还在中国开始实行工业生产资料价格双轨制时，1985 年 9 月，在著名的"巴山轮"会议上，波兰经济学家布鲁斯就对此给予积极的评价，认为是中国一个有用的发明。他说："在生产资料实行双重价格，是中国的发明。从配给制向商品化过渡时，社会主义国家曾经在消费品市场方面实行过双重价格，但把双重价格应用到生产资料上，没听说过。这是一个有用的发明。所谓有用，是指它可以作为一个桥梁，通过它从一种价格体系过渡到另一种价格体系，也就是说由行政、官定价格过渡到市场价格。有了这个桥梁，过渡起来就比较平稳。但有一个条件，双重价格不能持续太长时间。"① 十多年后，美国经济学家斯蒂格利茨又一次对中国实行工业生产资料价格双轨制给予很高的评价，比喻为"天才的解决办法"。②

中国工业生产资料在同一时间、地点上存在计划内价格和计划外价格，即价格双轨制，是 1984 年开始正式出现的。1984 年 5 月 20 日，国务院规定：工业生产资料属于企业自销（占计划内产品的 2%）的和完成计划后的超产部分，一般在不高于或低于国家定价 20%幅度内，企业有权自定价格，或由供需双方在规定的幅度内协商定价。1985 年 1 月 24 日，国家物价局和国家物资局又通知，工业生产资料属于企业自销和完成国家计划后的超产部分的出厂价格，取消原定的不高于国家定价 20%的规定，可按稍低于当地的市场价格出售，参与市场调节。从此，双轨价格就成为合法化和公开化的了。

价格双轨制是在短缺经济环境下，双重经济体制特别是双重经济运行机制并存的集中表现，是双重生产计划体制和物资流通体制并存的集中表现。生产计划体制的改革是缩小国家的指令性计划，逐渐加大企业生产什么、生产多少的决策权；物资流通体制的改革是减少国家统一调拨分配的物资，让企业有权自行销售和采购一部分产品和原材料，这部分自由生产和自由购销，自然要有自由价格相配合才有实际意义。如果没有自由价格，所谓自

---

① 中国经济体制改革研究会编《宏观经济的管理和改革》，经济日报出版社，1986，第 51 页。
② 斯蒂格利茨：《中国第二步改革战略》，《人民日报》（海外版）1998 年 11 月 13 日。

由生产和自由购销就不可能落实，只是徒有虚名而已。价格双轨制就是在这种条件下出现的。在价格双轨制中，工业生产资料价格双轨制最为重要。因为同一种农产品价格双轨制，是长时期一直存在的。农民根据规定按牌价向国家交售农产品，同时还可以把剩下的一部分农产品在集市上销售，集市价格往往大大高于国家牌价。工业消费品价格在改革初期就从小商品开始逐步放开，实行双轨制价格并不普遍。工业生产资料则不同，1984 年以后，实行双轨制价格的产品品类迅速扩大，很快就几乎遍及所有产品，成为我国价格改革过程中最具特征性的现象。据 1988 年统计，在重工业品出厂价格中，按国家定价包括地方临时价格销售的比重，采掘业产品为 95.1%，原材料产品为 74.6%，加工工业产品为 41.4%。国家定价外销售的部分，一般实行市场调节价。另据国家物价局对 17 个省、自治区、直辖市的调查，1989 年企业按计划购进的生产资料占全部消费额的比重，以实物量计算约为 44%，以金额计算仅占 28%，其中煤炭的计划调拨数量为 45.4%，钢材为 29.7%，木材为 21.7%，水泥为 15.5%。

可见，我国工业生产资料价格走上双轨制道路，是实行渐进式改革不可避免的选择，是从高度集中的行政命令经济体制向社会主义市场经济体制平稳过渡的一种有效途径，以此使市场机制逐步渗入经济运行中，这对原来商品市场经济不发达、市场发育很差的中国来说，更是合乎逻辑的。

中国的实践说明，双轨制价格的利弊都较明显。双轨制价格在物资普遍短缺的条件下，能刺激紧缺物资的增产，鼓励超计划的生产，满足计划照顾不到的非国有经济包括乡镇工业企业的原材料等的需要，有助于调剂余缺、调节流通，有助于了解市场供求关系的变化和正常的比价关系等，这是它的利的一面；双轨制价格又常常在利益驱动下影响供货合同履行，不利于增强一部分承担计划任务较多的大中型企业的活力，助长投机倒卖、营私舞弊等，这是它的弊的一面。一些经验数据表明，如果双轨价差不那么大，市场价格高出计划价格一倍以内，双轨价的积极作用可以发挥得好一些；而如果双轨价差很大，市场价格高出计划价格一倍以上，双轨价的消极作用就较突出。

还有，双轨价只能短时间利用，不能延续时间过长。

生产资料双轨价差，主要受供求关系变化影响。1985年12月底估计，计划外生产资料市场价格水平一般高于计划价格一倍左右，基本上是正常的。此后，在投资需求过旺拉动下，供不应求，价差拉大，到1988年底，双轨价差一般已远超一倍。表3是物资部市场调节司1988年12月1日至15日双轨价差的统计表。

表3　双轨价差统计表

商品【属性】（元/单位）	计划出厂价	市场平均价	地区最高价（城市）
线材【6.5mm】（元/吨）	610	1680	2200（锦州、无锡、郑州）
元钢【10-20mm】（元/吨）	592	1473	1980（厦门）
螺纹钢【19-24mm】（元/吨）	520	1611	2120（厦门）
冷轧薄板【1mm】（元/吨）	870	4602	6670（南昌）
热轧碳结钢【17-28mm】（元/吨）	707	1707	1900（厦门）
角钢【2-6#】（元/吨）	593	1665	1900（厦门）
中厚板【4mm以上】（元/吨）	570	1804	3850（广州）
铅【1#】（元/吨）	4000	16077	19000（武汉）
铸造生铁【z22号二组锰二类】（元/吨）	293	752	820（无锡）
水泥【425#】（元/吨）	90	193	279（上海）
纯碱【一级品】（元/吨）	390	1192	1800（武汉）
烧碱【含量≥93%】（元/吨）	640	2986	3800（武汉）
载重汽车【东风140型】（元/辆）	25800	46538	63800（沈阳）
载重汽车【解放141型】（元/辆）	29800	39004	40763（济南）
落叶松原木（元/立方米）	119	636	700（西宁）

资料来源：张卓元主编《中国价格模式转换的理论与实践》，中国社会科学出版社，1990，第55页。

由于双轨价差很大，造成市场秩序混乱，人们热衷于倒买倒卖生产资料，追逐流通利润，以权谋私活动猖獗，责骂双轨价、要求取消工业生产资料双轨价的呼声很高。1990年和1991年，由于国家实行治理整顿、紧缩经济政策见效，宏观经济环境好转，供求矛盾趋于缓和，生产资料市场价格回落，双轨价差缩小，一般回落至高出计划价格一倍以内甚至50%以内，个别产品还出现市场价格低于计划价格的现象。这表明，生产资料价格双轨制并轨的条件具备了。价格改革的深化也要求生产资料双轨价并为市场单轨价。

双轨价并轨曾受到一些主管部门的阻挠。例如，1991年，水泥、玻璃和其他一些建材产品，供求关系比较协调，双轨价差不大，各方面都认为并为市场单轨价条件成熟，要求抓住机遇并轨。但是，有关主管部门却千方百计阻挠，有人甚至提出要并为计划单轨价。1992年，国家物价局通过重新修订和颁布中央管理价格的分工目录，其中，重工业生产资料和交通运输价格由1991年的47类737种减少为89种（国家定价33种，国家指导价56种），一次放开近600种，使绝大部分工业生产资料双轨价一下子并为市场单轨价。显然，这是正确的抉择。

中国的实践表明，必须立足于改革，以市场为取向解决工业生产资料价格双轨制问题。在这个过程中，不应把主要精力用在具体计算并轨过程中价格水平的确定上面。当然，对于并为计划轨的极个别产品来说，的确有一个重新合理确定价格水平的问题，如实行计划价格和市场价格综合平均定价等。但是，绝大部分产品是并为市场单轨价的，就不存在所谓合理定价问题，而是放开由市场调节。中国在价格改革过程中，由于比较好地解决了这个问题，使工业生产资料价格双轨制画了一个圆满的句号。

（四）21世纪初提出并在此后逐步推进资源产品价格改革

中国工农业实物商品和服务价格的市场化改革，到20世纪90年代中后期已基本完成。

1997年，无论是社会商品零售总额，还是工业生产资料销售总额和农副产品收购总额，市场调节价的比重均已超过80%，市场价格体制已初步建立。但是，中国价格改革并未完成。主要是资源产品价格改革远未到位。此外，生产要素市场化价格改革才刚刚起步。

2005年，党的十六届五中全会《中共中央关于制定国民经济和社会发展第十一个五年规划的建议》，又一次提出了我国必须转变经济增长方式的重大任务。这是因为，经过改革开放后二十多年经济的高速增长，资源和环境的瓶颈制约越来越突出。大家开始明白，中国是一个人均资源占有量短缺的国家，耕地为世界平均水平的40%，淡水为25%，石油、天然气和煤炭分别为11%、4.5%和79%，铁、铜、铝为1/6、1/6和1/9。与此同时，资源利用效率低下。2004年，我国GDP按现行汇率计算占全世界GDP的4%，但消耗了全球8%的原油、10%的电力、19%的铝、20%的铜、30%的钢材和煤炭。单位产值的能耗是世界平均水平的两倍多，是比较典型的粗放式增长。而我国"高投入、高消耗、高污染、低效益"的粗放型经济增长方式之所以难以根本转变，一个重要原因在于长期以来我国资源产品价格受政府管制，明显偏低，鼓励人们滥用浪费。这表现在以下几点。

一是地价低，长时期以来一些地方政府用行政权力向农民低价征地，然后办开发区等，用低价出让土地使用权招商引资。

二是水价低，2003年，我国城市的每立方米水价为0.15美元，农用水几乎是免费的，而国外每立方米水价南非是0.47美元，美国是0.51美元，德国是1.45美元。

三是能源价格低，能源价格中长时期没有包括开采原油、煤炭等造成的环境损害成本。大量高耗能产品之所以争着出口，是因为中国的能源价格很低。

四是矿产品价格低，到2005年，我国15万个矿山企业中仅有两万个矿山企业是要付费才能取得矿山开采权的，绝大部分是通过行政授予无偿占有的。矿产资源补偿费平均为1.18%，而国外一般为2%~8%。

要建设资源节约型、环境友好型社会，形成节能、节地、节水、节材的生产方式和消费模式，必须深化资源产品价格改革，使它们的价格能很好地反映市场供求关系、资源稀缺程度和环境损害成本。根本目标是要逐步提高它们的价格，用价格杠杆迫使生产企业和消费者节约使用资源，提高资源利用效率。

2005年以后，特别是2013年党的十八届三中全会以后，资源产品价格改革逐步展开。2007 年后，国家逐步提高用水价格。2013 年，国家规定了水资源费平均征收的最低标准；2014 年，提高了水污染防治费征收标准，规定了污水处理收费下限，扩大了收费范围。煤炭价格已放开由市场调节。成品油市场化价格形成机制进一步完善，成品油价格与国际市场原油价格挂钩，2013 年 3 月起，将调价周期由 22 个工作日缩短为 10 个工作日，取消国际原油市场油价变动 4% 才能调价的限制，还设置了成品油价格调控的上下限（上限为每桶 130 美元，下限为每桶 40 美元）。天然气价格方面，2013 年，将天然气价格由出厂价调整为门站价格，增量气门站价格调整到可替代能源价格的 85% 水平，存量气门站价格每千立方米提高 400 元，居民用气价格未做调整。同时，放开页岩气、煤层气、煤质气等非常规天然气出厂价格。2014 年，再次将非居民用存量天然气价格每千立方米提高 400 元。2015 年，将非居民用存量天然气价格每千立方米提高 40 元，增量气门站价格每千立方米降低 440 元。实现了非居民用天然气存量气和增量气价格并轨。2015 年 4 月，放开除化肥企业外的直供用户天然气价格后，全国 40% 以上的气量价格已由市场主导形成。上海石油天然气交易中心 2015 年 7 月 1 日试营业后正式运行，2016 年交易量达 150 多亿立方米；重庆石油天然气交易中心已于 2017 年 1 月 12 日揭牌。电力价格改革全面提速。自深圳 2014 年率先启动输配电价改革试点以来，到 2017 年 6 月底，实现了输配电价改革在省级电网的全覆盖。[①] 居民阶梯价格制度顺利推进。居民阶梯电价制度已在除新疆、西藏外的全部省（区、市）实施。26 个省（区、市）的 289 个城市已建立居民阶梯水价制度，14 个省（区、市）的 58 个城市已建立居民阶梯气价制度，其余城市正在积极有序推进。各地还合理调整水资源费、排污费、污水处理费等资源环保价格，对高耗能、高污染和产能严重过剩行业实行差别电价、水价和排污费收费标准，促进节能减排、结构调整和转型升级。[②]

---

① 许光建、丁悦玮：《深入推进价格改革着力提升"放管服"水平》，《价格理论与实践》2017 年第 5 期。

② 见《人民日报》2015 年 10 月 16 日。

三 价格改革的若干规律性

我国推进价格改革已近 40 年，在取得实质性进展的同时，也积累了丰富的经验。我们要很好研究这些经验，寻找其内在的规律性，更加自觉地深化价格改革，完善价格体系和结构，更好地发挥价格机制优化资源配置的功能。迄今为止，我们认为价格改革的规律性主要有以下几条。

（一）价格改革包括价格体系改革和价格形成机制改革两大方面，应着力通过价格形成机制改革推动价格体系的合理化

社会主义国家的价格改革，是价格模式的改革和转换。这种改革的必要性在于，在传统的社会主义经济体制下，实行的是高度集中的、以行政管理为主的计划价格体制。行政定价必然使商品价格僵化、半僵化，不能灵活地随着供求关系和资源稀缺程度的变化而变化，必然使价格关系扭曲，比价、差价不合理，价格结构畸形。由于价格形成的高度行政化、计划化，排斥市场机制的作用，商品价格一定几年固定不变，市场供求关系的变动很难在计划价格的制定和调整中得到反映。即使有些产品的价格经过调整一时比较合理了，但是过不了多久，由于市场供求关系的变化等又不顺了，而国家调整价格不可能频繁进行，市场上有几百万种商品，根据改革开放前的经验，一些商品调一次价至少三四年才能定下来。所以光靠行政手段调整价格是永远不可能理顺价格关系的。进行价格改革，面临的最突出的问题是要改革不合理的价格体系和结构，理顺被扭曲了的价格关系。而要做到这一点，最根本的则是改革价格形成机制，实现从行政定价到市场定价的转变，因为原来不合理的价格体系主要根源于不合理的价格形成机制。通过价格形成机制的转换，一方面把扭曲了的价格关系理顺，形成合理的价格结构；另一方面保证价格运动在比较合理的轨道上，不致出现新的扭曲，不要在理顺价格关系以后过不了几年又要动一次大手术。

因此，价格改革的重点并不是改革价格体系，而是改革价格形成机制。只有这样，才能真正实现价格模式的转换。据此，我们在确定价格改革的目标时，主要是要确立市场价格体制，以便使价格改革沿着正确的方向前进。

（二）价格改革要逐步推进，大体走一调二放三挂钩的路子

中国在推进价格改革之初，就明确提出先调后放的方针。采取这种逐步推进的方针，是因为要解决原来价格关系严重扭曲的问题，需要先采取有计划调整的办法，初步理顺价格关系，然后才能在较大范围内放开价格，以便使价格变动对人们利益关系的影响不致太大。如果一开始就大量放开价格，原来定价偏低的产品的价格就会大幅度上涨，使生产和经营这些产品的企业和部门骤然得到许多利益；而原来定价偏高的产品的价格就会不动甚至有所下降，生产和经营这些产品的企业和部门的经济利益就会受损，从而造成利益关系大的变动。这必然会增加改革的阻力和难度，影响改革的顺利进行。

采取先调后放的办法，还可以在价格改革过程中有效地控制物价总水平的上涨幅度，不至于使物价总水平失去控制，上涨过猛，使老百姓难以承受。因为调整价格对物价总水平的影响及连锁反应程度，是可以测算和控制的，和放开价格会使物价总水平较大幅度上涨与连锁反应较大有所不同。比如，1979 年我国大规模提高农产品收购价格（当年提价幅度达 24.8%），大幅度提高 8 种主要副食品价格（提价幅度为 30% 多），只影响 1980 年社会商品零售价格指数上升 6%，而且从 1981 年至 1984 年一直保持物价基本稳定，社会商品零售价格指数和居民消费价格指数每年上升 1%~3%。与此不同，1985年放开农副产品价格，不但导致 1985 年社会商品零售价格指数上升 8.8%（居民消费价格指数上升 9.3%），而且还使 1986 年社会商品零售价格指数上升 6%（居民消费价格指数上升 6.5%），其中翘尾巴的影响就占 3 个百分点。这还是在 1985 年以前用几年时间调整价格，降低了价格的扭曲程度后出现的情况。如果不是前几年通过调整价格降低价格的扭曲程度，1985 年放开价格肯定会带来物价更大幅度上涨。

放开价格再往下走，就提出了是否要同国际市场价格接轨的问题。改革开放初期，我国经济发展水平很低，1978 年国内生产总值在世界经济总量中只占 1.8%，排在全球第十一位，当时显然不具备完全同国际市场价格挂钩的条件，否则受国际市场价格波动影响太大，在国家经济实力还不够雄厚时经济运行容易受国际资本势力较大影响。随着改革开放的推进，我国经济迅速起飞，并且持续三十多年平均近两位数增长，创造了第二次世界大战结束后一个国家经济高速增长持续时间最长的奇迹。我国经济总量已于 2010 年超过日本，成为世界第二大经济体。2015 年中国经济总量已占世界总量的 14.8%，2016 年占 15% 左右。改革开放以来，我国经济高速增长的一个重要特点是对国际市场的充分有效利用。建立在劳动力成本低廉优势和发达国家劳动密集型产业向外转移机会基础上的大规模出口和外向型发展，成为我国经济持续快速增长的重要推动力。1979~2012 年，我国货物出口保持 20% 左右的年均增长率，快速成长为世界贸易大国。我国经济和对外贸易的快速增长，对外开放水平的不断提高，我国经济融入全球化进程的加快，要求我国商品和服务的价格要逐步同国际市场价格接轨，特别是对外依存度高的产品和可贸易商品以及和它们关联度高的产品，需要先行一步接轨。2001 年底，我国加入世贸组织，对外开放进入新的阶段，正如十八届三中全会决定指出的：适应经济全球化新形势，必须推动对内对外开放相互促进、引进来和走出去更好结合，促进国际国内要素有序自由流动、资源高效配置、市场深度融合，加快培育参与和引领国际经济合作竞争新优势，以开放促改革。所以，越来越多的产品同国际市场价格挂钩已是大势所趋，也是深化价格改革新要求。

（三）从狭义价格改革扩展到包括生产要素的广义价格改革

这是中国价格改革的一个重要特点，也是渐进式改革在价格领域的重要体现。传统的社会主义经济理论排斥广义价格概念，不承认资金、劳动力、土地等生产要素商品化、市场化的可能性和必然性，利息率、工资、地价和地租都由国家制定和调整，排斥市场机制的作用。随着经济体制改革的深化，随着社会主义市场经济体制改革目标的确立，各种生产要素被确认要商品化和进入市场，显露其价格，广义价格的概念被提出来并得到广泛的重视，价格改革也就从狭义的价格改革扩展为包括各项生产要素在内的广义的价格改革。由于本文论述的只限于物质产品和服务价格改革，因此关于生产要素价格改革只好从略了。

（四）价格改革的难点和主要矛盾在于既要通过体制转型理顺价格关系，又要稳定物价水平

中国价格改革的丰富实践告诉我们，进行价格改革的难点和主要矛盾在于既要通过体制转型理顺价格关系，又要稳定物价水平。处理好理顺价格关系和稳定物价水平的关系，在保持物价总水平大体稳定下逐步推进价格改革，这是我国推进价格改革最主要的经验。

在传统体制下，由于严格的行政管制，农产品价格、初级工业产品价格和一些服务收费长期被压得很低。改革价格体系，就是要改变这种状况，着重提高上述偏低的价格，而原来偏高的产品价格是不容易降下来的。这样，在理顺价格关系的过程中，物价总水平一定幅度的上涨是不可避免的。因此，进行价格改革要打破传统的稳定物价就是冻结物价、物价总水平越是原封不动越好的观念，逐步树立商品市场经济价格经常变动、物价总水平会有所上升的新观念。

在价格改革过程中，无论是调整价格还是放开价格，如果物价总水平上涨只限于改变畸形的价格结构，理顺比价差价关系，其上涨率不会太高，而且这种上涨是经过几年十几年实现的，因而其年度上涨率可控制在 5% 左右，一般不会到两位数，这样就可以保持物价的基本稳定。也就是说，可以在保持物价总水平基本稳定或大体稳定的条件下推进价格改革。我国近四十年的价格改革，总的来说是做到在保持物价总水平基本稳定或大体稳定条件下逐步推进的。当然，在 20 世纪 80 年代末（1988~1989 年）和 90 年代初中期（1993~1995 年），曾出现居民消费价格指数两位数上涨，说明那时出现了中

度的通货膨胀，并严重影响了价格改革的进程。1988 年价格闯关未成，就是因为当时出现了中度通货膨胀，政府被迫先稳定经济，在经济稳定后再推进价格改革。

所谓通货膨胀，主要是指因货币供应量增速过度超过经济增长所需的限度而带来的物价持续上涨。我们拿 1991~1995 年的经济增长和货币供应量的增长为例做说明（见表 4）。

表 4　1991~1995 年中国经济、货币供应量和物价情况

单位：%

指标＼年份	1991	1992	1993	1994	1995
经济增长率	9.3	14.3	13.9	13.1	11.0
流通中现金增长率	20.2	36.4	—	24.3	8.2
狭义货币 M1 增长率	24.2	35.9	—	26.2	16.8
货币和准货币 M2 增长率	26.5	31.3	—	34.5	29.5
居民消费价格指数上涨率	3.4	6.4	14.7	24.1	17.1

资料来源：相关年份《中国统计年鉴》。

从表 4 可以看出，1991 年以来，各种货币增长率（除现金外）都大大超过经济增长率，甚至是成倍地超过，当时我国经济的商品化、货币化程度已较高，经济商品化、货币化程度的持续提高不像过去那样可以吸收较多的货币正常进入市场流通，这必然使通货膨胀的压力逐渐积累和增大。所以从 1993 年起，通货膨胀压力开始释放，居民消费价格指数连续三年两位数上涨，并创下改革开放以来物价上涨幅度最大和持续时间最长的纪录。

从中国价格改革进程看，1988 年以前，我国价格改革过程中物价水平的上涨，可以说主要是对原来不合理的价格结构进行调整引起的，即主要是结构性的物价上涨；1988~1995 年我国的物价上涨，除了继续包含结构性物价上涨因素外，较多是由通货膨胀所推动，而且比较明显是需求拉动型的物价上涨，还夹杂着一部分成本推动型物价上涨（包括工资增长速度超过劳动生

产率增长速度引发的工资成本上升，以及进口原材料价格上涨引发的成本上升）。

物价的持续过快上涨会对人们产生心理压力，使企业不是致力于改进技术，改善经营管理，提高效益，而是致力于囤积居奇，倒买倒卖，竞相提价，以及利用垄断、特权和搞价格欺诈等追逐大量流通利润，使公众产生通货膨胀预期，挫伤群众储蓄的积极性，抢购物资、冲击市场等。这种情况，只能使价格关系混乱，甚至使已初步理顺了的价格关系重新被扭曲，使不合理的比价复归。物价上涨过猛，也影响价格改革的深化，使原定的改革方案难以出台，如 1987 年的钢材调价方案（调价的本本都已印好）和 1988 年的物价与工资改革方案那样，因为风险太大，怕影响社会稳定，不得不放慢价格改革的步伐。1993~1995 年物价大幅度上涨，还带来一段时间利率的双轨价差显著过大，市场利率高出国有银行利率一倍以上，致使金融体制改革难以深化，政策性金融与商业性金融难以分离，专业银行企业化经营进程受阻。

由上可见，价格改革的难点和主要矛盾在于，一方面要通过定价机制改革理顺价格关系；另一方面在理顺价格关系过程中物价上涨幅度不能过大，要保持物价总水平的基本稳定或大体稳定，以利于经济的稳定和社会的安定。而如果在改革过程中出现了通货膨胀特别是中度或中度以上通货膨胀，那么理顺价格关系和稳定物价水平的矛盾就会尖锐化，甚至难以解决。一次又一次的教训使人们认识到，深化价格改革，要尽可能排除通货膨胀的干扰，而如果已经出现通货膨胀，就要及时治理它，要抑制它的发展势头。因此，要摒弃通货膨胀的政策，不能采纳某些经济学家鼓吹的用通货膨胀刺激经济快速增长的主张。只有这样，才能为价格改革创造必要的良好的环境。

理顺价格关系和稳定物价水平的矛盾，在很大程度上规定和制约着价格改革过程中出现的其他矛盾，诸如价格与财政的矛盾、物价与工资的矛盾、国内价格水平与人民币汇率的矛盾、价格双轨制的矛盾，等等。这些矛盾在不出现通货膨胀时都比较好解决，但是，如果出现通货膨胀，就会出现"物价—补贴—税收"的怪圈，出现物价与工资轮番上涨，物价上涨与财政补贴增加，国内价格水平上升同人民币汇率下跌的恶性循环，以及双轨制价差拉大等一系列问题。

四 中国价格改革展望

中国价格改革经过三十多年的努力，已取得重大的实质性进展，但是尚未完成，价格体制仍不完善，价格关系还未完全理顺。针对这一实际情况，2013 年党的十八届三中全会决定要求完善主要由市场决定价格的机制。[1] 决定发布以来，中国价格改革又取得了一些新进展。一是政府定价大幅度减少。全部电信业务资费、非公立医院医疗服务、社会资本投资新建铁路货运和客运专线价格、绝大部分药品价格、绝大部分专业服务价格都已经放开。新修订的中央定价目录与 2001 年目录相比，政府定价由 13 种（类）缩减到 7 种（类），具体定价项目缩减了约 80%。已完成修订的 28 个省份地方定价目录，具体定价项目平均缩减了约 50%。二是农产品价格形成机制和调控体系不断完善。政府确定的烟叶收购价格于 2014 年放开后，全部农产品价格都由市场竞争形成。棉花、大豆目标价格改革试点总体顺利，国内外市场价差缩小，市场活力明显增强。同时，综合考虑保障农民基本收入和市场供求平衡，合理确定了稻谷、小麦最低收购价政策。生猪市场价格调整预案的实施也比较平稳。三是新一轮电价市场化改革顺利启动。放开了跨区跨省电能交易价格。输配电价改革试点已由深圳市和蒙西电网扩大到全国各省（区）。根据煤电价格联动机制，2015 年全国燃煤发电上网电价平均每千瓦时降低约 2 分钱，工商业用电价格平均每千瓦时降低约 1.8 分钱。2016 年，通过煤电价格联动、输配电价格联动等减少企业用电支出 1000 亿元以上。四是天然气价格形成机制进一步完善。实现了非居民用天然气存量气和增量气价格并轨。落实降低非居民用气价格政策，降低过高的地方天然气管道运输和配气价格，降低企

---

[1] 《中共中央关于全面深化改革若干重大问题的决定》（2013 年）；张卓元：《经济改革新征程》，社会科学文献出版社，2013。

业用气成本约 1000 亿元。五是铁路货运价格基本理顺。在 2013 年、2014 年这两年每年将国铁货物统一运价每吨公里提高 1.5 分钱基础上，2015 年又提高了 1 分钱，实现了铁路与公路货运保持合理比价关系的改革目标。建立货物运价上下浮动的机制，上浮不超过 10%、下浮不限，进一步增强运价弹性，为铁路运输企业灵活应对市场环境变化，提供了更宽松的政策环境。六是居民阶梯价格制度顺利推进。居民阶梯电价制度、阶梯水价制度、阶梯气价制度正在积极有序推进。七是清理收费、公布清单。清理规范涉企的各类收费，制定收费目录清单。通过清理不合理收费，降低偏高收费标准，2013~2015 年共减少企业支出近 400 亿元。八是调整资源环保价格。各地合理调整水资源费、排污费、污水处理费等资源环保价格，对高耗能、高污染和产能严重过剩行业实行差别电价、水价和排污费收费标准，促进节能减排、结构调整和转型升级。此外，还加强对价格收费违法违规行为和垄断大案要案进行查处。比如，2013 年 11 月起对高通公司滥用市场支配地位行为进行查处，开出了 60 多亿元的高额罚单，在国内外引起很大反响。[①] 到 2016 年底，97% 以上的商品和服务价格已经由市场形成。

尽管如此，与由市场决定价格机制的要求相比，还有差距。主要表现在以下几方面。首先，一些重点领域和关键环节价格改革还需深化，如能源、交通运输这些领域的价格改革还没有完全到位，公用事业和公共服务价格改革正处在攻坚时期，也没有完全到位。比如，直至 2016 年，成品油价格市场化就面临资源高度集中，市场缺乏竞争的体制性障碍。勘探开发环节，只有少数几家国有公司享有石油勘探开发专营权；进口环节，5 家国有企业原油进口总量占整个原油进口的 90% 以上；炼化环节，国有企业占到 75%；批发零售环节，由于成品油批发和零售环节的专营体制，市场过于集中于个别央企，在全国 9 万多座加油站中，社会资本名下的加油站数量接近 50%，但销量仅占 10%。从产业链看，上中下游资源均过于集中，难以开拓更多油源并有效

---

① 《人民日报》2015 年 10 月 16 日；胡祖才：《纵深推进价格改革　提升价格监管水平　以优异的价格工作实绩迎接党的十九大胜利召开》，《价格理论与实践》2017 年第 1 期。

竞价。国家对成品油价格规定的是最高零售价，加油站基本都是按照最高价执行，掌控市场的主体没有动力降价。其次，政府定价制度还需要进一步健全。再次，市场价格行为有待进一步规范，一些企业经常利用垄断市场的地位抬高价格，天价虾、天价鱼、停车位乱涨价等情况时有发生。

2015 年 10 月，《中共中央国务院关于推进价格机制改革的若干意见》（以下简称《意见》）发布，对今后更好地落实十八届三中全会决定深化价格改革、完善市场价格体制进一步指明了方向。[①]

《意见》明确，到 2017 年，竞争性领域和环节价格基本放开，政府定价范围主要限定在重要公用事业、公益性服务、网络型自然垄断环节；到 2020 年，市场决定价格机制基本完善，科学、规范、透明的价格监管制度和反垄断执法体系基本建立，价格调控机制基本健全。

《意见》明确了今后六大重点领域价格改革方向，即完善农产品价格形成机制，加快推进能源价格市场化，完善环境服务价格政策，理顺医疗服务价格，健全交通运输价格机制，创新公用事业和公益性服务价格管理。对如何健全政府定价制度、加强市场价格监管和反垄断执法、健全市场价格行为等，《意见》也做出了详尽的阐述。

《意见》发布后，有关部门迅速行动，落实深化价格改革要求。2015 年 11 月 30 日，国家发改委、国家能源局正式对外发布了《关于推进输配电价改革的实施意见》《关于推进电力市场建设的实施意见》《关于电力交易机构组建和规范运行的实施意见》《关于有序放开发用电计划的实施意见》《关于推进售电侧改革的实施意见》《关于加强和规范燃煤自备电厂监督管理的指导意见》6 个电力体制改革配套文件，电力体制改革路线图更加明确。其中包括社会资本可投资成立售电公司、清洁能源优先上网等。[②]坚持和完善稻谷、小麦最低收购价政策，合理调整最低收购价水平，形成合理比价关系。从 2016 年下半年起推进玉米市场定价、价补分离改革。2016 年 5 月，国务院印发《盐

---

① 《中共中央国务院关于推进价格机制改革的若干意见》（2015 年）。
② 《人民日报》2015 年 12 月 1 日，第 15 版。

业体制改革方案》，提出从 2017 年 1 月 1 日起，改革食盐政府定价机制，放开食盐出厂、批发和零售价格。在完善食盐专营制度的基础上，重点推进四项改革：一是改革食盐生产批发区域限制，取消食盐定点生产企业只能销售给指定批发企业的规定；二是改革食盐政府定价机制，放开食盐出厂、批发和零售价格；三是改革工业盐运销管理，取消各地自行设立的两碱工业盐备案制和准运证制度，取消对小工业盐及盐产品进入市场的各类限制，放开小工业盐及盐产品市场和价格；四是改革食盐储备体系，建立由政府储备和企业社会责任储备组成的全社会食盐储备体系。[①]出台推进医疗服务价格改革意见，各地结合实际认真贯彻落实。截至 2016 年底，已有 13 个省份出台了实施意见。医药价格改革已实现县级公立医院全覆盖，在 10 个省份已全面推开，其他省份有 60 多个城市 600 多家公立医院开展了试点；23 个省份放开了个性化需求较强、市场竞争比较充分的部分医疗服务价格；29 个省份出台了加快新增服务项目受理审核的政策措施。[②]

2012 年党的十八大以后，政府大力推进价格监督检查工作，随着绝大部分定价权的放开，各级价格主管部门转变价格管理方式，加强价格监管和反垄断工作。2013 年 11 月，国家发改委印发《关于建立完善价格监管机制的意见》，提出建立和完善预警防范、应急处置、举报处理、市场监管、反价格垄断、专项治理、社会监督、经营者自律、协作联动等工作机制。数据显示，截至 2016 年底，国家发改委共查处 127 件价格垄断案件，共罚款 107.57 亿元。[③]对政府定价，则加强成本监审工作。据报道，十八大以后，价格主管部门在输配电价改革过程中，对电网企业进行严格的成本监审，剔除不应进入定价成本的费用和支出，发现不相关或不合理的成本比例在 14.5%，金额达 1180 亿元。[④]因此，今后必须继续加强价格监管和反垄断工作，这也是深化

---

① 见《经济参考报》2016 年 5 月 6 日。
② 胡祖才：《纵深推进价格改革 提升价格监管水平 以优异的价格工作实绩迎接党的十九大胜利召开》，《价格理论与实践》2017 年第 1 期。
③ 见《经济参考报》2017 年 9 月 11 日。
④ 见《经济参考报》2017 年 7 月 31 日。

价格改革的一个重要方面。

习近平总书记在十九大报告提出加快完善社会主义市场经济体制，价格反应灵活是实现这个目标的一个重要方面。价格只有在竞争公平有序的条件下放开由市场调节，才能做到反应灵活。为此，今后需继续推进价格市场化改革，其中能源、农业、交通运输、医疗等领域将是改革攻坚重点，以便进一步激发市场活力，培育发展新动能。我们相信，这些方面的改革将在十九大精神鼓舞下，在未来几年内不断取得新的实质性进展！

劳动力市场发育与就业扩大

蔡　昉[*]

导　读： 作为人口转变结果而形成的人口结构特征，以及作为计划经济遗产的大规模剩余劳动力积淀，能够在改革开放时期转化为经济增长、结构变化和收入提高的源泉，关键在于劳动力市场的发育、劳动力的重新配置和就业的持续扩大。本章回顾改革如何推动劳动力市场配置机制的形成，劳动力大规模跨城乡、区域、部门的流动，就业的数量扩大和结构变化以及劳动力市场制度的不断完善；阐述这一系列改革及其结果是劳动生产率提高、经济高速增长、产业结构趋于合理和城乡居民分享经济发展成果的关键；对劳动力市场发育、劳动力资源配置和就业扩大趋势进行展望；揭示未完成的改革任务和下一轮改革特点，并提出相关领域深化改革的政策建议。

---

[*] 蔡昉，中国社会科学院副院长、党组成员，中国社会科学院学部委员、学部主席团成员，第十三届全国人民代表大会常务委员会委员、农业与农村委员会副主任委员。主要研究领域包括劳动经济学、中国经济增长、收入分配等。

一 引言

中国 40 年改革开放发展取得的举世瞩目成就，并非仅仅表现为国民总收入（GNI）总量的增长，还体现在产业结构的高度化、对外开放程度的提高和人民生活水平的显著改善。国内外学术界在对中国居民如何分享改革开放发展成果的研究方面，总体而言尚相对薄弱，甚至常常捉襟见肘。例如，在观察到中国改革开放时期人民生活得到显著改善的同时，研究者对收入差距扩大并保持较高水平的现象陷入困惑，在理论上无从形成自洽的解释。他们或者心存矛盾，任由这种解释上的不彻底性存在，或者以"但书"的方式把取得的成就和存在的问题并列。

这种状况导致在总结中国经验及其一般意义方面，已有的理论成果尚不能尽如人意，甚至滞后于实践。改变这种理论现状，可以分别从理论和实践两个方向切入以形成突破，即一方面，在理论上需要打破新古典增长理论的束缚；另一方面，在实践上需要区分中国和西方国家经历的不同。其中，就业扩大和劳动力重新配置所发挥的作用不容低估，值得给予更大的篇幅进行讨论。

除了少数例外，西方主流经济学家特别是增长理论家，坚持用新古典框架解释发展中国家的经济发展，拒绝接受能够恰当描述劳动力无限供给条件下经济发展的刘易斯二元经济理论，同时也忽略了库兹涅茨式结构演变提高劳动生产率的要义。这就是说，他们既不懂得发展中国家具有的劳动力无限供给特征，也不重视二元经济发展过程中的结构变化，因而未能从经验上观察到资源重新配置过程产生的提高全要素生产率从而提高劳动生产率的效果。

自 20 世纪 90 年代以来的许多研究都发现，无论在当年的东亚经济体还是中国的高速增长时期，资本积累都对经济增长做出了显著的贡献。资本投入的这个明显贡献，被不少主流经济学家批评为粗放型增长模式，认为由此驱动的高速增长既算不上奇迹，也没有可持续性。在艾尔文·扬对东亚经济奇迹和中国经济奇迹的孜孜不倦的批评中，把前述新古典经济学家的缺陷表现得最为淋漓尽致 [1]。

然而，研究显示，在中国改革开放期间的二元经济发展过程中，不仅劳动力数量和质量（人力资本）塑造了人力资源丰富的优势，而且通过发展劳动密集型产业参与国际分工体系，实现了高速增长，兑现了人口红利。同时，资本积累的贡献也得益于人口抚养比下降带来的高储蓄率保证了经济发展所需的资本形成，以及劳动力无限供给延缓了资本报酬递减现象。不过，这并不意味着这些经济体没有生产率的改善。二元经济发展特有的结构变化，还带来资源重新配置效率，进而对全要素生产率做出巨大贡献。

资本报酬递减现象被延缓这个特征，本来是可以与新古典增长理论的趋同假说相容的。这个假说预期，与发达国家相比，后发国家因其资本相对稀缺的资源禀赋，可以获得更高的资本回报，并以此支撑比前者更快的增长速度。然而，在实际观察和研究后发国家的经济发展问题时，经济学家往往忘记这一点，顽固地用新古典增长的圭臬评说二元经济发展。至于结构变化带来的生产率提高效应，更是为主流经济学家所忽略。从这种理论教条出发，无论是理论说明所依据的规范，还是经验研究所采用的技术，自然服务于否认二元经济发展中的全要素生产率表现 [2]。

例如，在 20 世纪 90 年代中期进行的一场争论中，各方研究对亚洲"四小龙"等经济体全要素生产率的估计就差异颇大。例如，根据艾尔文·扬的估计 [3]，新加坡在 1970~1985 年的全要素生产率年均增长率为 0.1%；而马尔蒂

---

[1] 如 Alwyn Young, "Lessons from the NICs: A Contrarian View," *European Economic Review*, Vol. 38, Issue 3-4, 1994, pp. 964-973; Alwyn Young, "Gold into the Base Metals: Productivity Growth in the People's Republic of China during the Reform Period," *Journal of Political Economy*, Vol. 111, No. 6, 2003, pp. 1220-1261。

[2] 例如，艾尔文·扬曾经直言不讳地指出：只需运用一点小小的技巧，即可把中国发展经验化神奇为腐朽。参见 Alwyn Young, "Gold into the Base Metals: Productivity Growth in the People's Republic of China during the Reform Period," *Journal of Political Economy*, Vol. 111, No. 6, 2003, pp. 1220-1261。

[3] Alwyn Young, "Lessons from the NICs: A Contrarian View," *European Economic Review*, Vol. 38, Issue 3-4, 1994, pp. 964-973.

的估计则是，新加坡在 1970~1990 年的全要素生产率年均增长率为 1.45%[①]。两种估计竟达十数倍的差别。在关于"东亚奇迹"的学术争论尚未有穷期的情况下，中国经验成为新的关注领域，以往的对立观点也反映在对中国改革开放发展的解释之中。

诸多经验性研究分别得出了以下结论：（1）中国改革开放期间全要素生产率增长，是经济增长率占绝对优势地位的贡献因素[②]，或至少是一个显著的贡献因素[③]；（2）在劳动生产率提高的因素中，资本深化或资本劳动比的贡献比重很高，且具有提高的趋势[④]；（3）另一种对劳动生产率提高因素进行的分解表明，在劳动生产率提高中，结构变化的贡献接近一半，而在三个产业的贡献中，第二产业占绝对优势地位[⑤]。

在中国进行改革开放的同时，世界许多国家也在经历类似的经济增长、结构性改革和参与经济全球化。然而，迄今为止没有一个在经济增长和结构变革速度，以及人们生活水平改善方面能够与中国相媲美的事例。从理论上讲，劳动力无限供给的资源禀赋，一旦被转化为人口红利，固然是支撑要素快速积累和资源合理配置的经济增长源泉，同时也可以成为居民分享经济发展成果的基础。

兑现人口红利意味着把劳动力丰富的资源禀赋转化为比较优势，在参与全球分工的条件下，形成劳动密集型产业的国际竞争力。根据李嘉图－俄林－萨缪尔森比较优势理论（即贸易模型），在工业化国家与发展中国家之间，根

① C. Marti, "Is There an East Asian Miracle?" *Union Bank of Switzerland Economic Research Working Paper*, October 1996, Zurich.
② Xiaodong Zhu, "Understanding China's Growth: Past, Present, and Future," *Journal of Economic Perspectives*, Vol. 26, No. 4, 2012, pp. 103-124.
③ International Monetary Fund, "Asia Rising: Patterns of Economic Development and Growth," *World Economic Outlook*, September, 2006, pp. 1-30.
④ International Monetary Fund, "Asia Rising: Patterns of Economic Development and Growth," *World Economic Outlook*, September, 2006, pp. 1-30; Louis Kuijs, "China through 2020—a Macroeconomic Scenario," *World Bank China Research Working Paper*, No. 9, 2010.
⑤ 蔡昉：《中国经济改革效应分析——劳动力重新配置的视角》，《经济研究》2017 年第 7 期。

据比较优势进行贸易的结果，因在前一类国家扩大了对相对丰裕资本的需求，减小了对相对稀缺劳动力的需求，因而资本所有者获益较多，劳动报酬则倾向于降低；而在后一类国家，由于扩大了对丰富劳动力的需求，减小了对相对稀缺资本的需求，因而劳动报酬倾向于提高，劳动者获益较大。把参与经济全球化程度最高的两个国家，即最大发达国家美国与最大发展中国家中国进行比较，有助于讲清楚中国增长与分享的内在逻辑关系。

歌德借《浮士德》中人物之口说：理论是灰色的，而生命之树常青。中国在改革开放过程中，经历了具有自身特色的二元经济发展，通过扩大就业和劳动力重新配置，实现了全要素生产率提高从而劳动生产率的显著提高、高速经济增长和发展成果的分享，打破了新古典增长理论的预言。因此，一方面，讲清楚中国过去40年就业扩大和劳动力重新配置过程，就能同时解释经济增长奇迹和改善民生的故事；另一方面，这个异乎传统理论的发展经验，也应该促使主流经济理论的反思，同时有助于中国特色发展经济学的创立和发展。

二 劳动力市场发育和改革

在计划经济条件下，并不存在一般定义下的劳动力市场。在农村，人民公社体制、户籍制度和票证制度"三驾马车"，严格限制了农村劳动力的产业转移和地域流动。这个时期由于生产队工分制度缺乏有效的劳动激励，虽然大量的农业剩余劳动力得以积淀，却没有公开显现出来。在城市，户籍居民的就业绝大多数在国有企业和集体企业得到安置，与劳动力供求无关，雇用与否和工资决定也不与劳动效果和人力资本挂钩，长期积累下来形成了严重的冗员。此外，城乡就业是被严格分割的，农村劳动力极少有机会进入城市就业，城市居民也不会自愿纡尊降贵到农村去就业[1]。

---

[1] 在1966~1977年间，累计有大约2000万城市中学毕业生被送到农场和农村人民公社落户就业，应该被看作是以强制性方式进行的人口迁移。

市场导向改革必然要求劳动力市场发育和就业体制改革。一般来说，劳动力市场至少包括如下几个主要功能。第一是按照劳动力供求关系决定工资水平。因此，劳动力市场发育和改革，意味着改变工资形成机制，矫正对劳动力供求的扭曲。具体来说，就是给予企业自主权，决定雇用、解聘和工资，宏观上消除劳动力剩余和冗员。第二是按照工资、生产率等信号配置劳动力，也就是说要在体制上给予劳动者退出、流动和进入的权利。第三是劳动力市场制度与供求关系共同决定工资、劳动条件、聘用和解雇等决策。下面，我们将按照上述劳动力市场主要功能构成来简述改革过程。

我们先来考察劳动力市场配置机制如何渐进形成。作为计划经济的遗产，资源配置扭曲、微观环节没有自主权，以及劳动激励缺乏，造成劳动力配置和使用效率低下。一般来说，人们预期旨在发育劳动力市场的改革，可以有两种方式，分别有两类风险。例如，前东欧转型经济体劳动力市场改革的教训表明，当以数量调整（裁除冗员）为主时，往往导致严重的失业现象；而在以价格调整（降低工资）为主时，则会造成居民收入下降，两种情况都在一定程度上对民生稳定和社会安定造成损害[1]。

在中国进行就业体制改革之初，农村和城市都面临着严重的劳动力富余现象。据当时的调查，无论是农业中的剩余劳动力，还是国有企业和城镇集体企业长期积淀的冗员，都占到各自领域就业总量的30%~40%[2]。中国城乡的就业方式、雇佣关系和工资决定的市场机制，经历了一个增量改革在先，然后触及存量改革的过程。虽然企业在进行以放权让利为主要内容的改革之初，就被赋予了雇用和解聘自主权，政府原则上也倡导打破铁饭碗，但是，由于当时尚不存在重新配置劳动力的市场机制，缺乏国有经济和集体经济之外的

---

[1] John Knight and Lina Song, *Towards a Labour Market in China*, New York: Oxford University Press, 2005, pp. 6-7.

[2] 分别见 J. R. Taylor, "Rural Employment Trends and the Legacy of Surplus Labor, 1978-1989," in Kueh, Y. Y. and R. F. Ash (eds.), *Economic Trends in Chinese Agriculture: The Impact of Post-Mao Reforms*, New York: Oxford University Press, 1993；张小建主编《中国就业的改革发展》，中国劳动社会保障出版社，2008，第 101 页。

就业机会，也没有建立起失业保险制度，因此，企业管理者既不愿意、不敢也不被鼓励使用这个自主权。

直到 20 世纪 90 年代中期以前，市场配置机制仅仅应用于（城市）新成长劳动力和（农村）转移劳动力。例如，在城市，政府允许三种就业渠道同时存在，即劳动部门介绍的就业、自愿组织就业以及自谋职业三者结合。在农村，随着人民公社被废除，农村劳动力不再限于在劳动生产率极低的农业中分享收入，而开始在乡镇企业等非农活动中就业，劳动力从此具有了机会成本。由此，对于通过市场自行就业和农业转移劳动力的就业，雇佣条件和工资等已经由市场上的供求关系决定。

在 20 世纪 90 年代后期，国有企业在遭遇经营困难的严峻情况下，大刀阔斧地进行了用工制度改革，从此打破了存续几十年的就业"铁饭碗"。首先，下岗职工在获得一定社会保障的条件下，需要通过劳动力市场实现再就业。其次，城镇新成长劳动力不再由政府统一安排就业，也需通过市场自主择业。最后，农村转移出来的剩余劳动力更是从一开始就只有市场这个唯一的配置机制，从而具有了更加均等的机会。从此，市场配置劳动力资源的机制逐渐形成。随着新成长劳动力、再就业职工和进城农民工的就业和工资决定已经由市场机制调节，相应形成就业竞争的局面，也从存量上推动了企业职工的去留以及工资水平等决定的市场化。

我们再来看改革如何推动劳动力在城市和农村的行业间以及在城乡间重新配置。实行农村家庭承包制是赋予劳动力从生产率低下的农业中退出权利的关键改革。实行家庭承包制后，农户有权决定种植和经营内容，可以自主支配劳动时间，劳动力和其他投入要素就开始了重新配置。农业剩余劳动力的转移，先后经历了从"以粮为纲"到多种经营，从单一的种植业到农林牧副渔全面发展，从农业到乡镇企业，从"离土不离乡"到进入小城镇直至大中城市从事非农就业的转变。

农村劳动力流动依时间顺序分别经历过几个重大的制度突破。第一，随着人民公社被废除以及农产品产量大幅度增长，农民最初被允许从事农产品的长途贩运和自销,第一次突破了就业的地域限制。第二,政府允许农民自带口粮到邻近城镇就业,第一次突破了城乡就业藩篱。第三,到20世纪90年代初期,随着粮票等票证制度被取消,农村劳动力进入各级城镇居住、就业也就不再有技术障碍。虽然户籍制度仍然把公共服务供给在城乡之间割裂开,农民工及其家属尚不能在打工地均等地享受基本公共服务,但是劳动力流动和人口迁移的制度障碍已经显著弱化。

城市劳动力的流动性提高以及劳动力进入城市部门,是通过以下几个步骤,从增量调整到存量调整逐步推进的。第一步,对待业青年和返城知识青年就业安置采取自主择业和创业的方式;第二步,新成长劳动力和进城农民工完全通过劳动力市场就业;第三步,下岗和失业职工以市场为主实现再就业。城市各类非公有经济新创企业,是农业转移劳动力和城市转岗及新成长劳动力吸纳的主要领域。城镇国有和集体单位就业,在1978年占到全部城镇就业的99.8%以上,1998年下降到51.0%,2015年进一步下降到16.6%,与此相应,私营个体企业占比从微不足道的水平提高到47.0%。此外,经过长期的流入与沉淀,2015年进城农民工已经占到城镇就业的约36.9%[①]。

最后我们来观察劳动力市场制度如何逐渐完善。一般来说,从劳动力的计划配置体制到市场配置机制的转轨,需要经过一系列解除规制的改革过程。然而,中国在劳动力市场发育过程中,一方面不断解除旧的规制,另一方面也在构建劳动力市场制度,即对用工关系、劳动条件、工资和待遇等进行规范。

例如,早在1994年,中国就颁布了《劳动法》,随后在20世纪90年代末遭遇劳动力市场冲击期间,政府又分别出台了工资指导体系和最低工资制度等法规,都发挥了规范劳动力市场和保护劳动者权益的积极作用。然而,一般认为,这个时期中国劳动力市场的主要调整方向,仍然是通过解除规制和增强灵活性,扩大市场配置劳动力的作用和范围。中国劳动力丰富的优势

---

① 对该比重的估算细节可参见蔡昉著作(Cai Fang, *China's Economic Growth Prospects: From Demographic Dividend to Reform Dividend*, Cheltenham, UK: Edward Elgar)中对表3.2的说明。

得以被转化为制造业产品的国际竞争力，与此不无关系①。

随着中国经济于 2004 年前后迎来以劳动力短缺和工资上涨为特征的刘易斯转折点，劳动力供求关系发生了根本性的变化，劳动力市场制度建设也加快了步伐。主要表现为政府加强了关于就业和劳动关系的立法和执法。例如，2008 年同时有三部相关法律开始实施，分别为《就业促进法》、《劳动合同法》和《劳动争议调解仲裁法》，分别对签订劳动合同、参与基本社会保险、禁止就业歧视和建立和谐劳动关系等诸多方面做出规定。2008 年法律生效的当年，由于劳动者权益意识觉醒、有法可依格局形成及执法效果②，劳动争议案件受理件数比上年陡增近一倍，随后保持在新的均衡水平上。

其他劳动力市场制度的作用也得到进一步加强。例如，中央政府于 2004 年要求各地至少每两年对最低工资标准进行一次调整，并且该制度被广泛适用于农民工。根据 287 个城市的数据，相比于 2003 年，2013 年实际最低工资水平平均提高了 1.6 倍。此外，工会组织及其在保护劳动者权益方面的作用也得到加强。2004~2015 年，全国工会基层组织数量增加了 3.8 倍，所覆盖的单位职工人数增加 1.7 倍。工会作为职工代表与企业方就涉及职工权利的事项进行集体协商，工资集体谈判和集体劳动合同覆盖率得到扩大。

三 就业扩大和就业结构变化

对经济史的观察显示，经济增长、贸易扩大以及经济全球化，虽然理论上都可以被看作是做大蛋糕的过程，但是，却不存在一个"涓流效应"，即做大的蛋糕未必能够自然而然地在所有群体中合理分配。甚至可以说，能够充分分享增长和开放红利的情形，绝不多过出现贫者愈贫、富者愈富"马太

---

① 中国劳动力市场的灵活性表现，受到其他一些发展中国家的推崇并当作经验借鉴。参见 Ministry of Finance of India, *Economic Survey, 2005–2006*, New Delhi, Ministry of Finance, 2006。

② 参见 Cai Fang and Wang Meiyan, "Labour Market Changes, Labour Disputes and Social Cohesion in China," *Working Paper*, No. 307, 2012。

效应"的情形。而决定能否分好蛋糕的关键，至少在经济发展的一定时期内，即在二元经济发展阶段上，表现在增长与开放是否创造了更多的就业岗位，以及产业结构是否按照规律发生了变化。

美国政界和舆论界认为，全球化导致美国岗位流失，造成中产阶级群体退化，就业岗位和收入分配出现两极分化。这也得到了一些严肃研究的证明。例如，斯彭斯等学者分析美国就业增长和结构时发现，美国处于价值链低端的制造业大量转移到海外，与此对应的就业岗位也随之丧失，1990~2008年，新增就业几乎全部来自以服务业为主的非贸易部门，因此得出"产业外包摧毁了美国经济"的结论[1]。

我们可以对应观察中国在同一时期非农就业的扩大。采用与斯彭斯等类似的分类方法，基于中国分别在2004年、2008年和2013年进行的三次经济普查数据，我们把非农产业中依据法人单位（corporate units）进行统计的就业，按照可贸易部门和非贸易部门进行分类，观察各自的增长规模和整体的结构变化。需要特别指出的是，在可贸易部门中，制造业的就业占比最大，在非贸易部门中，建筑业的就业占比最大。在三次经济普查数据所覆盖的时期，中国（包括城市和农村）非农产业就业增长十分迅速，2004~2013年年均增长率为5.9%，2013年就业总数达到35213万人。并且，可贸易部门与非贸易部门就业增长速度相对均衡，同一时期前者年均增长率为6.9%，后者为4.7%。

其实，按照经济普查所使用的口径即法人单位就业数据，远远不能充分反映实际非农就业的增长情况。我们对城镇就业的几种不同统计口径进行比较，便可以看到这个差异，即实际就业及其增长大幅度高于前述情形。

在按年度进行的城镇就业统计中，一种口径是单位就业，不仅包括法人单位，还包括非法人的产业活动单位（establishments），该口径得出的就业数往往会大于前述法人单位就业数。根据这个"基本单位统计报表制度"获

---

① Michael Spence and Sandile Hlatshwayo, "The Evolving Structure of the American Economy and the Employment Challenge," *Working Paper*, Maurice R. Greenberg Center for Geoeconomic Studies, Council on Foreign Relations, March, 2011.

得的数据^①，2015 年仅城镇单位就业总人数就达 17778 万。由于这个单位就业数还不包括私营企业和个体工商户，所以一旦把这两类就业数加入到统计中，城镇就业数就提高到 36758 万人。

此外，城镇单位大量使用临时雇佣人员和劳务派遣工（其中一部分是农民工），却往往不将他们作为雇员记录在报表中，致使这些就业者在单位就业统计中被遗漏。所以，以城镇住户为基础，按照国际劳工组织推荐的口径进行调查，得出的实际城镇就业总数竟高达 40410 万人，其与单位就业数以及个体私营就业数总和之间的差异，则可以被看作是非正规就业人数。

即便是这个数字，也遗漏了大量稳定在城市就业的农民工。根据粗略的估算^②，在其之外，仍有近 2000 万进城农民工未被纳入这一城镇就业统计范围。换句话说，如果把稳定在城镇就业的农民工全部包括在城镇就业统计中，2015 年城镇实际就业人数可达 42373 万。

改革开放时期就业扩大的真实含义，不是三个产业的就业同时扩大，而是随着农业劳动力数量减少和比重下降，非农产业就业不断扩大。农村劳动力大规模向本地非农产业和城镇部门转移，显著减轻了农业劳动力剩余的程度。不过，如果从官方统计数据看，2015 年第一产业就业比重仍然高达 28.3%，第二产业和第三产业就业比重分别为 29.3% 和 42.4%。许多研究者引用该数据，认为中国仍然存在着规模庞大的剩余劳动力。甚至有人因此罔顾劳动力短缺和工资上涨的事实，否认刘易斯转折点的到来。不过，在中国经济发展的逻辑和经验面前，无论是官方统计数据，还是以之为依据的学术观点，必然要遭遇到以下挑战。

其一，农业中仍然存在大量剩余劳动力的判断，与改革开放期间中国经历的大规模劳动力流动不相一致。国家统计局数据显示，2016 年全国农民工

---

① 除非特别注明，数据来源见相应年份国家统计局的《中国统计年鉴》（中国统计出版社）。

② 详见 Cai Fang, Guo Zhenwei, Wang Meiyan, "New Urbanisation as a Driver of China's Growth," in Song, Ligang, Ross Garnaut, Cai Fang, and Lauren Johnston (eds.), *China's New Sources of Economic Growth, Vol. 1: Reform, Resources, and Climate Changes*, Canberra and Beijing: Australian National University Press and Social Sciences Academic Press (China), 2016。

总人数为 2.82 亿，其中离开本乡镇 6 个月以上的外出农民工为 1.69 亿，在本乡镇从事非农产业就业的为 1.12 亿。这意味着留在农村务农的劳动力数量大幅度减少，数据上显示出农业劳动力比重显著下降才符合逻辑。

其二，如果从这个官方数据看，中国在其经济高速增长和产业结构剧烈变化期间，农业劳动力比重每年下降的速度，还不到日本和韩国在历史上相应时期的一半。例如，在 1978~2012 年，统计数据显示的中国农业劳动力比重，每年仅仅下降 2.2%；而日本在 1953~1987 年农业劳动力比重每年下降 4.5%，韩国在 1963~1997 年为 5.1%。如果没有充足的理由说明中国农业劳动力转移具有特别的非典型特点，应该说这个数据明显低估了中国产业结构变化的成效。

其三，以往的研究提供了诸多证据，或者通过国际比较，发现中国农业劳动力比重异常地高于理论预期[1]，或者通过历史回顾，认为统计数据中显示的农业劳动力比重，从早年起就被高估了[2]，而一些学者进行重新估算的结果，揭示出统计数据显示的农业就业比重明显过高[3]。

此前的一项研究通过合理修正国家统计局关于农业劳动力的定义，重新估算了 2009 年的实际农业劳动力，表明官方数据把该年农业劳动力比重高估了约 13.4 个百分点[4]。本文利用这个结果，以 2009 年为基准，把认为高出实际数的农业劳动力均等地分摊到之前各年份中，同时按照认为高估的程度重新调整之后各年份数据。由此得出，2015 年实际农业劳动力比重为 18.3%，至少比官方数据低 10 个百分点。统计数据与调整过数据之间的差额，则按照对应的权重分别摊入第二产业和第三产业各年数据中（见图 1 ）。

---

[1] International Monetary Fund, "Asia Rising: Patterns of Economic Development and Growth, " *World Economic Outlook*, September, 2006, pp. 1-30.

[2] Thomas Rawski and Robert Mead, "On the Trail of China's Phantom Farmers," *World Development*, Vol. 26, No. 5, 1998, pp. 767-781.

[3] Loren Brandt and Xiaodong Zhu, "Accounting for China's Growth," *Working Paper*, No. 395, 2010, Department of Economics of University of Toronto.

[4] Fang Cai, Yang Du and Meiyan Wang, "Demystify the Labor Statistics in China," *China Economic Journal*, Vol.6, No. 2-3, 2013, pp.123-133.

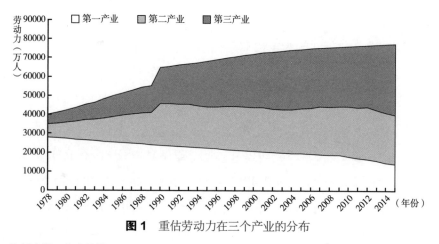

图1 重估劳动力在三个产业的分布

资料来源：作者估算。

把这个重估的结果与国际劳工组织用模型估算的数据进行比较[1]，2015年中国农业劳动力比重比中等偏上收入国家和地区的平均水平（算术平均值）低5.6个百分点，第二产业就业比重高9.4个百分点，第三产业就业比重低3.8个百分点。而如果与高收入国家和地区的平均水平进行比较，中国仍然具有过高的农业劳动力比重。应该说，这个重估的数据既能够如实反映中国劳动力市场改革和产业结构变化的成效，又客观揭示了中国未来在改革、发展和结构调整上仍然任重道远的现实。

四 增长与分享：人口红利双重效应

中国在二元经济发展时期的不寻常增长表现，可以说是以人口红利为必要条件，以改革开放为充分条件。由于中国在较短的时间里完成了生育率从高到低的人口转变，在进入不利于经济增长的老龄化阶段之前，人口年龄结构呈现"生之者众、食之者寡"的格局，有利于经济增长，即成为潜在的人

---

[1] International Labour Organization, *Key Indicators of the Labour Market (KILM)*, ILO Official Website: http://laborsta.ilo.org/, downloaded in April 22, 2017.

口红利。以总和生育率、人口自然增长率、人口抚养比开始下降，以及劳动
年龄人口增长速度超过依赖型人口增长速度为标志，这个阶段的起点可追溯
到 20 世纪 60 年代中期。

但是，只有改革开放才能够把潜在人口优势转化为人口红利，因此，应
该把 1978 年作为人口红利期的起点。而随着 2010 年劳动年龄人口达到峰值
后进入负增长、人口抚养比相应到达谷底后转降为升，人口红利加快消失。
所以，我们可以把 1978~2010 年看作是中国的人口机会窗口期。

从图 2 可见，在人口机会窗口期，15~59 岁年龄人口迅速增长，该年龄
之外的非劳动年龄人口稳定不变。这期间经济增长的杰出表现乃至收入水平
提高，无不与人口红利相关。随着这个机会窗口的关闭，劳动年龄人口绝对
减少，非劳动年龄人口增长明显加速。相应的，与这个变化相关的诸如潜在
增长率、就业问题性质、劳动力市场变化、收入分配格局等一系列因素，也
必然要发生变化。

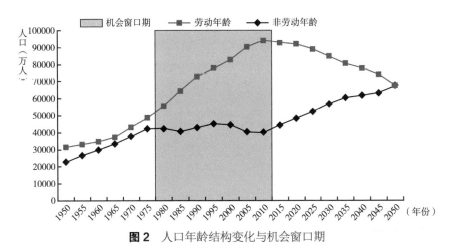

图 2　人口年龄结构变化与机会窗口期

资料来源：United Nations, Department of Economic and Social Affairs, *Population Division, World Population Prospects: The 2015 Revision*, DVD Edition, 2015。

根据东亚经济体和中国的发展经验，一旦抓住这个人口机会窗口，首先
能够获得独特的生产要素积累条件，如趋同过程（convergence）和资本广化

过程（capital widening），可以延迟资本报酬递减现象，形成一个突破"索洛限制"的效应。进而还可以通过劳动力从低生产率部门到高生产率部门的流动，获得独特的资源重新配置效应，即库兹涅茨效应。更重要的是，兑现人口红利的过程，可以使经济增长更加具有分享的性质，或称有条件的"涓流效应"。而这里所需要的条件则是就业友好型，进而做到包容性。下面，从兑现人口红利促进经济发展的这三个方面进行概括①。

首先，我们来看改革开放时期，中国经济增长如何获得独特的生产要素积累源泉。理论和经验都表明，人口抚养比长期处于较低水平且持续下降，为实现高储蓄率创造了有利条件。同时，劳动力无限供给特征改变了新古典增长理论假设，因而打破了"索洛限制"，使得中国经济在很长时间里没有遭遇资本报酬递减现象，反而在世界上处于高投资回报率国家的行列，从而使资本积累成为经济增长的主要引擎。此外，人口结构因素的优势，既保障了充足的劳动力数量供给，也使劳动力质量得以快速改善，从而成为高速增长的有利条件。

其次，我们来看改革如何创造出一种资源重新配置效应。这种效应是在丰富的劳动力供给作为一种禀赋条件，加上计划经济体制下形成的劳动力扭曲分布这个制度遗产，在改革的条件下释放出来的。具体表现为，一旦解除了体制束缚，农业剩余劳动力和国有企业冗员便按照生产率引领的原则，在城乡之间、地区之间、产业之间、行业之间及企业之间流动，成为全要素生产率从而劳动生产率的主要组成部分，对经济增长做出显著贡献。

研究表明，在1978~2015年，中国的劳动生产率（劳均GDP）实际提高了16.7倍，其中第一产业提高了5.5倍，第二产业提高了13.5倍，第三产业提高了5.2倍。在总体劳动生产率提高中，各产业劳动生产率提高的贡献率合计为56%，其中以第二产业贡献最大。结构变化对劳动生产率提高的贡献率为44%。其中静态转移效应，即劳动力向初始年份劳动生产率较高产业转移

---

① 在这方面，经济学文献中有大量证据。请参见本书绪论。

的贡献率为 5%；动态转移效应，即劳动力向劳动生产率提高速度较快的产业转移的贡献率为 39%（见图 3）[①]。

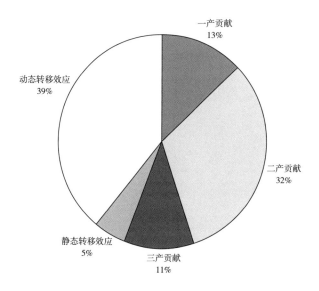

图 3 劳动生产率增长的部门和结构贡献

资料来源：蔡昉：《中国经济改革效应分析——劳动力重新配置的视角》，《经济研究》2017 年第 7 期。

最后，我们考察中国经济高速增长如何具有分享的性质。通过扩大就业和重新配置劳动力，从而兑现人口红利而实现的高速增长，从逻辑上讲，应该是一种分享型的经济发展模式，而且事实上也的确如此。下面，我们回顾改革开放期间的经历，特别是结合发展阶段的变化，考察中国城乡居民如何通过在时间上继起且在空间上并存的三种途径，分享了经济发展的成果。

第一，在典型的二元经济发展阶段上，劳动力无限供给特征虽然抑制了工资水平的提高，却保持并强化了劳动密集型产业的比较优势和国际竞争力，创造了更多的就业岗位，使非农产业就业的参与程度显著提升，由此提高了城乡居民收入。1978~2015 年，在实际 GDP 总量和人均 GDP 水平分别增长

[①] 蔡昉：《中国经济改革效应分析——劳动力重新配置的视角》，《经济研究》2017 年第 7 期。

了29倍和20倍的同时，城乡居民实际消费水平提高了16倍。这主要得益于这一时期非农产业就业参与率的提高，而不是工资水平的提高。

观察中国经济在到达刘易斯转折点之前的经验，可以清晰地看到这一效果。例如，在1997~2004年农民工工资没有实质增长的情况下，由于劳动力外出规模从不到4000万人增加到超过1亿人，农民工工资总额实现了年平均14.9%的增长速度，而农户工资性收入，即使在被低估的情况下，占农户纯收入的比重也从24.6%提高到34.0%[1]。

第二，在2004年中国经济迎来刘易斯转折点之后[2]，随着二元经济的一些特征逐渐消失，劳动力短缺显著提高了劳动者在就业市场上的谈判地位，普通劳动者工资和低收入家庭收入加快提高。例如，农民工实际工资，在2003~2016年以10.1%的速度增长。普通劳动者工资上涨这一刘易斯转折点表征，相应推动了收入差距峰值即库兹涅茨转折点的到来。按不变价计算的城乡居民收入差距（城镇居民收入与农村居民收入的比率），从2009年最高点的2.67下降到2015年的2.38，共降低了10.86%；而全国居民收入的基尼系数从2008年最高点的0.491下降到2015年的0.462，共降低了5.9%。

第三，与刘易斯转折点的时间点相吻合，中央和地方政府都明显加大了再分配政策力度，通过基本公共服务供给的充分化和均等化，使经济发展的共享程度得到进一步提高。不仅城市职工和居民的社会保障覆盖水平大幅度提高，2004年以后更把社会保障制度建设的重点延伸到农村，城市社会保护政策越来越多地覆盖到农民工及其随迁家庭成员[3]。特别表现在劳动力市场制

① 蔡昉、都阳、高文书、王美艳：《劳动经济学——理论与中国现实》，北京师范大学出版社，2009，第220页。
② 关于刘易斯转折点的定义以及到达时间的讨论，请参见 Cai Fang, *Demystifying China's Economy Development*, Beijing, Berlin, Heidelberg: China Social Sciences Press and Springer-Verlag, 2015。
③ 详见 Cai Fang, "The Hukou Reform and Unification of Rural-Urban Social Welfare," in Kennedy, David and Joseph Stiglitz (eds.), *Law and Economics with Chinese Characteristics: Institutions for Promoting Development in the Twenty-First Century*, Oxford, United Kingdom: Oxford University Press, pp. 441-454, 2013。

度和社会保障体系加快建设，经济发展与社会发展更加协调，更加凸显了中国经验中内含的广泛包容性。

五　结语和劳动力市场展望

在中国长达 40 年的改革开放时期，劳动力市场发育和改革促进了就业扩大和劳动力重新配置，把有利的人口年龄结构兑现为人口红利。这一方面体现在生产要素积累和配置有利于高速经济增长，另一方面也赋予这种增长模式分享的性质。然而，随着人口结构变化转折点的到来，人口红利趋于消失。相应的，无论是从保持经济可持续增长源泉，还是从维护经济发展分享性的路径来说，都要求完成未竟的改革任务。

在诸多出版物中，本文作者对在刘易斯转折点到来之后以及人口红利加速消失的条件下，中国如何保持长期可持续经济增长，已经进行了大量的讨论[1]。这里着重讨论上述变化的条件如何影响劳动力市场和收入分配。因应发展阶段变化后经济与社会更加协调发展的要求以及一系列转变及其带来的挑战，应该通过深化相关领域改革和进行公共政策调整，建立与发展阶段相适应的劳动力市场政策框架。

首先是劳动力供给从无限弹性到短缺的转变。在二元经济下，劳动力无限供给是有条件的，即计划经济遗产和户籍制度等制约，使得劳动力市场不能把剩余劳动力结清，而只能通过一个必要时间长度的经济发展和劳动力转移过程。而在刘易斯转折点之后出现的劳动力短缺现象，也是有条件的或相对的。一方面，生产要素替代并非具有完全弹性，也就是说，当劳动力成本提高，企业用资本（机器和自动化）替代劳动，会受到劳动者人力资本的制约。另一方面，户籍制度等因素继续构成劳动力流动障碍，造成劳动力供给的扭曲。

---

① 参见 Fang Cai, *China's Economic Growth Prospects: From Demographic Dividend to Reform Dividend*, Cheltenham, UK · Northampton, MA, USA: Edward Elgar Publishing, 2016。

应对这种情况，需要通过户籍制度和就业制度领域的改革，清除妨碍劳动力流动的体制性障碍，以进一步挖掘扩大劳动参与率和增加劳动力供给的潜力。户籍制度改革在学术界和决策者中具有广泛的共识，然而在实际推进中仍然面临着激励不相容问题，即地方政府需要支付全部改革成本，而这一改革预期能够带来的增加劳动力供给和提高资源配置效率等红利，却具有一定的外部性，不能由地方排他性地获得。因此，这项改革作为一种公共产品，需要中央政府做出顶层设计，对改革成本的分担和改革红利的分享做出制度安排。

其次是就业问题从总量性到结构性的转变。在二元经济发展阶段，通过经济增长创造就业岗位是首要任务。而在出现劳动力供给不足现象之后，产业结构变化和资本替代劳动会使人力资本不相适应的劳动者陷入摩擦性和结构性就业困难，导致自然失业率上升。伴随着因生产率和竞争力差异产生的企业新老更替，工人也将经历一个重新配置即转岗的过程。从旧岗位到新岗位的重新配置，通常是产业结构升级优化的结果，往往对劳动者技能提出更高的要求。产业结构的升级在导致旧岗位消失的同时，伴随着与相关岗位对应技能的需求减少，乃至相关技能最终被废弃。

针对就业问题的结构性和摩擦性新特点，需要改变政府就业政策的思路，调整执行政策的手段。通过改善教育激励和培训效率，保持人力资本积累的速度，增强劳动者应对就业冲击的能力和适应未来产业结构的技能，是应对产业结构优化升级带来挑战的根本途径。估算表明，中国制造业的资本劳动比率每提高 10 个百分点，要求职工受教育年限增加约 3 个月，职工中拥有大专及以上学历者占比提高 3.3 个百分点，以及职工中拥有高中及以上学历者占比提高 3.8 个百分点[①]。

再次是工资决定和雇佣关系形成，从单纯依靠劳动力供求机制到劳动力市场制度发挥更大作用的转变。在经济发展的早期阶段，针对劳动力市场功能不健全和劳动力配置缺乏效率，发育市场的关键在于矫正工资和劳动力市

---

① 蔡昉：《警惕我国就业中的结构性风险》，《经贸实践》2017 年第 1 期。

场信号形成机制中的扭曲。但是，在经济增长日益依靠创造性破坏机制加强创新的发展阶段，以劳动这个生产要素的载体——人为对象的配置机制，不同于其他以物为载体的要素市场。因此，通过劳动立法和执法、推进工资集体协商、更好发挥工会保护劳动者权益作用等形式，加快劳动力市场制度建设，也是进一步改革的题中应有之义。

最后是从主要依靠初次分配到更加倚重再分配政策的转变。在二元经济发展时期，通过扩大就业和重新配置劳动力，不断得到发育的劳动力市场，较好地发挥了初次分配功能，帮助实现了城乡居民对改革开放发展成果的分享。这个机制的效果在刘易斯转折点到来时达到最大化，表现为库兹涅茨转折点的接踵而至。然而，随着中国经济和劳动力市场都进入一个转变期，共享发展面临新的、更严峻的挑战。

在高收入国家，劳动力市场的典型运作方式是：以工资率为信号、以人力资本为本钱，劳动力在创造性破坏过程中，不断进入到新创岗位中。与此同时，劳动力市场制度维护劳动者权益，社会政策保护居民基本需求不会遭到损害。但是，在进入高收入社会之前的中等收入阶段，工资增长与劳动生产率提高之间会产生冲突。如果任由工资率超越劳动生产率的支撑而一味上涨，甚至采取民粹主义政策，会过早导致比较优势的丧失，扭曲劳动力市场激励和人力资本回报，终究伤害经济增长动力。这也是一些国家经历过的情形，并付出长期困在中等收入陷阱中的惨痛代价。

协调好初次分配与再分配的关系，保持效率与公平的兼顾与统一，是一个旷日持久的课题。一方面，需要维护就业制度改革成果，坚持市场配置劳动力资源的原则。为了确保结构性改革取得成效，应该坚持保护劳动者而不是保护岗位的原则。另一方面，中国的收入差距仍然处于较高的水平，仅仅依靠劳动力市场的初次分配功能并不能产生迅速降低的效果，还可能损害激励机制。着眼于提高基本公共服务均等性、加强社会保护和合理调节收入分配，明显加大再分配力度，既是发展阶段的要求，也符合国际惯例，在中国更具有十分的紧迫性。

区域政策与区域发展格局的演变

张军扩 *

导　读：区域战略和政策既影响资源在区域空间的流动和配置效率，也影响经济利益在区域空间的分配格局和发展的公平性，还影响对资源环境的保护及发展的可持续性。本章介绍改革开放 40 年来中国区域政策与区域发展格局的演变以及二者之间的互动关系。由于区域政策是一个被广泛使用而又缺乏严格界定的概念，因此，在展开叙述之前，需要对区域政策和区域发展的相关概念做必要说明。接下来按照历史与逻辑相统一的分析和叙述方式，以改革开放前的平衡发展战略和发展格局为起点，分别论述了改革开放前期的"鼓励东部沿海地区率先发展"的非平衡发展战略、非平衡发展战略所带来的"区域格局的重大变化"、转向"促进区域协调发展"的平衡发展战略，以及十八大之后对"区域战略的拓展、加强和深化"，最后，在总结相关国际经验和发展规律的基础上，提出了对今后"区域政策改进方向"的建议。

---

*　张军扩，国务院发展研究中心副主任、研究员。主要研究领域为宏观经济、区域经济、经济改革。

在过去近 40 年间,伴随着中国改革开放的不断深化、总体发展水平的不断提升以及经济发展主要矛盾、任务的不断变化,中国的区域政策与区域发展格局也经历了逐步演变的过程。回顾和总结这个演变过程,不仅有助于深化对中国发展经验的理解,也有助于客观把握区域政策的成效、问题与挑战,从而有利于明确今后进一步完善区域政策的方向和思路。

一 区域政策、区域发展及相互关系

区域政策是一个被广泛使用而理论上又缺乏严格界定的概念。从各种文献来看,至少存在两种不同的认识。一种是狭义的,主要看一项政策是否具有明显的区域空间针对性或限定性。换句话说,只有具有明显区域空间针对性或限定性的政策,才能称之为区域政策。比如改革开放初期对广东、福建两省实行"特殊政策、灵活措施",就是比较典型的具有明显区域空间针对性和限定性的政策。另一种是广义的,主要着眼于政策的影响或政策实施的结果,亦即,凡是政府采取的对不同地区的发展具有不同影响,因而对区域发展格局的形成或演变会产生重大作用的政策,都可归属为区域政策。按照这种认识,不仅具有明确区域空间针对性或限定性的政策属于区域政策,而且一些全国普适性政策,比如农业税政策、资源税政策等,由于其变动对农业或资源型经济比重较大的地区的影响远大于对其他地区的影响,因而也会被包含进来。

本文按照狭义理解使用区域政策概念。这不仅是因为这一理解符合大多数学者对区域政策的看法,也是因为,相对于判定一项政策是否具有明显的区域空间针对性而言,要判定一项政策是否对不同区域具有明显的不同影响,或影响程度明显不同,可能要复杂得多,困难得多。按照狭义理解,按照所针对的区域范围大小,区域政策可以分为四大类。第一类是覆盖全国的、作为国家总体发展战略重要组成部分的区域政策,比如由东部率先发展、西部大开发、东北振兴及中部崛起等构成的区域协调发展总体战略,以及全国主体功能区规划和政策。第二类是覆盖部分地区但涉及多个行政区域的政策，比如推动京津冀协同发展、推进长江经济带发展等战略。第三类是作为改革开放先行区和试验田的区域政策，一般只涉及某个行政区域或某个行政区域的部分区域，比如改革开放初期对广东、福建两省实行的"特殊政策、灵活措施"，以及在部分区域设立经济特区、经济技术开发区、高新技术开发区、综合改革试验区、自由贸易试验区等各类区域性政策。最后一类是特指政府针对一些特殊区域问题、矛盾或困难所采取的政策，比如针对资源枯竭型城市的政策、针对生态脆弱地区的政策、针对特别贫困地区的政策，等等。

分析区域发展格局主要有两个角度：一是区域之间的关系，二是特定区域的发展状况。区域之间的关系可以从区域经济分布、区域发展差距、区域发展重心、区域产业分工合作等方面进行观察和分析。特定区域发展状况也可以从不同的角度、根据不同的目的进行分类考察，比如重点区域发展状况、特殊功能区发展状况，等等。

考察区域发展格局，核心问题是分析区域发展的协调状况，即区域协调发展问题。那么什么样的发展格局才算得上协调发展呢？可能不同的学者会给出不同的答案。在中国现阶段及今后一段时期，初步考虑，区域发展格局可能需要同时满足以下三个要求，才称得上协调发展。一是提高效率的要求。即区域发展格局有利于优化资源的空间配置，提高资源配置效率，有利于发挥各地区的资源优势，形成各具特色、功能互补的区域分工格局。二是平衡发展的要求。即区域发展格局有利于促进欠发达地区的发展，有利于逐步缩小地区发展差距和福利差距。三是环境友好的要求。即区域发展格局有利于实现对资源、环境和生态的保护，实现人与自然的和谐，促进可持续发展。

这三个要求之间并不总是相互一致的，而是常常相互矛盾的，因而需要对政策进行权衡取舍。比如，促进重点区域加快发展的政策，有利于促进效率的提高和全国整体实力的提升，但往往会导致区域差距的扩大，不利于平衡发展目标的实现。再比如，同样数量的资金，投入到落后、贫困地区，有利于促进落后、贫困地区发展，缩小区域差距，而投入发达地区，则往往可以获得较大的经济效益。不论针对哪类地区的发展，都需要在促进发展的同时，注意资源的节约、环境的保护和可持续发展。因此，究竟什么样的区域政策是符合区域协调发展的政策，并不能一概而论，而要视国情特点、经济发展的阶段以及经济社会发展面临的主要矛盾和主要任务而定。了解这一点，对于我们客观分析和评价改革开放 40 年来中国区域政策的成败得失是十分重要的。

另外，分析区域政策不能仅从区域发展格局的结果来考虑，因为并非所有的区域差距都是区域政策实施的结果。比如，可以设想，即使改革开放初期不采取有利于东部沿海地区加快发展的改革和开放政策，沿海地区的发展也会快于西部地区，这是由区位特点、自然条件、历史社会因素等所决定的。倾斜式区域政策的实施，无疑加强了这种发展条件上的差距。再比如，由于发展基础、发展条件等的不同，即使是完全普适性的宏观调控政策，往往也会对不同区域的发展产生十分不同的影响。

二 鼓励东部沿海地区率先发展

自新中国成立到 1978 年实行改革开放政策之前，中国实际上执行了一种区域平衡发展战略，这既是为了改变旧中国遗留下来的沿海与内地布局畸轻畸重的格局，也是出于新中国成立初期的国际政治环境和战备考虑。正如毛泽东 1956 年在其《论十大关系》中明确指出的："沿海的工业基地必须充分利用，但是，为了平衡工业发展的布局，内地工业必须大力发展"，"新的工业大部分应当摆在内地，使工业布局逐步平衡，并且有利于备战，这是毫无疑义的"[①]。《中华人民共和国发展国民经济的第一个五年计划》也明确指出："在全国各地区适当地分布工业的生产力，使工业接近原料、燃料产区和消费地区，并适合于巩固国防的条件，来逐步地改变这种不合理的状

---

① 毛泽东：《论十大关系》，载《毛泽东著作选编》，中共中央党校出版社，2002，第 395 页。

态，提高落后地区的经济水平。"在计划经济背景下，国家重大项目大量向中西部地区倾斜，并逐步形成全国工业布局相对均衡、各大经济协作区自成体系的格局。

1978年底召开的中国共产党第十一届三中全会做出了两项重大决策，一是决定将全党工作重点转移到经济建设上来，二是决定实行改革开放，中国经济社会发展由此进入了一个新的阶段。在这种情况下，区域发展战略要优先解决的问题是，如何通过改革开放，加快发展步伐。根据邓小平关于"让一部分地区、一部分人先富起来，逐步实现共同富裕"[①]（1978年）和"两个大局"[②]（1988年）的战略思想，中国开始实行非平衡的、对部分地区倾斜优惠的发展政策，鼓励部分地区（主要是东部沿海地区）先发展起来，先富裕起来。其主要政策内容是对部分沿海、沿江、沿边地区率先实行开放政策、优惠措施。比如，从1979年开始对广东、福建两省实行"特殊政策、灵活措施"[③]，并于1980年在两省设立深圳、珠海、汕头和厦门四个经济特区，1988

---

① 邓小平：《解放思想，实事求是，团结一致向前看》，载《邓小平文选》（第二卷），人民出版社，1983，第152页。"在经济政策上，我认为要允许一部分地区、一部分企业、一部分工人农民，由于辛勤努力成绩大而收入先多一些，生活先好起来。一部分人生活先好起来，就必然产生极大的示范力量，影响左邻右舍，带动其他地区、其他单位的人们向他们学习。这样，就会使整个国民经济不断地波浪式地向前发展，使全国各族人民都能比较快地富裕起来"。

② 邓小平：《中央要有权威》，载《邓小平文选》（第三卷），人民出版社，1993，第277~278页。"沿海地区要加快对外开放，使这个拥有两亿人口的广大地带较快地先发展起来，从而带动内地更好地发展，这是一个事关大局的问题。内地要顾全这个大局。反过来，发展到一定的时候，又要求沿海拿出更多力量来帮助内地发展，这也是个大局。那时沿海也要服从这个大局"。

③ 这里说的"特殊政策和灵活措施"，主要内容如下。第一，计划体制以地方为主，经济发展计划以省为主制订，原由中央直属的企事业单位，除铁路、邮电、民航、银行、军工生产和国防科研以外，全部下放给省管理。第二，财政体制实行大包干，划分收支，定额上交（或补贴），五年不变（1980~1984年，以后又延长五年）。第三，扩大外贸权限，外贸出口收汇，以1978年实绩为基数，增收部分上交中央三成，余额留地方使用。第四，搞活金融体制。两省可设立投资公司，吸收侨商和外商投资，自借、自用、自还。第五，物资、商业体制运用市场机制，以1978年为基数，保证国家的调出和调入，其余由省灵活地统筹安排。第六，在劳动工资和物价管理方面，扩大省级的权限。第七，设立经济特区。

年又将海南从广东省分立出来并设立海南经济特区，成为从区域面积来讲最大的经济特区。1985 年对 14 个沿海城市（大连、秦皇岛、天津、烟台、青岛、连云港、南通、上海、宁波、温州、福州、广州、湛江、北海）实行开放政策，赋予吸引外资优惠政策[①]，并在每个城市设立一个经济技术开发区。1985年确定将珠江三角洲、长江三角洲和闽南三角洲开辟为沿海经济开放区，要求这些地区逐步形成贸－工－农型的生产结构，即按出口贸易的需要发展加工工业，按加工的需要发展农业和其他原材料的生产。1988 年国务院进一步扩大了经济开放区的范围，把辽东半岛、山东半岛、环渤海地区的一些市、县和沿海开放城市的所辖县列为沿海经济开放区；1992 年中共中央、国务院又决定对五个长江沿岸城市，东北、西南和西北地区十三个边境市、县，十一个内陆地区省会（首府）城市实行沿海开放城市的政策；1992 年设立上海浦东新区，等等。所给予的优惠政策主要包括减免企业所得税、下放投资立项权、提高当地外汇留成比例、开放金融服务（允许境外金融机构在沿海地区设立总部或分支机构）、培育和发展资本市场（在深圳和上海建立证券交易所）等。

这个时期之所以采取这样的区域政策，主要是基于以下两点考虑。一是尽快发展和壮大国家整体经济的需要。一方面，国家经济基础十分薄弱，亟须发展；另一方面，国家财力有限，如果采取撒胡椒面式的办法，势必事倍功半。而沿海地区相对而言发展条件好，再辅之以国家政策的倾斜和必要的物质投入，比较容易快见成效。二是推进改革开放政策的需要。改革初期，无论是改革政策还是开放政策，都缺乏经验，只能是摸着石头过河，在一些地区先行试验。而沿海、沿边地区过去属于战备前沿，国有经济基础相对较为薄弱，而群众商品经济意识则相对较浓，因而比较适合于作为改革开放政

---

① 在扩大地方权限和给予外商投资者优惠方面，实行下列政策和措施。第一，放宽利用外资建设项目的审批权限。第二，积极支持利用外资、引进先进技术改造老企业。在关税、进口工商统一税、企业所得税、上缴利润、生产计划等方面实行扶植政策。第三，对中外合资、合作经营及外商独资企业，给予优惠待遇。第四，兴办经济技术开发区。在开发区内，放宽利用外资项目的审批权限，产品出口、内销执行经济特区的政策，税收政策更加优惠。第五，增加外汇使用额度和外汇贷款。

策的试验地。

总体上说，鼓励东部沿海地区率先发展的政策取得了很大的成功。东部沿海地区经济的快速增长，不仅显著增强了东部沿海地区的经济实力，也明显地提升了东部沿海地区的辐射带动能力，加快了内陆地区的经济增长（高于改革开放前的速度），从而有力地促进了国家综合实力和国际竞争力的增强。

三 区域格局的重大变化

随着鼓励沿海等部分地区率先发展的非平衡发展战略的成功实施和东部地区经济的迅猛增长，经济发展的空间格局开始出现重大变化，区域发展的不平衡问题越来越凸显出来。这可以从以下两个方面加以说明。

1. 经济几何重心快速南移

经济几何重心是指区域经济空间里的某一点，在该点各个方向上的经济力量能够维持均衡。打个比方，就是在一张中国地图上，在各省区的区域内摆上各自的经济总量，在地图下方找到一个点，能够使得整个地图保持平衡，那么这个点就是经济几何重心。显然，决定经济几何重心的因素为各地的地理位置和各地的经济总量。从地理经纬度的角度来看，简单的测算方法即依据经济总量加权得到的经纬度坐标。

由图 1 所见，从大的区域空间尺度来看，中国的经济几何重心基本处在河南东南部与安徽交界的地区，即河南周口、驻马店以东与安徽亳州、阜阳以西的区域范围。从变化轨迹看，从 1978 年到 2003 年，如图 2 所示，经济几何重心总的移动方向是偏南的，说明改革开放之后的前 20 年，经济发展总体上呈现南快北慢、南强北弱的态势。这主要是因为，虽然这个时期的非平衡发展政策涉及沿海、沿边、沿江等地区，但早期政策的重点，还是放到了广东、福建两省，早期发展比较快的，也主要是这两个省份。如果再进一步具体观察这 20 多年的变化，又分为两个明显的阶段，即 1978~1991 年、

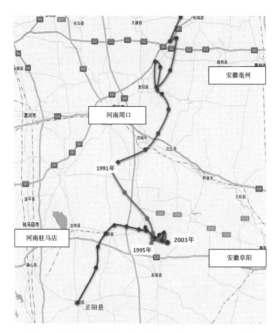

图 1　中国经济重心移动轨迹（1978~2016 年）

资料来源：国务院发展研究中心何建武博士根据相关数据计算并绘制。

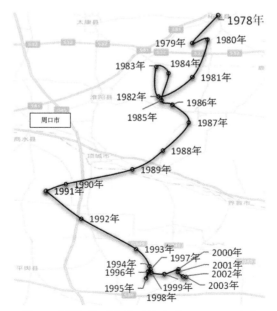

图 2　中国经济重心移动轨迹（1978~2003 年）

资料来源：国务院发展研究中心何建武博士根据相关数据计算并绘制。

1992~2003 年，前一阶段南向偏西，后一阶段南向偏东。这主要是因为，前一阶段，虽然有偏向沿海尤其是广东、福建两省的特殊倾斜优惠政策，但在农村改革取得成功的推动下，各地农业和乡镇企业都获得了较快的发展，尤其是广西、云南、新疆等地，发展速度相对比较快，带动了经济中心的偏西移动。而后一种变化，主要是由于 1992 年邓小平同志南方谈话之后，以浦东开发为龙头、加快长三角地区发展所带动的。

2. 区域差距持续扩大

随着非平衡发展战略的成功实施和东南沿海地区的快速发展，区域发展差距也呈现出不断扩大的态势。比如，按四大板块来看，1978~2000 年，东部地区生产总值占全国的份额由 44.1% 上升到 52.8%，上升 8.7 个百分点；中部的份额由 21.8% 下降到 20.2%，下降 1.6 个百分点；西部的份额由 20.1% 下降到 17.1%，下降 3.0 个百分点；东北的份额由 13.9% 下降到 10.0%，下降 3.9 个百分点。同期，东部人均 GDP 与中部人均 GDP 的比值由 1.69 扩大到 2.02，与西部的比值由 1.85 扩大到 2.42，与东北的比值由 0.84 扩大到 1.39。

按照人均 GDP 加权平均计算的区域差距基尼系数，也显示出同样的趋势，如图 3 所示。

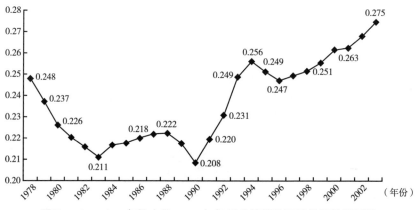

图 3 1978~2003 年按人均 GDP 加权平均计算的区域差距基尼系数

资料来源：国务院发展研究中心何建武博士根据相关数据计算并绘制。

改革开放初期，由于农业改革的成功和各地农业及乡镇企业的迅猛发展，区域差距曾一度缩小。但从 20 世纪 90 年代初期开始，区域差距呈现持续扩大的态势。如图 3 所示，区域差距基尼系数由 1990 年的 0.208，扩大到 2003 年的 0.275，除 1995 年、1996 年两年有微弱下降外，其余年份呈现持续扩大的态势。

实际上，不同区域之间发展的不平衡在很大程度上反映了中国城乡发展的不平衡及各地区之间在城市化水平方面的差异。比如，2000 年中国城市居民人均可支配收入是 6280 元，农村居民人均纯收入是 2253 元，前者是后者的 2.79 倍，如果再加上城市居民所享受的各种福利待遇，这种差距甚至高达 4~5 倍。再比如，2005 年东部地区城市化率为 52.8%，西部地区只有 34.6%。城乡发展水平和收入水平存在巨大差距，各地城市化水平又存在较大差异，必然导致区域间发展水平和收入水平的较大差异。

从经济发展的规律来看，平衡是相对的，而不平衡是绝对的。不论是地区之间还是城乡之间，由于在发展的基础、条件、机遇、生产力水平等方面都有很大的不同，因此，发展存在一定的差距是正常的，也是难以避免的。但中国地区之间、城乡之间的不平衡状况显然已经超出了一般市场经济国家在同等发展阶段上的正常状况。比如，2005 年中国人均 GDP 是 1700 多美元，人均 GDP 最高省份是最低省份的 5.48 倍。而 1950 年美国开始全面推行积极的缩小区域差距政策时，全美人均收入为 1510 美元，最高收入州是最低收入州的 3.12 倍。再比如，根据世界银行对 36 个国家的分析，城乡居民的收入比率一般都低于 1.5，极少超过 2。显然，严重的发展不平衡状况不仅不符合中国全面建设小康社会的要求，不利于经济的持续稳定增长，也会带来诸多社会问题，不利于和谐社会的构建。

另外，与其他市场经济国家区域、城乡差距形成的背景不同，中国经济发展的不平衡，除受客观因素的影响之外，还与改革开放以来所实行的鼓励沿海地区率先发展战略密切相关。尽管这种战略在改革开放初期是十分必要和正确的，而且历史地看也是相当成功的，但经过前 20 年的快速发展，中国的综合国力已经大大增强，中国的发展阶段和发展目标也发生了很大变化，发展不平衡的矛盾逐渐突出。在这种情况下，客观上要求在发展战略上实现由不平衡战略到协调发展战略的转变。

四 促进区域协调发展

在这种情况下，根据邓小平同志关于"两个大局"的构想，在制定《国民经济和社会发展"九五"计划和2010年远景目标纲要》时，中央明确提出了促进区域经济协调发展的思路，并先后于2000年、2003年和2005年提出了"西部大开发""振兴东北地区等老工业基地""促进中部地区崛起"等战略，这三项战略与之前的东部地区率先发展战略一起，被称为国家区域协调发展总体战略。2000年之后，特别是党的十八大以后，根据发展阶段变化和落实新发展理念的需要，党中央国务院又先后针对西部大开发战略、促进中部崛起战略和振兴东北战略出台了新的意见和规划，提出了新的目标要求和支持性政策举措[①]。

西部大开发战略的实施范围包括12个省、自治区、直辖市（加上湖北省恩施州、湖南省湘西州、吉林省延边州）。12个省区市为四川省、陕西省、甘肃省、青海省、云南省、贵州省、重庆市、广西壮族自治区、内蒙古自治区、宁夏回族自治区、新疆维吾尔自治区、西藏自治区。重点任务是四个方面，即基础设施建设、生态环境保护、发展特色优势产业、发展科技教育及培育和用好各类人才。根据国务院西部开发办《关于西部大开发若干政策措施的实施意见》，西部大开发的主要政策包括加大建设资金投入力度、优先安

---

① 2010年6月，中共中央国务院印发了《关于深入实施西部大开发战略的若干意见》，2012年制定并颁布《西部大开发"十二五"规划》，2017年1月颁布《西部大开发"十三五"规划》。2012年8月，国务院印发《关于大力实施促进中部地区崛起战略的若干意见》，2016年12月，国家发展改革委印发《促进中部地区崛起"十三五"规划》。2016年4月，中共中央国务院印发《关于全面振兴东北地区等老工业基地的若干意见》，2016年11月，国家发展改革委印发《东北振兴"十三五"规划》。

排建设项目、加大财政转移支付力度、加大金融信贷支持、大力改善投资软环境、实行税收优惠政策、实行土地使用优惠政策、实行矿产资源优惠政策、运用价格和收费机制进行调节等九个方面 37 条措施。

振兴东北等老工业基地战略的实施范围包括辽宁省、吉林省、黑龙江省和内蒙古自治区呼伦贝尔市、兴安盟、通辽市、赤峰市和锡林郭勒盟（蒙东地区）。发展定位为"四基地一区"，即具有国际竞争力的装备制造业基地、国家新型原材料和能源保障基地、国家重要商品粮和农牧业生产基地、国家重要的技术研发与创新基地、国家生态安全的重要保障区。重点任务包括加快体制创新和机制创新、全面推进工业结构优化升级、大力发展现代农业、积极发展第三产业、推进资源型城市经济转型、加强基础设施建设、进一步扩大对外对内开放、完善城镇社会保障体系、加快发展科技教育文化事业等九个方面。支持性政策主要集中在解决国有企业历史包袱、促进就业再就业、实施有利于企业转型升级的诸多财税优惠政策以及简便投资审批等方面。

中部崛起战略的实施范围为山西、河南、湖北、湖南、安徽和江西 6 省。根据 2006 年 4 月颁布的促进中部崛起的纲领性文件——《中共中央、国务院关于促进中部地区崛起的若干意见》，中部地区发展的战略定位为"三基地一枢纽"，即要把中部地区建成全国重要的粮食生产基地、能源原材料基地、现代装备制造及高技术产业基地和综合交通运输枢纽。重点任务包括：①加快建设全国重要粮食生产基地，扎实稳步推进社会主义新农村建设；②加强能源原材料基地和现代装备制造及高技术产业基地建设；③提升交通运输枢纽地位，促进商贸流通旅游业发展；④增强中心城市辐射功能，促进城市群和县域发展；⑤加强资源节约、生态建设和环境保护，实现可持续发展；⑥加快社会事业发展，提高公共服务水平；⑦扩大对内对外开放，加快体制创新。并针对以上七个方面，制定了 36 条具体的支持政策措施。

促进形成主体功能区。提出主体功能区制度是这个时期在区域协调发展政策上的一个创新。这个新提法被正式写入中央文件，是在 2005 年的"十一五"规划建议中。党的十七大报告进一步提出要加强国土规划，按照形成主体功能区的要求，完善区域政策，调整经济布局，还将"主体功能区布局基本形成"列入了 2020 年奋斗目标。

为什么在先后实施了鼓励沿海地区发展战略和促进区域平衡发展战略之后，又提出推进形成主体功能区的政策思路呢？这主要是由于，尽管促进区域协调发展的战略和政策在一定程度上缓解了区域发展差距不断拉大的问题，但不是所有的区域不协调问题都可以通过经济发展来解决。比如，一些地区为追求 GDP 和税收收入增长，盲目发展一些与当地资源环境承载力不相适应的产业，导致了严重的环境和生态问题。再如，虽然区域差距持续扩大的势头在一定程度上得到控制，但总体来看区域间人均收入和消费水平差距过大的问题并没有得到根本缓解，而通过各地自身发展来缩小差距的努力，又受到当地客观条件的限制。

按照"十一五"规划，逐步形成主体功能区，就是要根据资源环境承载能力、现有开发密度和发展潜力，统筹考虑未来中国人口分布、经济布局、国土利用和城镇化格局，将国土空间划分为优化开发、重点开发、限制开发和禁止开发四类主体功能区。并且，按照主体功能定位来调整完善区域政策和绩效评价，以规范空间开发秩序，形成合理的空间开发结构。根据上述要求，国家发展改革委从 2007 年上半年开始组织开展主体功能区规划的研究和编制工作。按照规划编制的初步设想和安排，主体功能区划分将以县为单位；区划工作分为国家和省两个层次进行；国家区划负责提出全国性主体功能区，覆盖部分国土；对于国家规划没有划定的区域，由省级规划完成，最后达到国土全部覆盖。

按照主体功能区的思路对国土空间进行规划和管控，无论从理念上还是理论上，都是合理的。然而究竟如何在实践中落实好这一理念，却一直存在争论。比如，一个地区的资源环境承载力并不是固定不变的，而是会随着技术水平和经济结构的变化而变化，因此，究竟怎样才能对一个地区的资源环境承载力做出客观和准确的判断？再比如，理论和实践都说明，一个地区从长期来看究竟具有怎样的发展潜力，并不完全，甚至并不主要取决于其自身所具有的资源环境承载力，而主要取决于其在更大范围内动员和利用社会资源的能力。那么，根据一个地区当前的资源环境承载力，如何对其今后的发展前景做出判断？有这些疑虑和争论，说明主体功能区作为一种新的区域战略和思路，不仅有许多重大理论问题，还有许多现实政策问题需要进一步研究。

除了区域总体战略和主体功能区制度这两项总体政策之外，这个时期促进区域协调发展的政策，还包括两个重要方面。一是根据深化改革、扩大开放及促进重点区域发展的需要，设立综合配套改革试验区，并制定相应的支持性政策。先后设立的综合配套改革试验区包括上海浦东新区综合配套改革试验区（2004 年）、天津滨海新区综合配套改革试验区（2006 年）、成渝统筹城乡综合配套改革试验区（2007 年）、武汉和长株潭两型社会建设综合配套改革试验区（2007 年）。二是根据特殊问题区域或功能区域制定的区域政策，比如针对贫困地区、贫困人口的专项扶贫政策，针对资源枯竭型地区和城市的政策，针对生态功能区、粮食主产区的特殊支持政策，等等。

经过"十五"、"十一五"及"十二五"时期的持续不懈努力，在 21 世纪的头十几年里，中国区域发展的格局出现了一些积极的变化，突出表现在三个方面。

（1）区域差距有所缩小。虽然东部仍然是中国经济最发达的地区，但是，中部、西部、东北在增长速度上明显超过东部，从而使得发展差距呈现缩小态势。如图 4 所示，从 2002 年到 2014 年，区域人均 GDP 加权变异系数从 0.557 缩小到 0.375，区域人均 GDP 加权基尼系数从 0.268 缩小到 0.203。

（2）经济几何重心呈现强劲的偏西趋向。如图 5 所示，从 2003 年到 2012 年的 10 年间，经济几何重心一改之前向南向东的趋势，呈现强劲的向西偏北移动。这种显著变化，既是区域协调发展战略政策取得初步成效的反映，也是因为 21 世纪头 10 年，中国工业化、城市化处在加快发展时期，对能源重化工业产品需求增长迅猛，带动西部能源重化工业集中地区（包括内蒙古、山西、陕西、新疆等）发展较快，在整体经济当中的比重较大幅度提升。尽管如此，由于历史条件、自然条件及政策条件等方面的原因，东部沿海地区

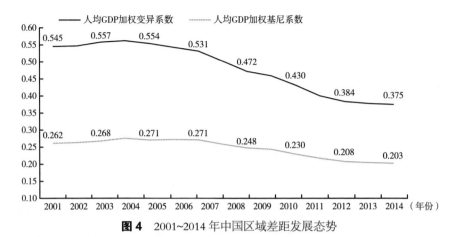

图4 2001~2014年中国区域差距发展态势

资料来源：国务院发展研究中心何建武博士根据相关数据计算并绘制。

图5 中国经济重心移动轨迹（2003~2016年）

资料来源：国务院发展研究中心何建武博士根据相关数据计算并绘制。

在相当长的时间内仍会保持领先的优势地位，发展的差距在短期内不仅难以缩小，甚至还有可能会继续拉大。

（3）区域产业分工与经济合作新格局正在孕育，并形成了一批具有紧密联系的经济圈（区），如珠江三角洲经济区、长江三角洲经济区、京津冀都市圈、辽中南城市群、成渝经济带、武汉城市群、中原城市群等。

五　区域战略的拓展、加强与深化

改革开放以来，经过前期非均衡发展战略和后期均衡发展战略的相继实施，到 2012 年十八大之前，逐步形成了一个关于区域发展比较完整的战略和政策体系。这个体系主要包括三个方面：一是四大板块战略，也称为区域协调发展总体战略，即东部率先发展、中部崛起、东北振兴和西部大开发；二是主体功能区规划管控制度，包括全国主体功能区规划和省级主体功能区规划；三是在前两大战略基础上逐步形成的针对一些更加具体的功能区域或问题区域采取的战略对策，比如经济特区、综合改革试验区、自由贸易试验区以及生态脆弱地区、重点贫困地区、资源枯竭型地区，等等。这样就形成了一个比较完整的区域发展战略和政策框架。

党的十八大以后，为了适应经济发展阶段转换和经济结构转型升级的大背景，中央又先后提出了"一带一路"、长江经济带和京津冀协同发展三个区域发展战略，并分别颁布了实施意见或规划纲要。一个时期以来，在各大媒体的宣传上，似乎更多地在宣传这新的三大战略，而较少再提及过去已经形成的四大板块、主体功能区等区域战略。那么究竟如何理解这新的三个战略与此前的总体战略之间的关系呢？实际上，新的三大战略并不是对已有的区域发展总体战略的否定或替代，而是对其的发展，是在继续坚持区域发展总体战略的前提下对其的拓展、加强和深化。

所谓拓展，主要就"一带一路"而言。过去的区域战略，主要是就国内各区域板块的发展而言的，而没有将国内各区域板块的发展问题，放在国家总体开放战略背景下统筹考虑，也没有从国家总体的扩大对外开放与深化合作的角度，对国内各区域板块的开放合作问题提出要求或做出规划。而"一带一路"战略，正是将新时期进一步深化对外开放与加强对外合作的要求，与国内各区域板块的发展战略相对接，从而既能够更好地实现各区域板块的发展，又能够将国家总体开放战略落到实处。2015 年 3 月国家发改委、外交部、商务部联合发布的《推动共建丝绸之路经济带和21世纪海上丝绸之路的愿景与行动》（简称《愿景与行动》）提出，推进"一带一路"建设，中国将充分发挥国内各地区比较优势，实行更加积极主动的开放战略，加强东中西互动合作，全面提升开放型经济水平。据此，《愿景与行动》把我国划分为西北地区、东北地区、西南地区、沿海和港澳台地区、内陆地区五大区域板块，分别明确了各自重点的功能定位和发展方向。

所谓加强，主要就长江经济带建设而言。长江黄金水道横跨东中西三大区域板块，流域各省区之间发展差异大、经济互补性强。通过进一步加强黄金水道交通建设，进一步增强上下游之间在产业发展和生态保护等方面的政策协调、规划对接和执法合作，能够促进流域经济的一体化发展，从而更好地促进东中西三大区域板块的协调发展。根据2016年9月正式印发的《长江经济带发展规划纲要》（简称《规划纲要》），长江经济带覆盖上海、江苏、浙江、安徽、江西、湖北、湖南、重庆、四川、云南、贵州等11省市，面积约205万平方公里，占全国的21%，人口和经济总量超过全国的40%。《规划纲要》明确，要把保护和修复长江生态环境摆在首要位置，共抓大保护，不搞大开发，在保护生态的条件下推进发展，实现经济发展与资源环境相适应，走出一条绿色低碳循环发展的道路。整体发展定位为四个方面，即生态文明建设的先行示范带、引领全国转型发展的创新驱动带、具有全球影响力的内河经济带、东中西互动合作的协调发展带。重点任务包括大力保护长江生态环境、加快构建综合立体交通走廊、创新驱动产业转型升级、积极推进新型城镇化、努力构建全方位开放新格局、创新区域协调发展体制机制等六个方面。

所谓深化，主要是就京津冀协同发展而言。区域协同发展，是中国宏观政策长期追求的一个目标。虽然取得了一定的成效，但问题依然没有根本解决。什么是区域协同发展？主要有三个维度，即公平、高效、可持续。这三个问题在京津冀地区都表现得十分突出和典型。与此同时，京津冀地区又是最有条件解决这些问题的。正因为如此，京津冀协同发展有一个定位，就是区域整体协同发展改革引领区，就是要率先改革，取得突破，取得经验，促进全国区域协同发展。根据 2015 年 4 月发布的《京津冀协同发展规划纲要》，京津冀协同发展对京津冀区域的整体发展定位是"以首都为核心的世界级城市群、区域整体协同发展改革引领区、全国创新驱动经济增长新引擎、生态修复环境改善示范区"。在整体定位之下，也明确了京津冀三省市各自的功能定位。空间布局为"一核、双城、三轴、四区、多节点"。重点任务包括有序疏解北京非首都功能，推进交通、生态环保、产业三个重点领域率先突破，推动京津冀协同创新以及增强资源能源的保障能力、统筹社会事业发展、扶持贫困地区发展、扩大对外开放以及深化相关领域改革等。为了将疏解北京非首都功能、支持河北发展以及贯彻落实新发展理念、打造新时期新的创新发展引擎等任务有机结合起来，中央决定在河北省保定市设立雄安新区，并将其上升为国家重大战略举措。

因此，从总体来讲，区域发展战略应当是在继续贯彻落实区域协调发展总体战略部署的基础上，重点落实好新的三大战略，并以新的三大战略的贯彻落实，来推动区域发展总体战略的落实。

六 国际经验值得重视

分析发达国家工业化过程，从区域空间上看，一个显著的特征就是各类生产要素、经济活动和人口向投资效益高的地区集中，向环境条件好、生态承载力强的地区集中。根据世界银行对世界各国 1990 年国内经济活动空间分布的统计分析，世界上大约有 1/4 的国家，其国民收入的一半以上是由不到国家总面积 5% 的地区生产的；大约有接近一半的国家，其国民收入的 1/3 以上是由不到国家总面积 5% 的地区生产的；只有大约不到 1/10 的国家经济活动是比较分散的，而这些国家要么是经济欠发达的以农业为主的国家，要么是国土面积狭小且同质性较高的国家。

从国际经验来看，经济和人口在空间上的聚集有两个明显特征。一是聚集速度在不同发展阶段有所不同。在一国经济发展的初期阶段，呈现加速聚集的特征，通常会形成一个或多个增长极。而当经济发展到一定程度，或步入高收入国家行列时，经济和人口集中态势趋于缓和。综合比较各国经济空间聚集的演变趋势，当人均收入介于 6000~10000 美元时，这种集中趋势就会减缓，并在一定水平上趋于稳定。二是经济活动聚集的区域往往随着资源的重要性、经济发展阶段、产业结构、技术水平等多种因素的变化而发生显著的改变。例如，在 20 世纪 50 年代，美国制造业主要集中在东北部的缅因州至中西北部的威斯康星州。半个世纪后，伴随着美国经济向服务经济的转变，北部传统制造业聚集程度有所衰退，开始逐渐向南部和西部聚集。

经济聚集不仅是市场竞争和提高效率的必然要求，也是保护资源环境、促进经济社会发展与自然相协调的必然要求。

另外值得重视的经验是，经济空间聚集与区际公平可以并行不悖。一方面，要素和经济活动在空间上的集中是经济发展的客观趋势和要求，不仅有利于提高效率和增强国家均衡各地福利水平的能力，也有利于节约资源（特别是土地资源）和保护环境；另一方面，通过人口的有效流动和政府合理的财政转移支付，可以保障在人口和经济活动不断集中的同时，各地居民享受到大体相当的生活水平和福利水平。20 世纪初，美国绝大多数制造业都逐渐聚集到东北部和中西部等相对较小的地区，但在此过程中美国各州的人均收入差距并未拉大，反而出现了缓慢的趋同。法国和德国也都在空间经济快速集中的过程中，实现了基本福利指标的趋同。

2009 年世界银行发布的《世界发展报告：重塑世界经济地理》，传递的核心信息就是：一方面，经济增长在地区间的分布是不平衡的，任何在空间上均衡分配经济活动的意图最终只会阻碍经济的增长；另一方面，地区间的不平衡增长和地区间的和谐发展可以同时存在，通过统一性的制度安排、连接性的基础设施和指向性的激励措施，能够推动不同地区发展的一体化，缩小不同地区居民的生活和福利水平差距，同时实现地区增长的经济利益和地区公平的社会利益。试图通过人为干预和阻碍经济活动聚集来缩小区域差距，不仅会导致效率损失，而且区域之间的公平性最终也难以得到保障。由于长期以来我们对这二者的关系认识不到位，因而既没有采取重点措施推动各种要素特别是人口的合理集中，也难以采取有效政策平衡区域之间的福利水平。

七　区域政策的改进方向

回顾和总结改革开放 40 年来区域发展格局的演变过程，应当说，区域战略和政策在促进各地发挥自身优势、加快区域经济发展方面是相当有效的。从深入贯彻落实五大发展理念的要求来看，当前区域政策存在的问题主要有三：一是与增强发展协调性的要求相比，现行政策对于抑制和缩小区域之间居民生活和福利水平差距还缺乏切实有效的措施，需要进一步完善和加强；二是与促进绿色发展、可持续发展的要求相比，现行政策在促进各地节约资源、保护环境方面也显得不够有力，需要进一步强化和完善；三是与促进创新发展、培育增长新动能的要求相比，现行政策在促进资源跨区域流动、提高资源空间配置效率方面也有待进一步改进。

有鉴于此，区域政策应当在坚持和完善区域协调发展总体战略的基础上，着重构建和完善三大政策体系。首先是统一市场建设政策。此类政策没有明确的区域指向性，但对实现区域协调发展却是最基本、最重要的。统一市场建设政策的核心是要消除一切妨碍要素特别是劳动力和人口自由流动的体制和政策障碍。其次是有明确区域指向性的政策。此类政策大致可以分为三类。一是基础设施建设政策，旨在通过交通、通信等基础设施建设，帮助落后地区有效对接发达地区，促进全国市场统一。二是针对问题区域的政策，旨在通过对问题区域（资源枯竭型地区、生态退化地区、特别贫困地区等）的扶持，为区域之间的公平竞争创造条件。三是针对重点区域的政策，主要是为了改革开放试验、培养增长极或使特定地区承担国家其他重要经济或社会功能的政策。最后是严格的生态和环境政策。通过这样的社会性规制，促进要素和经济社会活动向承载力高的地区转移。

1. 加快培育新的经济增长极

当前，中国处在增长阶段转换、结构优化升级和增长动能换挡的关键时期。经济的长期稳定增长，既需要通过产业结构的转型升级，打造新的竞争优势，也需要优化区域布局，打造新的区域经济增长极。过去三十多年间，珠三角、长三角扮演了带动中国整体经济增长的区域重要增长极的角色。要根据各地不同情况，选择有潜力的地区，为这些地区创造更好的基础设施和其他发展条件，加快其发展，并不断提高其带动周边地区发展的能力。新时期条件最好、潜力最大的区域，就是京津冀地区。京津冀地区拥有全国 8% 的人口，10% 的 GDP，是中国北方地区经济规模最大、最具活力的区域，具有不亚于珠三角和长三角的资源优势和发展潜力，有条件成为新时期引领中国经济的又一战略性增长极。

2. 加大扶持问题地区发展的力度

要加强对"贫困落后地区""资源枯竭型地区"等问题地区的扶持。通过加强问题地区基础设施建设、支持这类地区进行生态修复等方式，使得问题地区能够获得与其他地区基本平等的发展机会。

对于"贫困落后地区"的扶持，应与中西部开发有机地结合起来，促进救济式扶贫向开发式和迁移式扶贫转变，对于那些有发展潜力的地区，充分挖掘其经济发展的潜力；对于那些发展潜力有限或没有任何发展潜力的地区，移其民于区外发展条件较好地区，使其更好地承担生态保护功能。随着国家整体经济实力的增强，我国不断提高贫困线标准、加大扶贫力度、扩大扶贫领域和范围。对于"资源枯竭型地区"的支持，应与东北老工业基地振兴结合起来，进一步推动技术改造和传统产品的更新换代；进一步改善发展的软环境，并针对改革的薄弱环节，加大改革工作力度。

3. 着力促进要素流动尤其是人口的流动

要从法律上明令禁止地方政府特别是大中型城市政府以各种方式、各种名义制定地方保护主义政策，比如在就业方面对外地居民和农村居民的歧视性政策、在市场准入方面对外地企业和外地产品的歧视性政策。明确禁止地方政府出台限制人口流动、歧视性就业和有损公平竞争环境的法规。要加强执法力度，对近年来各地政府采取的限制和妨碍要素和人口正常流动、违反公平竞争原则的地方性政策进行必要的清理。可以考虑设立较高层次的执法机构，专门负责维护统一市场、制止地方保护主义行为的执法工作。

联动改革户籍制度和社会保障制度。完善户籍制度承担的户政和人口信息采集管理职能，以及作为居住、就业地备案的职能，简化备案手续，并规定迁移者变更长期居住地后的备案责任。社会保障获取资格以及劳动力市场准入资格，要与户籍制度脱钩，促进人口自由流动。

4. 积极推进基本公共服务均等化

推进基本公共服务均等化，第一，要明确界定基本公共服务的范围，并伴随经济社会发展水平提高而相应调整。要分轻重缓急，把保障公民的基本生存权、健康权、劳动权、发展权作为当前基本公共服务的主要内容。第二，要完善基本公共服务均等化的评价指标体系和标准及信息公开制度。短期内均等化评价的重点应该放在投入指标上，而从中长期看，测评的重点应该逐步向"产出"与"结果"转变，以促进公共服务均等化绩效的提高。要设立全国统一的各类基本公共服务的最低标准，并作为强制性标准在全国各地实行。第三，要明确划分各级政府提供基本公共服务方面的事权，保证责任归属清晰、合理。要摒弃过去那种仅仅按照事务隶属关系来划分的做法，转以基本公共服务受益范围及其特性为主要依据来确定各级政府的责任。第四，要合理调整政府间财权配置，扩大地方税基。应在保证税政统一的前提下，赋予地方政府更多的税权，将地方税的实施办法、政策解释、税目税率调整、税收减免等权限逐步下放给地方政府，以调动地方政府理财的积极性。第五，要按照基本公共服务均等化的要求，完善财政转移支付制度。要优化财政转移支付结构，减少税收返还，扩大一般性转移支付，清理合并专项转移支付。

5. 进一步完善生态环境等方面的社会性规制

建立科学的排放总量控制制度，根据各地在全国生态环境保护中承担的功能、资源环境承载力、污染排放状况等合理分配排放指标。各地制定区域经济和社会发展规划、土地利用规划、产业结构和生产力布局调整等重大决策时，应充分考虑污染排放总量指标的限制。建立生态环境保护跨区域利益补偿机制，对那些为承担生态保护功能而丧失部分乃至全部发展权的地区予以充分补偿。扩大区域间排污权交易制度的试点范围，为全面推行这一制度积累经验。

进一步巩固和完善有效的环境监管体系，可逐步建立全国从上到下的垂直管理体制，使环境监管机构在干部任用、资金使用等方面不再受制于地方政府，确保生态环境管制的法律法规和各项标准的贯彻执行。大力加强对环保监管的问责，鼓励社会特别是媒体对环境污染问题的监督。

农业农村经济体制改革

张晓山[*]

导　读: 本着保障农民的物质利益, 尊重农民的民主权利这一基本准则, 本文从城乡融合发展的视角来审视和回顾近 40 年来农业农村经济体制改革的激荡历程。着重论述以农村土地制度改革为核心的农村集体产权制度改革。中国农村的集体产权制度改革与农村土地制度改革紧密交织在一起, 农村土地制度改革是城乡融合发展的关键问题, 也是农村集体产权制度改革的核心问题。改革以来中国农村土地制度的变迁实质上是在坚持多元的土地集体所有制的前提下, 赋予并不断强化和保障农村集体成员(农民)土地承包经营权, 同时对农地集体所有制的实现形式不断进行探索。本文从粮食安全政策的演进和创新、家庭承包经营制度在稳定基础上的创新发展、小农户与大市场的对接、转变农业发展方式等几个方面论述了中国特色的农业现代化道路; 回顾了与实现农业农村现代化、促进乡村振兴相配套的包括精准扶贫、农村金融体制改革等重要领域的改革历程。

---

[*] 张晓山, 中国社会科学院学部委员, 中国社会科学院农村发展研究所研究员。主要研究领域为农村发展、农村组织与制度、合作经济理论与实践。

一 引言：从大包干到城乡融合发展

1978 年冬，安徽凤阳县小岗村 18 位农民实施了"大包干"。由此，以家庭承包经营为切入点的中国农业农村经济体制改革掀开了中国改革开放的序幕。但这一重大改革举措也是在农村发展实践中逐步被认可和肯定的。在经过几年农村经济发展实践的检验后，1983 年中央 1 号文件提出：联产承包制"是在党的领导下我国农民的伟大创造，是马克思主义农业合作化理论在我国实践中的新发展"。从而奠定了以家庭承包经营为基础、统分结合的双层经营体制为特点的农村基本经营制度。

从 1982 年起，中央连续发了关于农村工作的 5 个 1 号文件，奠定了农村的基本经营制度，确立了农户作为农业生产的微观经济主体，阐明了农村经济要从自给半自给经济向较大规模的商品经济转化，从传统农业向现代农业转化，初步形成了农产品市场体系和要素市场体系。进入 21 世纪以来，党的十六大报告提出了建设一个惠及十几亿人口的全面小康社会。此后，中央明确把解决"三农"问题作为全党工作的重中之重，确立了统筹城乡发展的基本方略。胡锦涛同志在党的十六届四中全会上做出了"两个趋向"的重要论断，即在工业化初始阶段，农业支持工业、为工业提供积累是具有普遍性的倾向；但在工业化达到相当程度后，工业反哺农业、城市支持农村，实现工业与农业、城市与农村协调发展，也是具有普遍性的倾向。2004 年中央经济工作会议上，胡锦涛同志再次强调，我国现在总体上已到了以工促农、以城带乡的发展阶段。我们应当顺应这一趋势，更加自觉地调整国民收入分配格局，更加积极地支持"三农"发展。在这几年间，党中央在农村工作中采取了"多予、少取、放活"的重大措施。农村综合改革逐步深化。从 2004 年起，中央又连续发布了 14 个 1 号文件，出台了一系列重要的方针政策。党的十七大报告指出，要加强农业基础地位，走中国特色农业现代化道路，建立以工促农、以城带乡的长效机制，形成城乡经济社会发展一体化新格局。

2015 年，习近平同志在中共中央政治局第二十二次集体学习时指出，要把工业和农业、城市和乡村作为一个整体统筹谋划，要继续推进新农村建设，使之与新型城镇化协调发展、互惠一体，形成双轮驱动。这一指示具有重要的理论和实践意义。党的十九大报告中进一步提出，要"建立健全城乡融合发展体制机制和政策体系，加快推进农业农村现代化"。在城乡融合发展的大框架下研究"三农"问题，有一条明确的主线贯穿其中，即立足于中国的具体国情，将工业和农业、城市和乡村作为一个整体统筹谋划。一方面促进工业化、新型城镇化进程，另一方面实施乡村振兴战略，发展现代农业，建设社会主义新农村，培育新型农民。两个方面相互关联，相互影响，成为城乡融合发展大格局中两个不可或缺的有机组成部分。

回顾近 40 年农村改革和发展历程，首先要明确一个基本准则。1978 年12 月通过的党的十一届三中全会公报提出，必须首先调动我国几亿农民的社会主义积极性，必须在经济上充分关心他们的物质利益，在政治上切实保障他们的民主权利。党的十五届三中全会通过的《中共中央关于农业和农村工作若干重大问题的决定》重申，"调动农民的积极性，核心是保障农民的物质利益，尊重农民的民主权利。在任何时候，任何事情上，都必须遵循这个基本准则"。我们将本着这一基本准则，从城乡融合发展的视角来审视和回顾近 40 年来农业农村经济体制改革的激荡历程。

二 以农村土地制度改革为核心的农村集体产权制度改革

党的十九大报告提出："深化农村集体产权制度改革，保障农民财产权益，壮大集体经济。"农村集体所有制是中国特色社会主义初级阶段的一种特殊所有制形态，农村集体经济理论是习近平新时代中国特色社会主义思想体系的重要组成部分。中国农村的集体产权制度改革与农村土地制度改革紧密交织在一起，农村土地制度改革是城乡融合发展的关键问题，也是农村集体产权制度改革的核心问题，关键是从理论、法律、政策与实践层面上说清楚什么是中国农村土地的集体所有制。

（一）中国农村集体所有制的现状和问题

1. 农村集体经济是一个巨大的存在

关于农村集体经济的存废，各方面有不同的甚至是对立的观点。但必须指出，无论赞成或是反对，在法理和现实层面，农村集体经济都是一个巨大的存在。根据农业部全国经营管理统计资料，农村集体经济组织的资产主要有三类（见图1）。截至2015年底，全国农村村级集体经济组织（不含西藏地区）账面资产总额2.86万亿元，村均493.9万元。《宪法》规定："农村和城市郊区的土地，除由法律规定属于国家所有的以外，属于集体所有；宅基地和自留地、自留山，也属于集体所有。"在全国144亿亩土地面积中，农村集体所有土地面积约占46%。集体所有的农用地占土地面积的38.4%。在全国4.8亿亩建设用地面积中，农村集体所有建设用地面积占64.6%。我们用图1来诠释农村集体所有制和所形成的集体经济的总体框架。

2. 农村集体和农村集体经济组织在法律上的空白

农村集体所有制的组织载体是农民集体，农村集体经济组织负责经营管

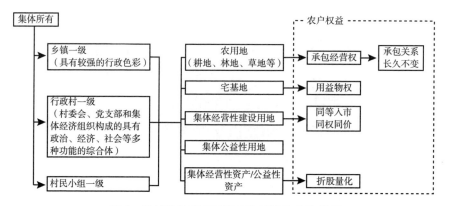

图1 农村集体所有制和集体经济的总体框架

理集体所有的资产。十八届三中全会《决定》在论述赋予农民更多财产权利、促进农业和农村发展时，有 7 处涉及"集体"这个词。但什么是农村集体？什么是农村集体经济组织？理论、法律和政策上对此尚无明确的界定。农村的现实情况是农村集体经济组织有法律地位，但无法人地位。

《物权法》第 59 条规定，"农民集体所有的不动产和动产，属于本集体成员集体所有"。农村集体经济组织由成员构成，但成员的资格界定、权利责任义务、成员的进入和退出机制等问题，都没有在法律上得到解决。2017 年的中央 1 号文件提出：抓紧研究制定农村集体经济组织相关法律，赋予农村集体经济组织法人资格。十二届全国人大五次会议通过的《民法总则》第三章第四节"特别法人"第 99 条提出："农村集体经济组织依法取得法人资格。"农村集体经济组织的立法进程提上了议事日程。

（二）农民和土地的关系——农业农村经济体制改革的核心问题

习近平同志 2016 年 4 月 25 日在安徽凤阳县小岗村主持召开农村改革座谈会时强调：新形势下深化农村改革，主线仍然是处理好农民和土地的关系。党的十八届三中全会《决定》提出：赋予农民更多的财产权利。农民拥有的最大财产是他们以农村集体经济组织成员身份所共同拥有的农村土地。改革以来中国农村土地制度的变迁实质上是在坚持多元的土地集体所有制的前提下，赋予并不断强化和保障农村集体成员（农民）土地承包经营权，同时对农地集体所有制的实现形式不断进行探索。

1. 多元的农村土地集体所有制

1986 年颁布、1998 年修改后的《土地管理法》规定了包括组所有、村所有、乡（镇）所有的多元的农村土地集体所有制。

2. 农户对农用土地承包经营权的权能及演进

2003 年实施的《农村土地承包法》对土地发包方和承包方的权利和义务、承包期限和承包合同、土地承包经营权流转等做了严格规范。该法已经从法律上将农地所有权中除了抵押和继承权以外的大部分权利让渡给了农户。

十八届三中全会《决定》提出：赋予农民对承包地占有、使用、收益、流转及承包经营权抵押、担保权能。为了进一步健全农村土地产权制度，促进农地规模经营和农业现代化，2016 年秋，中共中央办公厅、国务院办公厅印发的《关于完善农村土地所有权承包权经营权分置办法的意见》提出将土地承包经营权分为承包权和经营权，实行所有权、承包权、经营权（简称"三权"）分置并行，着力推进农业现代化，是继家庭联产承包责任制后农村改革又一重大制度创新。并提出要研究健全农村土地经营权流转、抵押贷款和农村土地承包权退出等方面的具体办法。

3. 成员权与用益物权之间的矛盾

《农村土地承包法》第 5 条规定："农村集体经济组织成员有权依法承包由本集体经济组织发包的农村土地。任何组织和个人不得剥夺和非法限制农村集体经济组织成员承包土地的权利。"该项规定涉及的是农民对农地的成员权，其中隐含的是"天赋地权"的思想，是一种个人权利，随着成员的离开或去世，这种权利就消亡。而按照该法第 26 条、第 27 条和第 32 条的规定，土地承包经营权在承包期内已经成为农户的用益物权，是一种财产权利。在现实生活中，个人权利与财产权利之间的矛盾时有发生，成员权所体现的公平和财产权所体现的效率之间的矛盾都能从同一部法律中找到依据。

4. 探索农户宅基地用益物权和农民住房财产权的有效实现形式

据国土资源部的数据，集体建设用地中宅基地约 1.7 亿亩，约占集体建设用地的 54%。改革开放以后，随着城市化、工业化进程的加速，农民宅基地以及住房的权属问题逐渐突出。十八届三中全会《决定》提出：保障农户宅基地用益物权，改革完善农村宅基地制度，选择若干试点，慎重稳妥推进农民住房财产权抵押、担保、转让，探索农民增加财产性收入渠道。国土资源部有关人员认为未来的改革方向是"在确保农民住有所居前提下，赋予农民宅基地更完整的权能，并积极创造条件，将其逐步纳入城乡统一的建设用地市场"[1]。以往

---

① 姜大明：《建立城乡统一的建设用地市场》，《合作经济》2013 年第 12 期。

宅基地使用权的政策有两个关键点。第一，农户对自己所有的房屋只拥有受限制的部分财产权利。农户对房屋的买卖、出租、抵押、典权、转让等权利受到极大的限制。第二，政策只规定农民对宅基地拥有占有、使用权利，但法律及政策皆不涉及宅基地的收益权。近年来理论、政策和实践层面争论的焦点也集中在是否赋予农民完整的宅基地用益物权，农户对自己拥有的房屋是否能享有完全的财产权利，在这些问题上政府有关部门也在审慎地开展试验。

5. 建立城乡统一的建设用地市场

关于农地转为非农用地主要的争论点是集体建设用地能否入市。十七届三中全会《决定》提出逐步建立城乡统一的建设用地市场。此后，中央领导同志在讲话中也强调：不能再靠牺牲农民土地财产权利降低工业化城镇化成本，有必要也有条件大幅度提高农民在土地增值收益中的分配比例[①]。十八届三中全会《决定》明确提出要建立城乡统一的建设用地市场。在符合规划和用途管制前提下，允许农村集体经营性建设用地出让、租赁、入股，实行与国有土地同等入市、同权同价。但《土地管理法》第 63 条规定"农民集体所有的土地的使用权不得出让、转让或者出租用于非农业建设"，法律的修订还没有跟上改革的步伐。

无论是农地转为非农用地，还是农村集体建设用地的使用，关键问题是在符合规划和用途管制的前提下，农民作为集体资源的所有者能否享有其土地资本化后形成的增值收益中应有的份额，合法、合理地分享城市化的"红利"。在城镇化进程中，农民不仅应该得到补偿，还应该得到剩余索取权，也就是在土地的整个增值过程中产生的净收益（剩余）中，农民应该获得属于他们的份额，从而获得一种长久的可持续的发展能力。2017 年中央 1 号文件提出：探索农村集体组织以出租、合作等方式盘活利用空闲农房及宅基地，增加农民财产性收入，允许通过村庄整治、宅基地整理等节约的建设用地采取入股、联营等方式，重点支持乡村休闲旅游养老等产业和农村三产融合发

---

① 《温家宝：农业农村形势好最根本原因是政策对头》，新华网，2011 年 12 月 27 日。

展，严禁违法违规开发房地产或建私人庄园会所。2017 年 4 月住建部、国土资源部联合发布《关于加强近期住房及用地供应管理和调控有关工作的通知》，提出在租赁住房供需矛盾突出的超大和特大城市，开展集体建设用地上建设租赁住房试点。通过这些政策措施的逐步落实，农民就有可能分享到土地资本化后产生的净收益。

（三）当前农村开展的土地确权工作

2013 年，中央 1 号文件提出用五年时间基本完成农村土地承包经营权确权登记颁证工作。习近平同志 2016 年 4 月 25 日在安徽凤阳县小岗村主持召开农村改革座谈会时也指出：要抓紧落实土地承包经营权登记制度，真正让农民吃上"定心丸"。

1. 为什么要土地确权

确权，说明土地产权关系有不够清晰之处。在技术层面，是四至不清、地块不实等问题；在制度层面，是在一轮承包和二轮承包过程中，一些问题遗留下来，一直没有解决，几十年过去，又产生新的问题，许多问题都涉及成员权和财产权之间的矛盾。

2. 农村土地承包经营权确权工作是在农村土地制度变革顶层设计相对滞后的背景下开展的

农村土地承包经营权确权应该在稳定与完善农村土地承包关系大的政策框架内进行。十七届三中全会和十八届三中全会都提出，现有的承包关系保持稳定并长久不变。但是关于"长久不变"的具体政策含义、"长久不变"与农地二轮承包之间的关系等问题，中央政策尚未做出具体规定。农村土地承包经营权确权登记颁证的试点工作是在农村土地制度变革顶层设计相对滞后的背景下开展的，也就不可避免地遇到一些难以解决的问题。

3. 加快进行《农村土地承包法》的修订工作

现在对农村土地承包经营权的确权工作如果仅是解决四至不清、地块不实的问题，那这只是技术层面问题；如把确权看成明晰农村土地产权的重大政策举措的话，必须出台具体政策措施。2015 年 11 月，中共中央办公厅、国务院办公厅印发的《深化农村改革综合性实施方案》提出：抓紧修改有关法律，落实中央关于稳定农村土地承包关系并保持长久不变的重大决策，适时就二轮承包期满后耕地延包办法、新的承包期限等内容提出具体方案。党的十九大报告提出：保持土地承包关系稳定并长久不变，第二轮土地承包到期后再延长三十年。下一步就是修法和提出具体方案。这项工作落实了，就能做到习近平总书记所说的，真正让农民吃上"定心丸"。

（四）深化改革，探索农村集体所有制的有效实现形式

1. 农村集体所有制凸显的弊端呼唤改革

在现实经济生活中，集体所有权的权能并未能落实。集体土地所有权和其他集体资产所有权出现"异化"，即由集体之外的主体（例如地方政府）来支配成员集体拥有的资产，或集体成员的代理人（村干部）"反仆为主"，来支配成员集体拥有的土地及其他资源或资产。农民集体所有的土地"被交易""被流转"，成员作为集体资产所有者对农村土地和其他资产的所有权并未能在现实生活中体现出来，导致他们对集体所有的不认同，缺乏主人翁感觉。

2. 农村集体经济的发展也呼唤改革

改革开放后，相当数量的行政村成为空壳村，除了土地外，没有什么集体资产。但在工业化、城镇化进程中，一部分集体所有的农地被征用，转为非农建设用地，村集体有可能获取一部分土地改变用途的增值收益。而随着土地整治工作的推进，农村最大的也是最有潜在价值的一块资产（土地）也出现了增量，在增减挂钩、占补平衡的政策执行中，村集体也有可能获得新的收入来源。国家对"三农"的政策扶持不断增强，提倡发展集体经济并出台了相应的政策措施。所有这些政策措施使干部掌握的资源增多、权力加强，也使得权力资本化的倾向加剧，一些地区出现小官巨贪的现象。针对这些新的问题，也需要深化改革，构建新型干群关系，防止新型集体经济再次蜕变

为干部经济。

3. 集体所有权的权能如何行使

关于集体所有权，一种观点是虚化农村集体所有权，使集体所有成为一种名义上的所有；另一种观点是认为现在过于强调农民的承包经营权权能，应该强调集体所有权的权能。这两种观点的共同点是将集体和农民成员对立起来。但集体本身就是由农民成员构成的，两者并不是对立的，而是一体的。二者的对立是集体所有制现存弊端造成的，要通过改革消除弊端。回答所有者权益如何体现这个问题，关键是所有权的权能应是集体成员通过民主程序所达成的共同意志的体现；所有权权能的实现形式由成员说了算，而不是由集体之外的主体或集体成员的代理人实际控制。改革的思路应是将集体土地所有权从"虚置"到"做实"，探索不同类型土地、不同农村地区土地所有权权能的不同实现形式，消除集体土地所有权的"异化"。改革要遵循的原则，一是在农村社区集体经济组织的框架内，农民作为集体经济组织成员的财产权利通过确权要落实到农户或个人（无法落实到农户的资源性资产，如公益性建设用地、未开发利用地、数量太少的经营性资产，可以落实到村民小组或行政村一级），做到社区集体经济组织中没有无主的资产和资源；二是农民作为集体经济组织成员的民主权利要落实，让农村集体真正成为农民自己说了算的集体经济组织。

4. 农民的"三权"在什么范围内让渡

农村土地承包经营权、宅基地使用权、集体收益分配权等，是法律赋予农民的合法财产权利。但这些权利在什么范围内让渡？相关文件都规定在本集体经济组织内部流转"三权"，这样无论是对改革的推动者还是受益者来说，改革的红利太小，无法调动积极性。实施乡村振兴战略，发展现代农业，改造农村，不能仅靠留守老人、留守妇女和儿童，必须引进先进生产要素。城乡融合发展，绝不仅仅是农村的要素流向城市，城市的生产要素和资源也要流向农村。农村集体产权制度改革，要顺应城乡融合发展的趋势，探索建立成员有偿退出和有偿进入机制，使集体经济组织最终成为产权流转顺畅的现代企业组织。

5. 农村集体产权制度改革和非户籍农村流动人口在城市落户要良性互动

2016 年 9 月 30 日，国务院办公厅发布了《关于印发推动 1 亿非户籍人口在城市落户方案的通知》（国办发〔2016〕72 号）。有定居意愿和具备条件的一部分农民工在城镇有了稳定的就业机会和住房，并被城镇社会保障体系所覆盖，这部分外出农村人口免除了生活保障的后顾之忧，不需要在农村留后路，根据规定有可能终止其集体经济组织成员的身份，他们作为用益物权人对承包地和宅基地依法享有的占有、使用和收益的权利在自愿基础上实现有偿让渡。如此，一方面，这部分外出农村人口的财产权利兑现后，能带着资本进城，加速了他们融入城市的进程；另一方面，可促进适度规模经营，发展现代农业也就有了坚实的依托。

（五）余论

1. 农村集体经济产权制度改革的目的是要对农民还权赋能，但明晰产权、实现农民的选择权不是一蹴而就的事情

有学者指出产权是选择权[①]。但要防止农民"被选择"，实践证明，保护产权、实现农民的选择权可能比明晰产权的任务更艰巨、更关键。

2. 所有权的绝对性必须伴之以社会性和义务性

世上没有绝对的权利，权利总是与义务相连，所有权亦是如此。在落实中央决定的相关政策时，要确立农村土地制度改革中"规划高于所有制"的观念，并实行土地用途管制。规划包括国民经济和社会发展规划、土地利用总体规划、城乡规划和专项规划等，土地用途管制最重要的是农地农用。

3. 要注重农村土地资本的分配方式与分配格局

在未来十几年间，农村土地资本的分配方式与分配格局在很大程度上将

---

① 周其仁：《辩"给农民权利会损害农民利益"——城乡中国系列评论（79）》，《经济观察报》2014 年 3 月 17 日，第 47 版。

左右城乡统筹发展的进程。农村土地制度的改革将在深化农村改革、统筹城乡发展的大战略中处于一种关键性的位置。以农村土地产权制度改革为中心的农村集体产权制度的改革，是发展现代农业、实施乡村振兴战略的基础和前提。农民对土地的财产权利的实现过程，也就是土地要素逐步市场化、城乡二元结构逐步消除、城乡经济社会融合发展的过程。

三　走中国特色的农业现代化道路

深化农村以土地制度改革为核心的农村集体产权制度改革，目的是解放和发展农村生产力，确保13多亿人口的粮食安全和务农劳动者、经营者的收入增长，走出一条中国特色的农业现代化道路。党的十九大报告提出：构建现代农业产业体系、生产体系、经营体系，完善农业支持保护制度，发展多种形式适度规模经营，培育新型农业经营主体，健全农业社会化服务体系，实现小农户和现代农业发展有机衔接，促进农村一二三产业融合发展，支持和鼓励农民就业创业，拓宽增收渠道。这是对中国特色农业现代化道路的深入阐述。

（一）粮食安全政策的演进和创新

1. 农产品购销体系的演进历程

改革开放以后，我国粮食方面的政策有两个基点：确保我国粮食安全和农产品的有效供给，确保种粮农民收入的稳定持续增长。2004年6月，国务院明确提出要在全国范围放开粮食收购价格，建立统一、开放、竞争、有序的粮食市场体系。2004年宣布取消农业税、实施给种粮农民四项补贴等政策，执行稻谷、小麦最低收购价政策以及玉米、油菜籽等其他重要农产品的临时收储政策，这一系列政策的出台给种粮农民一个清晰的政策信号，即国家鼓励他们种粮，将以合理价格收购他们的粮食，保障他们的收入稳定持续增长。农产品价格的上涨和补贴政策对农民收入的增加和粮食的增产起到显著作用。

从 2004 年到 2015 年，中国粮食产量十二连增，自 2013 年后，粮食产量稳定在 6 亿吨以上的水平。2017 年预计粮食产量仍保持在 6 亿吨以上。主要农产品供给充足，对中国经济的发展和社会的稳定起到了压舱石的作用。

2. 新形势下要调整粮食安全政策

近年来，由于国内农业生产成本快速攀升，大宗农产品价格普遍高于国际市场，农产品加工企业倾向于购买进口农产品，造成了"进口入市，收购入库"的现象。政府制定的最低收购价和临时收储价传递的价格信号逐渐扭曲了资源配置，背离了市场规律，造成供求结构性失衡。以最低收购价或临时收储价收购的农产品无法顺价销售，大量粮食压在库里，仓储费用和贷款贴息成为财政的沉重负担。新形势下，我们正处在粮食安全政策重大调整的节点上，在确保粮食安全和种粮农民收入方面的思路和政策要有所创新。原有的以稻谷、小麦最低收购价及玉米临时收储价为基石的粮食流通体系和收储制度必须调整和改革。

3. 玉米收储制度改革——价补分离

2003~2015 年这 12 年间玉米的播种面积增加 2.1 亿亩，产量增加 1.09 亿吨，占整个粮食产量增长量的 57%。但"成也玉米，败也玉米"，低价位的玉米及其替代品的大量进口挤占了国内玉米消费市场，使以临时收储价收购的国产玉米无法在市场上销售，只能大量积存在库中，增加了玉米去库存的压力。玉米价格形成机制的改革成为农业供给侧结构性改革的突破口。2016年玉米的临时收储制度正式取消。在东北三省和内蒙古自治区将玉米临时收储政策调整为"市场化收购"加"补贴"的新机制（"价补分离"）。

4. 主要农产品价格形成机制和粮食收储制度的改革引发两个相关的矛盾

矛盾之一：市场化导向的粮食价格形成机制改革与粮食生产经营者收入水平下降形成矛盾。2016 年通过"价补分离"政策享受财政补贴的东北三省和内蒙古这四省区有 2.3 亿多亩玉米播种面积，由于取消了玉米的临时收储制度，2016 年玉米国内价格跌到与进口玉米价格基本接近，全国没有享受到补贴的 3.2 亿多亩玉米生产经营者的收入在不同程度上受到影响。

矛盾之二：农地"三权分置"并行的土地产权制度改革的预期目标与主要农产品价格形成机制改革产生矛盾。"三权分置"的预期目标是促进农地经营权流转，推动适度规模经营，提高农业劳动生产率，同时促进新型经营主体的发育。但近年来，农业生产物化成本上升，劳动成本上升，部分粮食价格下跌。除玉米之外，稻谷的最低收购价 2016 年也已下调。新型农业经营主体以及大量从事粮食生产的传统小规模农户正在经受改革的阵痛，承担改革的成本。

5. 创新确保粮食安全和种粮农民收入的思路和政策

2014 年的中央 1 号文件提出，实施以我为主、立足国内、确保产能、适度进口、科技支撑的国家粮食安全战略。不断提升农业综合生产能力，确保谷物基本自给、口粮绝对安全。党的十九大报告再次重申：确保国家粮食安全，把中国人的饭碗牢牢端在自己手中。保障粮食安全和种粮农民利益不受损将继续成为中国未来政策的基石。但今后粮食安全的基点将放在藏粮于地、藏粮于技上，着力于提高农业的综合生产能力，注重农业技术创新，确保粮食生产潜能，确保急用时粮食能够产得出、供得上。同时要改革和完善农业支持保护体系，缩短各类农业经营主体经受的改革阵痛期，分担他们承受的改革成本。

（二）家庭承包经营制度需要在稳定的基础上创新发展

1. 在工业化、城镇化、信息化和农业现代化四化同步发展的形势下，家庭承包经营也面临新的挑战

由于人多地少的基本国情，家庭经营规模超小。根据第二次全国农业普查的数据计算，平均每个农业生产经营户只能经营 9.1 亩耕地，每个农业从业人员只能经营 5.2 亩耕地，如果扣除物质成本后每亩耕地一年的净收益按 500 元计算，一个农业从业人员一年的纯收入也就 2500 元，还不如在外打一个月工的收入。显然，像这样小规模的经营农户无法实现农业增效和农民增收的目的，也无法确保中国的粮食安全和使农民从事的农业经营成为体面和受人尊敬的职业。

2. 顺应历史潮流，因势利导，通过综合配套的制度创新，促进农业经营体制演进

中国农村现有 2.8 亿多劳动力已转移到非农领域，从事非农产业。当前的中国谁在种地？习近平同志指出："要让农民成为土地适度规模经营的真正受益者。不能片面追求快和大，更不能忽视了经营自家承包耕地的普通农户仍占大多数的基本农情。"①中国农业的现实情况是上亿农户从事的家庭经营超小规模，大部分劳动力老龄化，素质偏低，他们多是返乡的第一代以及部分第二代农民工，这是中国从事农业生产经营的传统经营主体。随着时间的推移，当前从事农业经营的小规模兼业农户的数量会逐步减少，他们继续从事农业生产经营的活跃期也就二三十年。在农业经营体制的演进上，要有历史的耐心，因势利导，通过综合配套的制度创新，促进农业经营体系的演进和新型经营主体的发展。而不是揠苗助长，用行政手段、运动方式，人为地大规模流转农户的土地。

3. 一个悖论：中国农业的成就是如何取得的

一个似乎是共识的观点认为，农村没人愿意种地，种地的都是老人妇女等。但这就引出一个问题，中国粮食产量十二连增，农副产品供给丰富，如果只有老人妇女种地了，那这些成果是怎么取得的呢？这似乎是一个悖论。应该看到，在数以亿计的以老人妇女为主体的小规模兼业农户旁边，以专业大户、家庭农场主、农民专业合作社、农业企业等为代表的新型农业经营主体正在兴起。他们是农业先进生产力的代表、商品农产品的主要提供者。由人多地少的基本国情和城镇化进程所决定，中国的农业经营主体将长期呈现多元并存的格局。

家庭经营不等于只生产经营自己承包的土地，不等同于小农经济，不是传统农业的代名词，也不等同于小规模经济；家庭经营完全可以是大农经济或中农经济；完全可以成为现代农业的载体，成为适度规模经营的主体。当

---

① 习近平：《积极发展农民股份合作　防止侵吞农民利益》，《京华时报》2014 年 9 月 30 日。

前，在依法、自愿和有偿的前提下，一部分种田能手将那些离土离农的农村人口承包土地的经营权流转过来，扩大经营规模，实现适度规模经营，成为家庭农场主。家庭农场主是农户家庭承包经营的升级版，已成为引领适度规模经营、发展现代农业的有生力量。到 2012 年底，全国经营耕地面积在 50 亩以上的专业大户达到 287.5 万户，其中，家庭农场 87.7 万户，每个家庭农场平均经营 200 亩地，经营土地面积 1.74 亿亩[①]。除了家庭农场主、专业大户外，还有专业合作社和公司化的农场以及其他新型经营主体在全国各地出现。

新型农业经营主体的主要组成部分是新型职业农民。习近平总书记在参加 2017 年"两会"四川代表团审议时指出，就地培养更多爱农业、懂技术、善经营的新型职业农民。2017 年 1 月 29 日，农业部出台"十三五"全国新型职业农民培育发展规划，提出到 2020 年全国新型职业农民总量要超过 2000 万人。通过教育培训和有针对性的扶持政策，使这部分高素质的农业生产经营者队伍能在农业中创业、致富和发展，不仅能解决"谁来种地"的现实难题，更能解决"怎样种地"的深层次问题，夯实了发展现代农业的人才基础，并实现了农民从身份到职业的转化。

4. 如何看待工商资本进入农业直接从事农业生产环节的经营

要想增加务农生产经营者的收入，提高农业的市场竞争力，必须提高农业的劳动生产率，开展适度规模经营，让愿意种地、有能力种地的人能种更多的地。长期以来，在开展农业规模经营问题上，一种观点是尊重和保护农民的土地承包经营权，鼓励土地通过经营权流转向专业大户、种田能手和家庭农场主集中，他们可以在家庭经营的基础上发展适度规模经营和集约经营。另一种思路和做法认为现代农业的主体形式应当是企业，要形成一大批大规模从事农业生产的农业企业。针对工商企业进入农业出现的问题，2001 年 12 月 30 日，中共中央发布了《关于做好农户承包地使用权流转工作的通知》。该通知用柔性的政策语言提出，中央的政策十分明确，不提倡工商企业长时

---

① 陈锡文：《加快构建新型农业经营体系刻不容缓》，《农村经营管理》2013 年第 12 期。

间、大面积租赁和经营农户承包地。12 年后,2013 年的十八届三中全会《决定》提出:鼓励和引导工商资本到农村发展适合企业化经营的现代种养业,向农业输入现代生产要素和经营模式。

长期以来,两种观点在理论和实践上多有交锋。争论的焦点集中在工商资本能否进入农业生产环节,直接经营种养业。争论的实质问题是土地的经营权流转给谁? 是以外来的公司为主,还是主要流转给农民集体的一部分成员? 中国的现实是有 2 亿多小农户,而且小农户短期内不可能消亡。由农业生产的特性所决定,家庭经营始终是农业生产的基础和主体,这已为中外农业发展的实践所证明。江泽民同志 1998 年视察安徽农村时讲道:"从实践上看,家庭经营加上社会化服务,能够容纳不同水平的农业生产力,既适应传统农业,也适应现代农业,具有广泛的适应性和旺盛的生命力,不存在生产力水平提高以后就要改变家庭承包经营的问题"[1]。这个论断没有过时,中国农村将在家庭承包经营基础上长期存在多元化的农业经营体制和农业经营主体。超大规模的公司农场,不可能也不应该成为中国农业经营体系的主流。

(三)小农户如何与大市场对接

十九大报告提出要实现小农户和现代农业发展有机衔接,促进农村一二三产业的融合发展。小农户如何走向大市场? 这直接关系到中国农业现代化的路径。

1. 中国式的纵向一体化:龙头企业带动的中国农业产业化经营

为了在更大程度上降低市场交易成本,将农业全产业链的各个环节在不同程度上进行整合,实现纵向一体化,是现代农业的发展方向。家庭承包经营制度在农村普遍推行后,中国农民解决了温饱问题。此后农业要从自给半自给经济向商品经济转化,要通过提高农产品的市场化、专业化和商品化程度,实现从传统农业向现代农业的转变,中国农民就要与市场发生越来越多

---

[1]《江泽民在安徽考察农业和农村工作》,人民网,1998 年 9 月 21 日。

的联系。为了降低交易成本和减少市场风险，小农户要通过中介的组织形式进入大市场，这是中国农业现代化的必经之路。中介的组织形式可以是农民自己组成的合作社，也可以是农业企业。中国选择的是通过农业产业化经营让龙头企业带领农户进入市场。此后在农业现代化进程中，出现了龙头企业加合作社，或者龙头企业直接加入合作社等多种形式。

2. 农民专业合作社的发展

2006 年 10 月 31 日全国人大常委会通过了《农民专业合作社法》，2007 年 7 月 1 日起实施。10 年来，中国农民专业合作社发展迅速，截至 2017 年 4 月底，全国依法登记农民专业合作社 188.8 万家，是 2007 年底该法颁布施行初期的 73 倍，年均增长 60.1%，平均每个行政村有近 3 家合作社。入社农户占全国农户总数的 46.1%，社均成员 60 户。在发展现代农业的进程中，作为发展现代农业重要载体的农民专业合作社在实践中呈现出了异质性和多样性的特点，这与《农民专业合作社法》具有弹性的条款有关，但最终是源于中国农业现代化的路径选择和路径依赖，体现了公司（人格化的资本）与农民社员之间的关系，公司所代表的现代生产要素与农民社员所代表的传统生产要素之间的关系。

3. 发展以农民专业合作社为主导的农业纵向一体化

农民成立合作社，合作社办公司，由股东社员为主组成的合作社自身成为龙头企业，将经济活动向农资供应、农产品流通和加工领域拓展，使从事第一产业的农民社员能分享初级农产品进入第二、三产业的增值收益，这是应该鼓励和倡导的发展方向。但这条路走起来很难。要改变资本对身为农业生产经营者的普通社员处于支配地位的现状，重要而可行的途径是社员通过入股和扩股向农资供应、农产品销售、加工和流通环节发展，使农户社员逐渐掌控资本，逐渐获取更多的合作社资产所有权、控制决策权和剩余索取权，成为企业的所有者或大股东。通过这条途径最终实现服务使用者和服务提供者身份的统一，使合作社成为社员具有较强同质性的组织，也就促进了合作社的规范化[①]。

---

① 参见张晓山、苑鹏、潘劲《关于农村合作组织的问题研究》，载陈锡文、韩俊主编《中国特色"三农"发展道路研究》，清华大学出版社，2014，第 255 页。

（四）转变农业发展方式

1. 以往的农业发展方式不可持续

根据农业部的相关数据，截止到 2014 年，中国粮食产量十一连增，肉禽蛋奶等农产品供给充足，为保障经济平稳运行提供了有力支撑。但同时也应看到，在提供满足消费者需求的农产品的同时，农业基础设施薄弱、历史欠账多，靠天吃饭的局面没有根本改变，中低产田还占耕地总面积的 2/3。农业环境问题突出，生态系统退化明显。农业年均缺水约 300 亿立方米；农业生产和水资源分布错位，北方水资源短缺的压力越来越大，年均超采 215 亿立方米的地下水。全国耕地土壤污染物点位超标率达 19.4%，化肥利用率、农药利用率、畜禽粪污有效处理率分别仅为 33%、35% 和 42%。全国农业每年有约 100 万吨废弃的农膜碎片残留在土壤中[①]。我们多年来从事的农业生产方式不是一种可持续发展的生产方式，环境承载能力已经达到或接近上限，不能再靠透支环境、超标使用化肥农药来换取农业产出。

2. 转变农业发展方式，促进农业的可持续发展

推进农业供给侧结构性改革，农业同样有个产业转型升级的问题，迫切需要转变农业发展方式，走产出高效、产品安全、资源节约、环境友好的现代农业发展道路。但转变农业发展方式，减少化肥农药等农业投入品的零增长，同时要确保中国的粮食安全及主要农产品的有效供给，这是一个必须应对的挑战。

四 通过综合配套改革，促进乡村振兴

农村改革综合性强，靠单兵突进难以奏效，必须树立系统性思维，做好整体谋划和顶层设计。党的十九大报告提出实施乡村振兴战略：要坚持农业

[①] 陈锡文：《适应经济发展新常态 加快转变农业发展方式——学习贯彻习近平总书记在中央经济工作会议上的重要讲话精神》，求是网，2015 年 3 月 19 日。

农村优先发展，按照产业兴旺、生态宜居、乡风文明、治理有效、生活富裕的总要求，建立健全城乡融合发展体制机制和政策体系，加快推进农业农村现代化。在这新时代的历史节点上，有必要回顾与实现农业农村现代化、促进乡村振兴相配套的几个重要领域的改革历程。

（一）从新农村建设到乡村振兴战略

1. 社会主义新农村建设

改革开放以后，1981 年中央 13 号文件、1984 年中央 1 号文件中曾出现"新农村"的字样，但没有系统的表述。1998 年 10 月，党的十五届三中全会通过的《中共中央关于农业和农村工作若干重大问题的决定》，明确提出了到 2010 年建设有中国特色社会主义新农村的奋斗目标。党的十六届五中全会总结历史经验，尤其是总结改革开放以来农村发展的实践经验，提出了建设社会主义新农村的重大历史任务，明确了"生产发展、生活宽裕、乡风文明、村容整洁、管理民主"的建设要求。

2. 乡村振兴战略是新农村建设的升级版

将乡村振兴战略的内容与新农村建设相比较，内涵与外延都有很大的提升。"产业兴旺"代替了"生产发展"，突出了产业发展的重要性和一二三产的融合发展。"生活富裕"代替了"生活宽裕"，标志着农民群众的生活水平要有更大的提高。"治理有效"替代了"管理民主"，强调治理体制与结构的改革与完善，强调基层农民群众的参与。"生态宜居"替代了"村容整洁"，把生态文明建设摆在了极其重要的位置。

3. 建设美丽乡村

国务院在关于推进新农村建设工作情况的报告中指出：受农村青壮年劳动力大量转移的影响，农民老龄化、农村"空心化"问题突出，村庄整治难度大。部分地区村庄建设脱离农村实际，简单照搬城镇模式，搞大拆大建、赶农民上楼、去农村化，破坏了农村自然景观、田园风光和文化特色。农村污水乱排、垃圾乱扔、秸秆乱堆的脏乱差问题依然较为严重，已经开展农村垃圾、生活污水处理的行政村比例仅分别占 36%、9%[①]。人畜混居、畜禽散养等现象依然存在，病死畜禽无害化处理还有待加强。改善农村人居环境、构建美丽宜居村庄仍需付出不懈努力[②]。

习近平总书记指出：绿水青山，就是金山银山。美丽乡村建设，实际上就是将绿水青山转换为金山银山的战略举措，也是乡村振兴战略的具体落实。2013 年到 2016 年，中央财政累计投入资金 98 亿元支持美丽乡村建设工作，建成了一批基础设施便利、生态环境优美、宜居宜游宜业的美丽乡村，进一步推动了农村生产生活条件的改善。美丽乡村建设当然要加大对农村基础设施和公共服务的投入，但首先要更新观念，其次要具有可操作性的制度创新。美丽乡村建设要彰显地方特色，把农耕文明和现代文明的精华有机结合起来，使现代化的中国村庄具有中国特有的传统文化符号，使传统村落、自然风貌、文化保护和生态宜居诸多因素有机结合在一起。

（二）人类减贫史上的伟大实践

振兴乡村，促进城乡融合发展，必须消除现行标准下中国农村的贫困人口和贫困地区。改革开放以来，中国政府在农村减贫脱贫方面付出了艰苦卓绝的努力，取得了举世瞩目的成就，当前脱贫攻坚已进入精准扶贫、精准脱贫的关键阶段。几年来工作成效显著，2013~2016 年，农村贫困人口年均减少 1391 万人，累计脱贫 5564 万人；贫困发生率从 2012 年底的 10.2% 下降至 2016 年底的 4.5%。

1. 改革开放以来中国扶贫工作的发展历程

1978 年，全国农村有贫困人口 2.5 亿，占当时农村总人口的 30.7%。从 1978 年底开始，农村改革激发和调动了广大农民的生产积极性，农产品产量大幅增加，农民收入迅速提高，大大缓解了农村贫困问题。到 1985 年底，全国农村贫困人口减少到了 1.25 亿人，贫困发生率下降到 14.8%。

---

① 《国务院关于推进新农村建设工作情况的报告》，中国人大网，2014 年 12 月 23 日。
② 《国务院关于推进新农村建设工作情况的报告》，中国人大网，2014 年 12 月 23 日。

从 20 世纪 80 年代中期开始，我国开始在全国范围内有计划、有组织、大规模地开展扶贫开发工作。扶贫工作从传统的救济式扶贫转向开发式扶贫。1994 年 3 月颁布了《国家八七扶贫攻坚计划（1994~2000 年）》，扶贫开发工作重点发生了由主要扶持贫困地区（主要是贫困县）向扶持贫困村、贫困户的转变。2001 年，我国颁布实施《中国农村扶贫开发纲要（2001~2010 年）》，扶贫工作重点县放到中西部地区，贫困村成为基本瞄准对象，以村为单位进行综合开发和整村推进。这一阶段把稳定解决扶贫对象温饱、尽快实现脱贫致富作为首要任务。到 2010 年底，以当时扶贫标准 1274 元计算，农村贫困人口 2688 万人，贫困发生率为 2.8%[①]。

2. 脱贫攻坚进入精准扶贫新阶段

2011 年，国家颁布实施《中国农村扶贫开发纲要（2011~2020 年）》。扶贫开发工作的重点开始从以解决温饱为主的阶段转入巩固温饱成果、加快脱贫致富、改善生态环境、提高发展能力、缩小发展差距的新阶段。国家大幅度提高了扶贫标准，明确以在扶贫标准以下具备劳动能力的农村人口为扶贫工作主要对象，以连片特困地区为主战场，围绕实现"两不愁"（吃、穿）、"三保障"（看病、子女上学、住房）为中心推进扶贫开发。党的十九大报告提出，坚决打赢脱贫攻坚战。让贫困人口和贫困地区同全国一道进入全面小康社会是我们党的庄严承诺，确保到 2020 年我国现行标准下农村贫困人口实现脱贫，贫困县全部摘帽，解决区域性整体贫困，做到脱真贫、真脱贫。以2011 年确定的按 2010 年不变价 2300 元为基数的贫困标准，2014 年，按现价计算的贫困标准为 2800 元，按此贫困标准，2014 年底全国还有 2948.5 万个贫困户、7017 万农村贫困人口，贫困发生率为 7.2%。全国有 14 个集中连片特殊困难地区、592 个国家扶贫开发工作重点县、12.8 万个贫困村。

3. 精准脱贫后如何让脱贫人口和地区可持续发展

通过实施脱贫攻坚工程，精准扶贫、精准脱贫，到 2020 年 7017 万农村

---

① 参见陈锡文《坚决打赢脱贫攻坚战　如期实现全面小康目标》，《中国乡村发现》2016 年第 1 期。

贫困人口脱贫的目标是可以实现的。其中 2000 多万完全或部分丧失劳动能力的贫困人口，可以通过全部纳入低保覆盖范围，实现社保政策兜底脱贫，他们的收入将以转移性收入为主。而通过产业扶持或转移就业的 5000 万有劳动能力的贫困人口脱贫之后的收入构成应该以经营性收入和工资性收入为主，而不是继续主要依靠转移性收入，只有这样的脱贫才是可持续的，脱贫结果才真实，脱贫成效才真正能获得群众认可，脱贫才能可持续。

4. 如何帮助徘徊在贫困边缘的人口脱贫

精准识别扶贫对象是在穷人中找穷人，其结果必然有一部分较为贫困的人口被排斥在建档立卡贫困户之外，他们得到的帮助要少得多，但他们的贫困程度可能比得到扶持的建档立卡户更大。一个矛盾解决了、弱化了，另一个矛盾突出了。对徘徊在贫困边缘的人口应该有一个基本估计，要通过整个区域的脱贫政策和区域发展政策帮助这部分人口发展。

5. 激发脱贫的内生动力

习近平同志在东西部扶贫协作座谈会上强调，贫困地区要激发走出贫困的志向和内生动力，要"把激发内生动力作为根本"。内生动力来自一批具有创新精神、立志带领群众摆脱贫困的人才的涌现，他们能将技术创新和制度创新有机地结合起来，这是农村和农业可持续发展的根基。有了一支留得住、能战斗、带不走的人才队伍，人类减贫史上的伟大实践就有了可持续发展的深厚底蕴。

（三）农村金融改革亟待破题

农村金融是现代农村经济的核心。中国农村金融体系中尚无真正意义上的农民所有、农民控制、为农民提供金融服务的正规、系统的农民合作金融组织。广大农民群众和经营主体对金融的多样化需求远未得到满足，农村金融改革尚未真正破题。

1. 农村金融体系改革的艰难历程：农村合作基金会的兴衰

回顾近 40 年来农村金融改革的历程，必须提到农村最大的金融创新——20 世纪八九十年代活跃在农村的合作基金会及其兴衰。建立农村合作基金会的初衷和最直接的目的是回收和管好用好农村集体经济组织的原有的资金，使集体资金保值增值。但在发展壮大后，它成为中央政府控制权限范围外的一种规模化金融资本的组织载体，与地方工业化尤其是乡村集体企业的发展有密切联系。从合作基金会性质上看，它并不是农民自己的合作金融组织。它出现的种种问题并非源自合作，而是恰恰来自行政干预。它的产生、发展、经营管理从来就没有独立过。农民只是名义上的股东，实际上是由地方政府控制。地方政府与经济活动相结合的后果直接导致农村合作基金会形成了一定的不良资产，带来了潜在的金融风险。1999 年 1 月，国务院发布《清理整顿农村合作基金会工作方案》，正式宣布在全国范围内统一取缔农村合作基金会，到 2000 年底，成立 10 多年的农村合作基金会被完全关闭，农村金融市场又回到国有银行和信用社垄断的局面。

2. 构建多元化、竞争性的农村金融体系的基本思路尚未能落实

农村金融改革真正的目标应该是满足农民和农村企业的贷款需求，使农村企业和农民能以更便捷快速和较低成本的形式获取金融服务。多元化、竞争性的农村金融体系应包括正规金融和非正规金融。农村的正规金融包括政策性、商业性和合作性金融。关闭农村合作基金会和与此同时进行的农村金融机构重组，导致农村金融网点密度急剧下降，各大商业金融机构从农村撤退，网点的减少有利于加强金融机构的管理、提高规模效益、节省机构本身的运作费用，但不利于农民和农村企业，大大增加了其获得金融服务的交易成本。

3. 农村金融改革未来的路怎么走

在农村金融改革中，只有离农民最近的金融机构，才能切实解决农民的金融问题。但是现在面临的问题是，我们的政策性银行和商业银行的网点往往离农民很远，甚至因为在农村经营的交易成本太高，已设农村网点也撤销了。如何把金融供给和需求进行更有效的对接？如何使金融供给在

农村更好地落地并发挥效益？在多元化、竞争性的农村金融体系中，合作金融应是其中一个重要的组成部分。中办、国办发布的《深化农村改革综合性实施方案》中提到："坚持社员制、封闭性原则，在不对外吸储放贷、不支付固定回报的前提下，以具备条件的农民合作社为依托，稳妥开展农民合作社内部资金互助试点，引导其向'生产经营合作＋信用合作'延伸。"正规金融机构直接草根化是不可能的，通过间接草根化，更多地培育和完善代理中介，如发展合作社内部的互助合作，以及在合作社内部和部分农村地区培育正规金融机构的代理中介，让它们承接外包业务，这也许是一条可行的途径。

结　语

（一）深化宏观体制机制改革，促进农村发展

农村改革一些深层次的矛盾不在于农业和农村本身，而在于整个宏观经济体制和行政管理体制，农村改革能否进一步深化和取得成功与宏观经济体制的改革和行政管理体制的改革能否深化、能否破除既得利益的藩篱密切相关。必须把深化农村改革和深化宏观经济体制改革相结合，尤其是着力于中央和省一级的行政管理体制的改革与县级综合配套改革，更自觉地调整国民收入分配结构，协调"条条"与"块块"的关系，中央与地方之间以及地方的上层与基层之间的利益关系，改变国民收入分配格局扭曲的局面，建立一个更为公平的国民收入再分配体系。同时使政府资金的投放更为制度化、规范化和透明化。

（二）农村的制度变革与利益格局的均衡

社会和谐的基础是利益格局的均衡，利益格局严重失衡，社会必然不和谐。利益分配、利益冲突以及对利益冲突的解决方式，决定着制度变革的过程和成败。农村制度变迁和组织创新必然带来财产权利的调整和利益格局的

变动，农村的制度变革必须注意利益格局的均衡，给利益受损者以合理的补偿。在制度变迁的收益大于所支付的成本的基本前提下，关键问题是制度变迁的收益能否由利益相关者合理分享，制度变迁的成本能否由利益相关者公平分摊。制度变迁过程要保证起点的公平，保护弱者的权益。

（三）农村经济体制的改革与农民民主权利的实现

农村经济体制的改革要与农民民主权利的实现相结合。农民对土地财产权利的实现形式的种种探索是必须要有农民政治上的民主权利的落实为保障，它与农民的财产权利是一个问题的两个侧面。让具有广泛代表性的农民享有对政策信息的知情权、对决策的参与权和政策实施的监督权，只有这样政策才能有机会得到群众的检验，不断在实践中修订完善，最终能反映最广大农民群众的最根本的需求。

（四）处理好改革与现行法律之间的悖论关系

近40年改革开放的进程中，始终面临一个如何处理好改革与现行法律之间的悖论关系的问题。有的学者认为，改革就是使解决问题的办法合法化。但实际上处在转型期的中国，法律的修订或变更往往滞后于改革的进程。这就形成一个悖论。我们公认法律是一切行动的底线。但在转型期所进行的制度变迁，则往往是对现行法律的突破。改革的目的是建立一个民主法治、公平正义的社会，但改革过程中的一些制度创新和变迁又是对现行法律和政策的变通、调整甚至违背。只有坚持一切从实际出发，尊重群众首创精神，大胆探索、实践和创造，与时俱进，才能使社会主义现代化事业充满生机和活力。群众的首创经过实践检验后，遂有政策的跟进，最后才是法律的规范。

（五）改革要上下联动

城乡融合发展，实施乡村振兴战略，需要顶层设计，更需要将来自顶层的战略构想和基层群众的创新相结合。农村改革近 40 年来的种种创新往往是基层逼出来的办法。搞顶层设计的与基层摸着石头过河探索的并不是同一群体；顶层设计的深度、高度及可行性取决于在多大程度上能听取、汲取基层创新的智慧和经验。改革需要通过基层的推动，来带动顶层，最后形成上下联动的体制改革。

"新国企"是怎样炼成的

——中国国有企业改革 40 年回顾

黄群慧[*]

导　读： 作为中国经济体制改革中心环节的国有企业改革，经历了复杂曲折的 40 年历程，是一场前无古人、后无来者的伟大变革。40 年来，国有企业从传统的计划经济体制下的附属物，逐步向市场经济体制下的现代企业——"新型国有企业"转变。这个过程大致可以分为四个时期：1978~1992 年以扩大国有企业自主权为主要改革内容（"放权让利"）的时期；1993~2002 年以建立现代企业制度为主要改革内容（"制度创新"）的时期；2003~2012 年以建立新的国有资产管理体制为主要内容（"国资管理"）的时期；2013 年至今以分类深化国有企业为主要内容（"分类改革"）的新时期。经过这四个时期国有企业改革已经取得了巨大的成就。党的十八大以来新时期国有企业改革也取得了积极进展，新时期国企改革政策的"四梁八柱"都已完备，未来需要进一步分类型、全面系统地推进国企改革。

---

[*]　黄群慧，中国社会科学院工业经济研究所所长、研究员。主要研究领域为产业经济与企业管理。

一 引言

自 1978 年改革开放以来，国有企业改革一直被认为是我国经济体制改革的中心环节。建设中国特色的社会主义市场经济体制，关键是培育自主经营、自负盈亏、自我决策、自我发展的微观市场主体，如何从传统计划经济体制下的作为政府附属物的国营企业逐步转变为适应市场经济体制要求的独立市场竞争主体的现代企业——"新国企"①，成为我国经济体制改革的核心任务。对于中国这个庞大的、工业化进程远未完成的社会主义国家而言，无论是从理论上还是实践上，这项任务都是前无古人、后无来者的开拓性任务，不仅需要突破思想意识形态的藩篱，从理论上创新将国有企业与市场经济有机融合，而且还需要在实践层面克服各种历史遗留和现实困难，创造性地提出具体措施和探索各种改革模式。

经过 40 年的改革，国有企业经营机制发生了重大变化，大部分已经进行了公司制、股份制改革，初步建立起现代企业制度，公司治理结构逐步规范，大多数国有企业已经成为独立自主经营的市场主体，从计划经济体制附属的传统国营企业转变为市场经济体制下"新国企"。在计划经济体制下形成的以国有经济为主体的单一的微观经济结构已经得到显著改观，适应建立社会主义市场经济要求的公有制为主体、多种所有制共同发展的混合经济结构已经确立。中国国有企业的发展取得了巨大成就，成长出一大批"新国企"，为中国经济快速发展提供了重要支撑，中国渐进式国有企业改革的成功经验成为中国经济发展经验的核心内涵。回首 40 年改革历程，中国国有企业发展成就来之不易，经历了复杂曲折的历程，这里将从传统计划体制下的"老国企"

---

① 从产权制度现代化和管理体系市场化两个维度刻画，"新国企"可以被严格界定为产权现代化程度高（具有股权多元化、规范公司治理等特征）和管理体系市场化水平高（具有按照市场竞争需要自主经营、自主决策、自我管理等特征）的国有企业，具体可参见金碚、黄群慧《"新型国有企业"初步研究》，《中国工业经济》2005 年第 6 期。

成长为社会主义市场经济体制下的"新国企"的历程划分为 1978~1992 年的"放权让利"时期、1993~2002 年的"制度创新"时期、2003~2012 年的"国资管理"时期[①]、2013 年至今的"分类改革"四个时期，这四个时期分别对应了不同形势下的改革任务，各自侧重于解决不同层面的困扰改革的主要矛盾和问题。

二 "放权让利"时期：1978~1992年

1978 年以前，在高度集中的计划经济体制下，国有企业（当时更多地称为国营企业）是执行政府计划任务指令的一个生产单位，是政府主管部门的附属物，不具有自主经营的权力，人、财、物和产、供、销都完全依靠政府计划指令和行政调拨，这使得生产和社会需求严重脱节，企业积极性严重受挫，严重制约了社会生产力的发展。在 1978 年党的十一届三中全会的春风下，国有企业开启了"放权让利"的改革之旅。这个改革时期是从改革开放之初直到十四届三中全会提出国企改革的目标是建立现代企业制度，贯穿 20 世纪80 年代和 90 年代初，大体上持续了 15 年左右的时间。这一时期，改革的主要任务是对企业放权让利，探索企业所有权和经营权的两权分离，试图引导国营单位摆脱计划经济体制的旧观念与行为的束缚，使它们能够逐步适应商品化的经营环境，完成自身的企业化改造，解决一个个国有企业进入市场的问题。

（一）理论研究

关于扩大国有企业自主权的问题，改革开放之前经济学界就有过探讨。1956 年高尚全就提出企业自主权过小，主管机关集权过多。1961 年，孙冶方鲜明地指出，在简单再生产的范围内的事情是企业的小权，国家不应该再

---

① 黄群慧、余菁：《新时期新思路：国有企业分类改革与治理》，《中国工业经济》2013 年第11 期。

管。① "文化大革命"后，1978 年 5 月，《人民日报》转载《光明日报》特约评论员文章《实践是检验真理的唯一标准》后，全国范围开展了关于实践是检验真理唯一标准的大讨论。在这种推动思想解放的大背景下，经济学界围绕着按劳分配问题、"唯生产力论"问题、社会主义商品生产和交换问题、价值规律问题等进行了理论讨论，而针对传统体制下的国营企业的种种弊端也进行了深入的理论分析。在众多研究中，蒋一苇创造性地提出的"企业本位论"思想，成为企业放权让利的重要理论基础。1979 年 6 月，蒋一苇在《经济管理》月刊发表《"企业本位论"刍议》，首次提出"企业本位"思想，1980 年 1 月在《中国社会科学》创刊号上正式发表《企业本位论》。蒋一苇认为，中央高度集中的体制，实际上是把全国作为一个单一经济体、一个经济组织的基本单位，进行内部统一管理、统一核算，可以说是一种"国家本位论"；而把权力下放到地方，由地方作为经济组织的基本单位，进行统一管理、统一核算，这是一种"地方本位论"；而企业作为基本的经济单位，实现独立经营、独立核算，这就是相对于"国家本位论""地方本位论"的"企业本位论"。"企业本位论"的基本观点是：一是企业是现代经济的基本单位，社会主义生产的基本单位仍然是具有独立性的企业，社会主义经济体系只能是由这些独立性企业联合而成；二是企业是一个能动的有机体，社会主义企业既有权利也有义务，是一个自主经营和自我发展的能动主体；三是企业应该具有独立的经济利益，谋求自己的经济利益是社会主义企业的动力，由企业职工"共负盈亏"也是用经济方法管理企业的根本前提；四是社会主义制度国家和企业的关系应该是政企分离，国家应该从外部采用经济方法对企业进行监督和指导，而不能直接干预日常经营活动。以蒋一苇为代表的经济学家的理论创新为国有企业波澜壮阔的改革实践探索奠定了坚实的学术基础。②

---

① 张卓元：《中国经济学六十年》，中国社会科学出版社，2011。

② 蒋一苇：《企业本位论》，《中国社会科学》1980 年第 1 期；周叔莲：《关于蒋一苇同志的企业理论和企业"四自"的提法》，《经济管理》1996 年第 6 期；陈佳贵：《从"企业本位论"到"经济民主论"——蒋一苇同志关于经济体制改革的主要学术观点介绍》，《经济体制改革》1989 年第 1 期。

（二）实践探索

1978~1992 年国有企业"放权让利"时期，基于改革实践的主体内容又具体划分为三个阶段：1978~1984 年的扩大自主权阶段、1984~1989 年的推行承包经营责任制阶段，以及 1989~1992 年的转换企业经营机制阶段。[①]

1978 年 10 月，经国务院批准，四川省重庆钢铁公司、成都无缝钢管厂、宁江机械厂、四川化工厂、新都县氮肥厂和南充钢铁厂 6 家地方国营工业企业率先实行扩大企业自主权试点，拉开了国有企业改革的大幕。这些企业试点的主要做法是给企业一个增产增收的年度指标，完成指标后允许提留少量利润和给职工发放少量奖金。1979 年 2 月四川省制定了《四川省地方工业企业扩大企业权力、加快生产建设步伐的试点意见》，并将试点企业扩大到 100 家工业企业。1979 年 5 月国家经贸委等部门选择首都钢铁公司、北京清河毛纺厂、天津自行车厂、天津动力厂、上海柴油机厂、上海汽轮机厂等京津沪的 8 家企业进行扩权改革试点。1979 年 7 月国务院下发了《关于扩大国营工业企业经营管理自主权的若干规定》等 5 份有关企业扩权的文件，明确了企业作为相对独立的商品生产者和经营者应该具有的责权利，包括生产计划权、产品销售权、利润分配权、劳动用工权、资金使用权、外汇留成权和固定资产有偿占用制度等，并在全国 26 个省级区域的 1590 家企业进行了试点。1980 年 9 月，国务院批准自 1981 年起把扩大企业自主权的工作在国营工业企业中全面推广，使企业在人财物、产供销等方面拥有更大的决策自主权。为了在扩大企业自主权过程中更好地解决企业多占、财政难保证的问题，山东省率先对部分企业试行将利润留成改为利润包干，企业在完成国家上缴利润后，余下部分全部留给企业或者在国家和企业之间分成。随后，这些包干的办法和扩大企业自主权的规定一起逐步发展成为工业经济责任制的主要内容。1981 年 10 月国家经贸委和国家体改办提出了《关于实行工业经济责任

[①] 吕政、黄速建：《中国国有企业改革 30 年研究》，经济管理出版社，2008。

制的若干意见》，工业经济责任制在全国得到了迅速推广，到 1982 年底，全
国有 80% 的预算内国营工业企业实行了经济责任制，商业系统也达到 35%。[①]
国家对企业实施的经济责任制，从分配方面主要有三种类型：一是利润留成，
二是盈亏包干，三是以税代利、自负盈亏。1984 年 5 月，国务院颁发了《关
于进一步扩大国有工业企业自主权的暂行规定》，从生产经营计划、产品销
售、价格制定、物资选购、资金使用、生产处置、机构设置、人事劳动管理、
工资奖金使用、联合经营 10 个方面放宽对企业的约束。1984 年 10 月十二届
三中全会进一步明确了企业是自主经营、自负盈亏和自我发展的独立经济实
体，扩大企业自主权的改革告一段落。

随着对企业放权让利不断深入，企业的积极性得到了一定程度的调动，
但是，由于利润基数确定的科学性和公平性无法实现，存在"苦乐不均"和
"鞭打快牛"现象以及国家财政收入稳定性无法得到保证，1983 年初，国务院
决定全面停止以利润分成为主的经济责任制，全面实行"利改税"。"利改税"
在 1979 年就曾在湖北、广西、上海和四川等地的部分国营企业试点，1983 年
1 月 1 日启动第一步"利改税"，采用利税并存，对凡是有盈利的国营大中
型企业按 55% 税率计征所得税；第二步"利改税"从 1985 年 1 月 1 日开始，
全面以产品税和资金税的分类税收方式规范国营企业和政府之间的关系。但
是，两步"利改税"不仅混淆了国家作为政权代表和资产所有者代表，还因
为税率过高等严重影响了企业积极性。于是，在首钢、二汽等企业的示范效
应下，以及有关马胜利、关广梅、张兴让等企业家的宣传报道影响下，1986
年承包经营责任制又被重新重视。1987 年 3 月，六届全国人大五次会议的《政
府工作报告》提出，在所有权和经营权适当分离的原则下实行承包经营责任
制，承包经营责任制全面推行。1988 年国务院发布《全面所有制工业企业承
包经营责任制暂行条例》，进一步规范承包经营责任制，1989 年企业承包经
营责任制得到进一步完善。在这个阶段，还有两项改革取得进展，一是国有

[①] 吕政、黄速建：《中国国有企业改革 30 年研究》，经济管理出版社，2008。

企业领导体制从 1984 年 10 月开始从党委领导下的厂长负责制转变为厂长（经理）负责制，并在随后几年不断完善；二是 1986~1988 年积极推进横向经济联合和企业集团组建。

虽然承包制在开始出现了"一包就灵"的现象，但由于它的不规范性和不稳定性，1989 年以后其弊端日益凸显，企业利润出现下降。1989 年以后整顿经济秩序成为经济工作的主基调，政府大力清理整顿公司、清理"三角债"。在这种背景下，国有企业改革中心更加强调所有权和经营权两权分离下的企业经营机制转变。在 1991 年 4 月全国人大通过的国民经济和社会发展的第八个五年计划中，明确企业经营机制转变的目标是实行政企职责分开，所有权和经营权适当分离，探索公有制的多种有效实现形式，建立富有活力的国营企业管理体制和运行机制。1992 年 7 月国务院颁布了《全民所有制工业企业转换经营机制条例》，规定了 14 项企业经营自主权。这个阶段，在具体探索企业经营机制转变中，一方面继续完善实施企业承包经营责任制，1990年，第一轮承包到期预算内工业企业有 3.3 万多家，占全部承包企业总数的90%，以此为基础，1991 年第一季度末开始签订第二期承包企业；另一方面积极探索租赁制、股份制等各种形式的经营机制转变模式，尤其是 1984 年 7月北京天桥百货股份有限公司成立以来，股份制试点日益增多，1991 年全国已经有 3220 家股份制试点企业，1992 年底有 3700 家试点企业，其中 92 家在上海证券交易所上市。这为下一阶段建立现代企业制度奠定了很好的基础。

三 "制度创新"时期：1993~2002年

第二个时期是 20 世纪 90 年代初至 21 世纪初，即从中共十四大到中共十六大的"制度创新"时期，大体上有 10 年左右的时间。1992 年 10 月中共十四大召开，会议正式确立了经济体制改革的目标是建立社会主义市场经济体制。1993 年党的十四届三中全会通过了《关于建立社会主义市场经济体制若干问题的决定》，明确提出建设产权清晰、权责明确、政企分开、管理科学的现代企业制度是我国国有企业改革的方向。这一时期，改革的主要任务是引导国有企业确立与市场经济要求相适应的资本和产权的观念，建立现代企业制度，通过国有经济布局与结构战略性调整，初步解决了整个国有经济部门如何适应市场竞争优胜劣汰的问题，改变了国有经济量大面广、经营质量参差不齐和国家财政负担过重的局面。

（一）理论研究

这个时期理论研究的主题已经从单纯的企业与政府关系逐步深入到国有企业内部制度和整个国有经济的功能定位，试图从现代企业理论和所有制理论出发分析国有企业的改革方向。一是深入研究所有制理论和社会主义市场经济的性质和实现形式，提出以公有制为主体、多种所有制共同发展，并引入混合所有制的概念。二是从整体上对国有经济的性质和地位进行了深入研究，提出调整国有经济布局和结构，从整体上搞好整个国有经济，增强国有经济在国民经济中的控制力，推进国有资本合理流动和重组，促进各种所有制经济公平竞争和共同发展。三是深入研究现代公司理论，对公司制的各种形式，包括无限公司、有限公司、股份公司、股份有限公司、上市公司等制度和规范进行了详细的研究，提出股份制是公有制的主要实现形式，国有企业应该积极推进股份制公司改革。四是对现代产权理论的深入研究，试图将现代西方产权理论与中国国有企业改革进行结合，围绕国有企业产权是否明晰、产权主体是谁、产权如何交易等一系列问题进行了长期、大量的研究，并引发了持续的争论。最终明确现代企业制度的第一个特征是产权明晰。2003年党的十六届三中全会指出，建立归属清晰、权责明确、保护严格、流转顺畅的现代产权制度，是完善基本经济制度的内在要求，是现代企业制度的重要基础。五是对现代公司治理和激励理论进行了深入探讨，逐步明确了现代公司治理结构的特征，以及在委托代理理论指导下，如何建立企业经营者的有效的激励约束机制，从而进一步指导国有企业公司化改制过程中建立有效的现代公司治理结构和激励约束机制，国有企业领导体制逐步从厂长负责制转向由股东会、董事会和经理会相互制衡的现代公司治理结构。六是对现代资本市场理论进行了深入研究，逐步构建多层次的资本市场，在国有企业兼并重组和破产中发挥了资本市场的相应作用。

（二）实践探索

这个时期国有企业改革围绕两条主线展开，一是基于"单个搞活"的思路从单一企业视角建立现代企业制度，二是基于"整体搞活"的思路从整个国有经济视角实施国有经济战略性改组。前者实践贯穿于整个时期，而后者主要从 1996 年以后开始全面展开。

1993 年十四届三中全会以后，国有企业改革实践转向以建立现代企业制度为主。1994 年 11 月国务院批准了 100 家企业开始现代企业制度试点，另外还有 2343 家地方企业进行试点。到 1997 年，100 家中有 93 家转为公司制企业，其中多元股东持股的公司制有 17 家。地方试点企业中 1989 家企业转为公司制企业，其中 540 家转为股份有限公司、540 家转为有限责任公司、909 家转为国有独资公司，这些公司制企业中 71.9% 的企业组建了董事会，63% 的企业成立了监事会，总经理由董事会聘任占 61%。1997 年党的十五大以后，中央又提出要用三年左右的时间在大多数国有大中型骨干企业初步建立现代企业制度。根据国家统计局调查总队调查，到 2001 年底，所调查的 4371 家重点企业已经有 3322 家企业实行了公司制改造，改制企业中有 74% 的企业采用股权多元化形式，没有采用国有独资公司形式。[①]1994~1997 年这个时期，除了积极推进公司股份制改造、建立现代企业制度外，国家还启动了一系列改革措施，包括城市优化资本结构试点、积极推进试点城市国有企业兼并破产，降低切换有债务、分离企业办社会职能、"减员增效"、实施下岗职工再就业工程，实施"三改一加强"（改组、改制和改造有机结合及加强企业内部管理），学习邯郸钢铁厂经验、提高管理科学化水平，探索国有资产管理有效

---

① 汪海波：《中国国有企业改革的实践进程（1997~2003 年）》，《中国经济史研究》2005 年第 3 期。

形式、设立国有控股公司，进一步进行企业集团试点，"抓大放小"搞活国有小型企业，等等。自 1997 年开始，面对日益严重的国有企业亏损问题，中央实施国有企业三年脱困的改革攻坚战。围绕三年脱困，一方面对纺织、煤炭、冶金、建材等行业进行结构调整，另一方面 1999 年下半年国家开始全面推进"债转股"，以减轻企业债务负担、促进企业扭亏为盈。同时，深化养老、失业、医疗等社会保障制度改革和推进下岗职工再就业。

1995 年 9 月党的十四届五中全会、1997 年党的十五大、1999 年党的十五届四中全会都不断强调从战略上调整国有经济布局和抓大放小的方针，发挥国有经济的主导作用。十五届四中全会指出，国有经济需要控制的领域包括涉及国家安全的行业、自然垄断性行业、提供重要公共产品和服务的行业以及支柱产业和高新技术产业中的重要骨干企业。2002 年党的十六大，在坚持继续调整国有经济布局和结构的改革方向的同时，进一步明确关系到国民经济命脉和国家安全的大型国有企业、基础设施和重要自然资源等，要由中央政府代表国家履行出资人职责。在这个方针指导下，国有经济布局和结构不断调整和优化，国有经济活力、控制力和影响力不断增强。同时，这些战略性调整也为下一步国有资产管理体制改革奠定了实践基础。

四 "国资管理"时期：2003~2012 年

第三个时期是"国资管理"发展时期，即十六大以后，以 2003 年国资委成立为标志到党的十八大召开的 10 年。这一时期国有资产监管体制取得了巨大突破，进入到以国有资产管理体制改革推动国有企业改革发展时期，改革的主要任务是由国资委负责监督管理国有企业实现国有资产保值增值目标，解决了以往国有经济管理部门林立、机构臃肿、监管效率低下的问题。2002年 10 月党的十六大提出了毫不动摇地巩固和发展公有制经济、毫不动摇地支持和引导非公有制经济，尤其强调继续调整国有经济布局和改革国有经济管理体制两项重大任务，整个时期在这两方面取得了积极进展。

（一）理论研究

这个时期，经济理论界围绕国有企业和国有经济改革问题进行了更加细致的研究，主要集中在以下几个方面。一是在所有制方面，对股份制进行了更加深入的研究，混合所有制经济日益成为一个重要的研究问题，对大力发展混合所有制经济、使股份制成为公有制的主要实现形式成为基本共识；二是在国有经济定位方面，围绕如何推进国有资本进一步集中于关系国家安全、国民经济命脉等重要的战略性领域进行了大量的研究；三是在国有资产管理体制方面，深入讨论了"多龙治水"的国有资产管理格局的问题，以及在国资委管人、管事和管资产相统一的新国资管理体制下，如何实现国资委有效监管国有资产与充分发挥企业积极性相结合；四是在垄断行业改革方面，对如何放松管制、提高垄断行业的市场竞争力以及推进电信、电力、铁路、民航等行业的改革重组等问题进行了理论和实证研究；五是在产权改革方面，针对产权改革尤其是经理融资收购等方式是否会引发国有资产流失，进而是否私有化进行了大争论，相关争论客观上延迟了产权改革的推进，但进一步规范了国有企业产权改革，完善了相关的法律法规。

（二）实践探索

按照党的十六大提出的改革方向，这个时期的国有企业改革的进展主要体现在以下几个方面。一是国有资产管理体制的重大变革。新的国有资产管理体制坚持了"国家所有、分级代表"的原则，中央和地方分别成立专门的国有资产监督管理机构履行出资者职能，管人、管事和管资产相统一，坚持政企分开、所有权和经营权分离，企业自主经营。2003 年 5 月国务院颁布《企业国有资产监督管理暂行条例》，2006 年颁发《地方国有资产监管工作指导监督暂行办法》。到 2006 年底从中央到地方全部组建了国有资产监督管理机构，出台了 1200 多个相关监管规章和条例，涉及企业产权管理、企业资产和财务监督、企业负责人业绩考核和选聘薪酬制度、法律事务管理等各个方面。2007 年国务院下发《关于试行国有资本经营预算的意见》，国有资本经营预算制度初步建立。二是国有经济布局和结构调整取得积极进展。一批特大型国有企业重组部分资产在国外上市，通过主辅分离和改制推进了一大批大中型企业重组。2006年底国务院国资委出台《关于推进国有资本调整和国有企业重组的指导意见》，明确了中央企业集中的关键领域和重组的目标。党的十七大进一步明确通过公司制股份制改革优化国有经济布局，随后国有企业进一步集中。到2006年全国国有工商企业数量为11.9万家，已经比1998年减少了一半。中央企业的数量已经从2003年的196家降低到2012年的112家。三是垄断性行业国有企业改革继续深化，几大垄断性行业形成了多家竞争的市场格局。例如，2002年国家电力监管委员会成立，电力行业按照厂网开、竞价上网的思路从国家电力公司分拆出国家电网、南方电网和五大发电集团；又如，2003年93个机场归地方管理，国家民航总局的9大航空公司和服务保障企业联合重组为国航、南航和东航三大运输公司和三大服务公司，2007年空管职能与行业监督职能分离。四是国有企业公司制股份制改革进一步推进，混合所有制经济已经有了长足发展。到2012年，我国工业企业中股份有限公司已经达到9012家，各类有限责任公司已经达到65511家，混合所有制工业企业数量占规模以上工业企业总数的26.3%，资产占44.0%，主营业务收入占38.8%，利润总额占41.8%。截止到2012年底，中央企业及其子企业引入非公资本形成混合所有制企业，已经占到总企业数的52%。中央企业及其子企业控股的上市公司共378家，上市公司中非国有股权的比例已经超过53%。地方国有企业控股的上市公司681家，上市公司非国有股权的比例已经超过60%。①

五 "分类改革"时期：2013年至今

以党的十八大召开为标志，国企改革进入了一个"分类改革"的全新时

---

① 中国社会科学院工业经济研究所：《中国工业发展报告（2013）》，经济管理出版社，2013。

期。根据党的十八届三中全会精神，2015 年 9 月 13 日发布《中共中央国务院关于深化国有企业改革的指导意见》，国有企业被分为公益类、主业处于充分竞争行业和领域的商业类以及主业处于关系国家安全、国民经济命脉的重要行业和关键领域、主要承担重大专项任务的商业类三类。不同类型的国有企业，将会有不同的国资监管机制、混合所有制改革方案、公司治理机制以及国有经济战略性调整方向等，这个时期的国有企业改革应该以分类为基本前提。

（一）理论研究

在中国进入经济新常态的背景下，如何进一步推进国有企业与成熟市场经济体制的融合，理论界需要回答以下四方面重大问题。一是在社会主义市场经济体制中，国有经济应该有怎样的功能定位和布局？是否需要动态调整？二是与计划经济体制下单一国有制相比，市场经济体制下国有经济的主要实现形式是什么？尤其是国有企业主要以怎样的所有权结构形式存在？三是中国庞大的国有经济，在市场经济体制条件下应该建立怎样的国有经济管理体制？四是作为国有经济的主要微观主体的企业，在市场经济条件下为了保证自己的竞争力，应该具有怎样的治理结构和运营机制？以党的十八届三中全会通过的《决定》为导向，理论界在这四个问题上形成共识：关于国有经济的功能定位和布局，在明确坚持公有制主体地位、发挥国有经济主导作用的前提下，准确界定不同国有企业的功能，国有资本运营要服务于国家战略目标，重点提供公共服务、发展重要前瞻性战略性产业、保护生态环境、支持科技进步、保障国家安全；关于国有经济的主要实现形式，要积极发展混合所有制经济；关于国有经济管理体制，提出完善国有资本管理体制，以管资本为主加强国有资产监管；关于国有经济微观制度基础，要推动国有企业完善现代企业制度，健全协调运作、有效制衡的公司法人治理结构。这实质上明确了新时期中国国有经济改革的重大任务。通过这四项改革重大任务和具体的改革措施的推进，最终形成以"新型国有企业"为主的国有经济，这些"新国企"将适应新形势的发展要求，日益与市场在资源配置中发挥决定性作用的条件下的成熟社会主义市场经济体制相融合。

（二）实践探索

经过党的十八届三中全会以来的探索，国有企业改革的进展集中体现为2015年9月13日《中共中央国务院关于深化国有企业改革的指导意见》的下发以及相应配套文件的陆续发布，逐步形成了以《指导意见》为中心、以其他政策文件为配套的"1+N"的政策体系（见表1），这意味着新时期全面深化国有企业改革的主体制度框架初步确立。同时，各领域国有企业改革向纵深探索。

表1　十八届三中全会以来国有企业改革的指导文件（"1＋N"体系）列举

文件类别	文件名称	发布时间
"1"	《中共中央国务院关于深化国有企业改革的指导意见》	2015年9月
"N"	《关于在深化国有企业改革中坚持党的领导加强党的建设的若干意见》	2015年6月
	《关于国有企业发展混合所有制经济的意见》	2015年9月
	《贯彻落实"中共中央国务院关于落实国有企业改革指导意见"重点任务分工方案》	2015年10月
	《关于鼓励和规范国有企业投资项目引入非国有资本的指导意见》	2015年9月
	《关于改革和完善国有资产管理体制的若干意见》	2015年10月
	《关于加强和改进企业国有资产监督防止国有资产流失的意见》	2015年6月
	《关于国有企业功能界定与分类的指导意见》	2015年12月
	《关于国有企业试点工作事项及分工方案》	2015年12月
	《关于支持国有企业改革政策措施梳理及相关意见》	2015年12月
	《贯彻落实"中共中央国务院关于深化国有企业改革的指导意见"改革举措工作计划》	2016年2月
	《加快剥离国有企业办社会职能和解决历史遗留问题工作方案》	2016年3月
	《关于深化中央管理企业负责人薪酬制度改革的意见》	2014年11月
	《关于合理确定并严格规范中央企业负责人履职待遇、业务支出的意见》	2014年9月
	《国务院办公厅关于进一步完善国有企业法人治理结构的指导意见》	2017年4月
	《国务院国资委以管资本为主推进职能转变方案》	2017年4月

资料来源：余菁、黄群慧：《新时期全面深化国有企业改革的进展、问题与建议》，《中共中央党校学报》2017年10月。

第一，国有企业功能界定与分类工作正式启动。2015 年 12 月，《关于国有企业功能界定与分类的指导意见》出台，与之相配套的《中央企业功能界定与分类实施方案》于 2016 年 8 月颁布。各地方政府普遍开展了对国有企业的功能界定工作，并积极研究制订和出台国有企业分类监管办法。第二，中央企业结构调整与重组逐步展开。党的十八大以来，国资委通过强强联合、优势互补、吸收合并、共建共享，推动了对 28 家中央企业重组整合，国资委监管的中央企业已经调整到 99 家。2016 年下半年，按照国务院的要求，中央企业内部压缩管理层级的改革有所提速，按计划将完成 3 年减少 20% 的法人单位数的总体目标，大多数央企管理层级由目前的 5~9 层减至 3~4 层。第三，国有资产监管体制改革稳健前行。国务院于 2015 年 10 月印发了《关于改革和完善国有资产管理体制的若干意见》，对推进国有资产监管机构职能转变、改革国有资本授权经营体制、提高国有资本配置和运营效率、协同推进相关配套改革提出原则性的要求。时隔一年半，又发布了《国务院国资委以管资本为主推进职能转变方案》，明确了国资监管事项，迈出了从以管企业为主的国资监管体制向以管资本为主的国资监管体制转变的重要一步。此外，还推进一批国有资本投资运营公司试点，这些试点公司在战略、集团管控与业务板块授权等方面做了有益的探索。第四，混合所有制改革有序推进。2015 年 9 月，国家发改委牵头起草的《关于国有企业发展混合所有制经济的意见》和《关于鼓励和规范国有企业投资项目引入非国有资本的指导意见》正式颁布。2016 年，先后出台了《国有科技型企业股权和分红激励暂行办法》和《关于国有控股混合所有制企业开展员工持股试点的意见》。截至 2016 年底，中央企业及其下属企业混合所有制企业占比将近 70%，省级国有企业及其下属企业混合所有制企业占比达到 47%。石油、电力、电信、军工等重点行业和领域均有个案式的改革探索。2017 年 9 月中国联通混合所有制改革方案正式实施。第五，现代企业制度日趋完善。首先，国有企业党建工作持续发力，中央企业全部开展了集团层面章程修订工作，实现了党建工作要求进章程。其次，新近颁布的《国务院办公厅关于进一步完善国有企业法人治理结构的指导意见》提出，到 2017 年底，国有企业公司制改革基本完成；到 2020 年，国有独资、全资公司全面建立外部董事占多数的董事会。目前，102 家中央企业中已有 83 家建立了规范的董事会；88%的省级国有企业已经建立了董事会，外部董事占多数的企业占比 13.1%。最后，国资监管部门向建有规范董事会的国有企业，陆续下放发展决策权，经理层成员选聘权、业绩考核权和薪酬，职工工资分配，重大财务事项等重要权限，有助于促进这些企业加快完善市场化经营机制的步伐。

六 国企改革下一步：破解"行之惟艰"

党的十八大报告为新时期国企改革指明了方向，十八届三中全会进一步为国企改革描绘出完整、详细的蓝图，2015 年 9 月《中共中央国务院关于深化国有企业改革的指导意见》以及相应配套文件又为推进国企改革奠定了政策体系基础，国企改革下一步关键是基于指导思想、改革蓝图和政策体系实质推进。但是，这并非易事。正如《尚书·说命中》所言：知之非艰，行之惟艰。当前，在实质推进国企改革过程中，还有几个问题造成国企改革"执行难"。一是国企改革的目标有待进一步明确。虽然十八届三中全会已经明确了国企改革的目标，但是现阶段又有一些反复，因此需要进一步地明确。从社会"可获得感"角度来看，国企改革的目标不仅是国有企业自身做大做强做优，还包括给整个经济创造公平竞争的环境。只有深化国有企业改革的目标，进行国有经济战略性调整，才可以给整个经济创造公平竞争的环境。二是国企改革的路径有待进一步"上下结合"。改革开放成功的一个重要经验就是，任何一项改革都是由上到下、由下到上，上下相结合地推动。十八届三中全会已经确定了国有企业改革的整个框架和目标，但是在两年多的改革推进中，上下结合得并不够，推进的力度也不是很快。要做到国企改革上下结合，则需要上面有框架，下面有试点。试点的前提是允许企业放开地进行探索，设立容错机制。但是现在看来，国有企业改革并没有真正建立起容错机制。三是国企改革的动力机制有待进一步平衡。也就是说，国企改革推进的激励机制和约束机制不太平衡。在企业层面，推进改革的激励机制还有待进一步完善，在激励和约束并不对称时，改革是很难推行下去的。四是国企改革的试点有待进一步系统化。央企层面推出"十项改革"试点，但是每个企业都只是进行单项试点，缺乏系统性。任何企业推行改革，都应该是综合性的，只进行单项改革试点无法说明这项改革是否成功，企业发展好坏都不可能是某一项改革试点的结果。要破解国企改革的"执行难"，下一步推进国企改革应该注意以下问题。

一是必须以对每家国企进行分类并向社会公布为前提。如果说这个新时期改革阶段与前三个阶段有什么重大区别的话，那应该是新时期国有企业改革是以国企功能分类为前提的。一方面，在实践层面，由于国有企业功能定位不清，面临着营利性和公益性的"使命冲突"，使得企业无所适从，经营管理行为存在扭曲，而且无论国企是否盈利都会有来自社会的指责声音；另一方面，从理论层面，也需要明确具体国有企业在我国社会主义市场经济中的基本定位和作用。实际上，没有对国企进行功能分类，成为当前制约进一步深化国有企业改革的关键问题。只有对国有企业进行分类，才能实质推进十八届三中全会提出的各项改革任务，也就是说基于功能定位和使命要求对国有企业进行分类是其他国有企业改革任务的基本前提。根据中央关于国有企业改革指导意见，国有企业可以分为公益类、主业处于充分竞争行业和领域的商业类，以及主业处于关系国家安全、国民经济命脉的重要行业和关键领域、主要承担重大专项任务的商业类。不同类型的国有企业，将会有不同的国资监管机制，混合所有股权结构中的国有持股比例要求不同，企业治理机制也有差异。由于现有的国有企业大多是三类业务混合，因此需要推进国有资本战略性调整来实现企业功能定位和分类，具体需要通过建立以管资本为主的管理体制，利用国有资本投资公司和国有资本运营公司这两类平台实现国有资本合理流动，来保证国有企业动态地实现其功能定位。这个过程本身又是与推进混合所有制改革相结合的。在具体监管过程中要针对不同类型企业建立不同的治理机制，在战略规划制定、经营业绩考核、资本运作模式选择、人员选聘制度建设等方面建立不同监督管理机制，从而实施更加精准有效的分类监管。因此，实质推进国有企业改革，必须首先对每家国有企业进行功能定位和类型确定，并向社会公布，这是当前国有企业改革的当务之急。

二是必须坚持整体协同推进的原则。新时期深化国有企业改革是一项复杂的系统工程，实质推进过程中一定要注意各项改革任务和政策措施的协同性。无论是国有企业功能定位和国有经济战略性重组，还是推进混合所有制改革和建立以管资本为主的国有资本管理体制，以及进一步完善现代企业制度，这些改革任务都不是割裂的，在具体推进过程中需要注意其系统性、整体性和协同性。例如，构建以管资本为主的管理体制，就要注意与国有经济战略性重组、深化垄断行业国有企业改革相协调。以管资本为主加强国资监管，最为关键的改革任务是改组组建国有资本投资、运营公司。这需要通过行政性重组和依托资本市场的兼并重组相结合的手段，将分散于各个行业、各个企业的众多国有资产的产权归为这些国有资本投资、运营公司持有，这也是一个国有资本布局战略性调整的过程。因此，改组组建国有资本投资、运营公司是要与国有企业兼并重组协同推进的。企业兼并重组的意义，一方面在于通过股权运作、价值管理、有序进退等方式，促进资本合理流动和实现保值增值；另一方面也可以通过开展投资融资、产业培育和资本整合等方式，推动产业集聚和转型升级、优化资本布局结构，而这正是改组组建国有资本投资、运营公司的目的所在。现在不断出现一些中央企业重组案例，但没有与改组组建国有资本投资、运营公司相结合，属于单方面推进，将来还会面临再次重组的可能性。不仅如此，在改组组建国有资本运营、投资公司过程中，还需要综合考虑到建立有效市场结构的需要，要注意到改革政策与竞争政策的协同。国有企业在特定行业内的企业数量既不是越少越好，也不是越多越好，否则不是造成国有企业垄断就是造成过度竞争。国有企业兼并重组和国有资本布局调整要有利于形成兼有规模经济和竞争效率的市场结构，有利于化解当前经济运行的突出矛盾——产能过剩问题。因此，推进国有企业改革的整体协同原则，要求在推出"1+N"系列国有企业改革政策体系的同时，根据经济新常态的要求，对国有经济布局有一个整体规划，以利于指导国有企业改革的整体协同推进。即使在国资委开展的十项国企改革试点的过程中，各项试点也不应该是对一个企业单向推进。对于试点企业而言，单独只进行某项改革试点，即使说企业绩效得到改善，这种改善实际上也很难说是由于该项改革取得的效果。因此，每个试点企业都应该进行综合改革试点。

三是推进国有企业改革要寻求重点领域进行突破。在整体协同推进国有企业改革过程中，有两个领域的国有企业改革的突破是至关重要的，一是煤炭、钢铁等产能过剩行业的国有企业改革，二是石油、电信、电力、民航、铁路等具有自然垄断性行业的国有企业改革。这不仅是因为这两类行业国有企业改革是当前社会关注的重点，更是因为这两类行业国企改革对营造公平的竞争环境、支持新常态下我国经济发展具有重大意义。对于第一类行业，其改革涉及化解产能过剩、处置"僵尸企业"和国有经济在这些行业的逐步退出等难点和重点问题，这些问题也是供给侧结构性改革的关键任务，这些任务能成功推进，在很大程度上决定了国有经济布局的优化和整体经济结构的转型升级，具有全局战略意义。第二类行业，虽然具有一定自然垄断性，但并不都是具有自然垄断性的，自然垄断性主要体现在行业中网络环节。这些行业的改革，除包括网络环节外整个行业对非国有企业的开放，也涉及这些行业国有企业战略重组和混合所有制改革等，旨在形成自然垄断性行业的主业突出、网络开放、竞争有效的经营格局。这类行业大多是基础性行业，对整体经济效率影响巨大。这些改革能否成功推进，对是否形成市场经济公平竞争的环境以及降低下游产业成本、发展实体经济等具有决定性的作用。因此，这两类行业取得突破，是新时期国企改革得到实质推进的基本标志，虽然问题复杂和困难巨大，但必须下决心积极推进，否则无法表明新时期我国已实质推进了国有企业改革。

四是要以深化政府机构改革来构建国企改革动力机制。当前我国国企改革政策的"四梁八柱"都已经具备，但缺乏执行和实质推进，而执行的障碍在于政府行政体制改革相对滞后，政府机构改革亟待深化，"组织跟着战略走"，改革战略的执行和推进需要政府组织架构的完善甚至重构。因此，深化行政体制改革是当务之急。只有通过深化行政体制改革，国资委把权力下放至国有资本运营公司和国有资本投资公司，摆脱政府急、企业不急局面，才能真正建立企业自主改革的动力机制和容错机制。

五是要克服一些"知行误区"，积极推进混合所有制改革。必须认识到，混合所有制企业是"新国企"的主体。自党的十八届三中全会提出"积极发展混合所有制经济"以来，虽然混合所有制改革已经有了日趋完善的政策体系，实践推进也有了积极进展，但是，无论是在理论认知层面，还是在实践操作层面，还存在这样那样的"误区"[①]，例如将混合所有制改革等同于股权多元化改革，只强调多个法人持股，没有认识到混合所有制改革一定是不同性质的持股方的多元持股；又如，将混合所有制改革等同于国有资产流失，甚至等同于私有化，从而反对混合所有制改革，实际上国企混合所有制改革并不必然带来国有资产流失，关键在于程序公正、交易公平、信息公开、法律严明。如果操作流程和审批程序规范、国有资产定价机制健全、第三方机构作用得到很好发挥、审计纪检及内部员工等各个方面监管到位，完全可以做到守住国有资产不流失的"红线"和"底线"。在具体推进混合所有制改革中，要不断探索完善法律制度，以法律制度建设为前提，重视构建有效的公司治理结构。

结　语

中国国有企业改革即将走过 40 年的历程，经过 40 年的理论研究和实

---

① 黄群慧：《破除混合所有制改革的八个误区》，《经济日报》2017 年 8 月 4 日。

践探索，中国国有企业改革与发展取得了辉煌的成就，造就了一大批"新国企"。2017 年世界 500 强企业中，中国大陆企业已经达到 109 家，其中多半属于国有企业，中央国资委监管企业达到 48 家。但是，这些企业很难说是真正的世界一流企业。为了与成熟社会主义市场经济体制要求相适应，中国国有企业改革还需要进一步深化。经过 40 年的历程，我国国企改革已经积累了丰富的经验，中国创造性地将马克思主义基本原理与国企改革发展实践相结合，同时有选择性地学习借鉴国外理论和经验教训，形成了中国特色的渐进式国企改革方法论。[①] 我们可以相信，随着未来中国国有企业改革的深化，中国将出现一批世界一流的"新国企"，这些"新国企"将会为实现伟大的中国梦做出重大的贡献。

[①] 黄速建、黄群慧、王钦、肖红军：《中国国有企业改革三十年回顾与展望》，载陈佳贵主编《中国国有企业改革三十年》，中国财政经济出版社，2008。

经济转型与收入分配格局的演变

李 实[*]

导　读：中国经济转型经历了 40 年，至今仍是进行时。中国经济转型的 40 年
是经济快速发展的 40 年，也是中国经济发生翻天覆地变化的 40 年。
在这个期间，中国从一个人均收入不足 200 美元的低收入经济体成长
为一个人均收入超过 8000 美元的经济体。这在人类历史上是不多见
的。中国经济发展的成就是有目共睹的，为世人所赞叹，更为中国
学者所陶醉。中国经济增长的"奇迹"，由此引发的"中国道路"，
"中国模式"，成为国内外学者研究的一个热门课题。

中国长期的经济转型和发展同时带来了收入分配格局的巨大变化。这
些变化既有积极的方面，也有消极的方面。应该看到，收入差距的
扩大具有一定的必然性，它是经济转型的一种必然结果。可以说，中
国在 30 年时间内从一个平均主义的社会转变成了高度不平等的社
会。而现在的主要任务是降低收入分配差距，实现社会公平的发展
目标。

---

[*]　李实，北京师范大学经济与工商管理学院教授，教育部"长江学者"特聘教授，中国收入
分配研究院执行院长。主要研究领域为经济思想、经济转型与发展、收入分配。

一 引言

中国经济的高速增长带来了居民收入水平的普遍提高，可以说是同步提高。与改革开放前 30 年相比，这是一个主要的特点。在 1949~1978 年，经济增长率大大高于居民收入增长率，说明老百姓并没有从经济增长中获得相应的好处。根据权威的统计数据，1952~1978 年，中国经济的年均增长率为6.7%，而居民人均收入的年均增长率不足 2%。即使扣除人口增长因素，居民收入增长率仍比经济增长率低 3~4 个百分点。而在改革开放的 40 年中，GDP的年均增长率为 10% 左右，而居民收入增长率在 11% 左右，要略高于经济增长率。从这个意义上讲，改革开放前 30 年的经济增长是一种非包容性的增长模式，是一种不顾及民生的增长模式。这也说明了中国经济转型的必然性。

中国长期的经济转型和发展同时带来了收入分配格局的巨大变化。一方面表现为收入差距的扩大，城乡收入差距、地区收入差距、行业收入差距、职业收入差距、不同人群之间的收入差距都有着明显的扩大；另一方面收入分配的规范、原则和机制发生了变化。这些变化既有积极的方面，也有消极的方面。应该看到，收入差距的扩大具有一定的必然性，它是经济转型的一种必然结果。在传统的计划经济体制中，收入分配制度受制于所有制结构、产业结构、就业结构和劳动人事制度。实行平均主义的分配方式既是实行计划经济的需要，是保证计划经济运行的必要条件之一，又是当时的"左倾"意识形态的具体体现。也就是说，"左倾"意识形态、计划经济体制和平均主义的分配模式是三位一体的，缺一不可。平均主义的分配模式只是一种形式上的平均分配，而实质上是一种不公平分配，因为它通过行政强制的方式将"多劳者"的成果转移给"少劳者"或"不劳者"。

在经济转型过程中，随着工资和收入分配不再由政府统一控制，收入分配的机制更加分散化、企业化、个体化，或者说更加市场化，收入差距也就出现了不断扩大的过程。应该看到，收入分配制度的变迁产生了一定的激励作用，激发了各类人群参与经济活动的积极性，人们发财致富的热情空前高涨，构成了经济长期高速增长的微观基础。不可否认，在不断扩大的收入差距中，社会普遍认为不公平、不合理的因素也存在，收入分配不公问题日益凸显，引发了社会不满情绪的滋长。中共十九大报告提出了我国新时期的主要矛盾是"人民日益增长的美好生活需要和不平衡不充分的发展之间的矛盾"。"不平衡"包含很多方面的不平衡，其中之一是收入差距过大问题。而且，十九大报告对当前的收入分配状况给予一种基本判断，认为"城乡区域发展和收入分配差距依然较大"。这一判断反映了过去和当前中国收入分配的基本状况。这也意味着解决收入差距过大的问题仍将是未来党中央的重要任务之一。

　　放在国际背景下来看，收入差距扩大并不是中国所特有的现象，过去30年，世界上大多数国家都出现了不同程度的收入差距扩大的问题。经合组织近期发布了一份研究报告《我们处于分裂之中：为什么收入差距持续上升？》[1]对15个OECD国家的收入差距变化进行了分析，其结果显示，在20世纪80年代中期至90年代中期，15个国家中14个国家的家庭可支配收入的基尼系数出现了上升，平均上升幅度为14%；从20世纪90年代中期至2005年前后，15个国家中9个国家的家庭可支配收入的基尼系数出现了上升，只是上升幅度有所减缓。当然，这并不意味着中国收入差距的扩大及收入分配不公的问题产生的背后原因与其他国家相同，更不意味着中国收入分配问题具有必然性和正当性。我们应该看到，中国收入分配的不平等程度不是世界上最高的，但是其收入差距的扩大速度却是惊人的。可以说，中国在30年的时间内从一个平均主义的社会转变成了高度不平等的社会。而现在的主要任务是减小收入分配差距，实现社会公平的发展目标。对此，中共十九大报告提出了明确的要求。

　　从收入差距的变化来看，2008年可以作为一个分界点。在此之前，收入差距基本上处于一个不断扩大的趋势。对此，学术界是毫无争议的。包括官方数据在内的一些相关的研究都认为，经济转型的前30年是收入差距扩大的

---

[1] OECD , *Divided We Stand:Why Inequality Keeps Rising*, OECD Publishing, 2011.

时期①。对于这一时期收入差距变化的特点及其背后的原因，本文会专门加以论述。在 2008 年之后，收入差距出现了什么变化，学术界并没有形成统一的认识。而且，在对收入差距的估计上也存在着很大的差异。不同学者估计出来的收入差距的基尼系数相差超过了 10 个百分点。我们对 2008 年后收入差距变化的判断是这样的：收入差距处于一个相对稳定期，在此期间收入差距会出现短期的波动，既不可能出现长期持续的下降，也不会出现长期持续的扩大。出现这种情况是与经济发展阶段和政府公共政策的作用分不开的。特别是 2003 年以来，中国政府在抑制收入差距扩大方面做出不少努力，也出台了各种相关的政策，在收入分配制度改革方面也做了一些尝试。这对扭转收入差距上升的势头起到了一定的作用。

影响收入分配格局变化的因素很多，有经济转型方面的因素，有经济发展方面的因素，也有经济和社会政策方面的因素，还有人口和家庭结构变化方面的因素。在不同时期，几方面因素的影响作用会有所不同，它们的相对重要性也会有所不同。本文试图从以上几个方面对中国收入分配格局 40 年的变迁做出解释，由于这是一个十分复杂的问题，在解释上难免会挂一漏万，即便如此，做一些努力和尝试是必要的。

应该看到，中国收入分配格局的长期变化有其特点。首先，收入差距扩大过程中没有出现两极分化的现象。虽然出现了高收入人群的收入越来越高的状况，但是没有出现低收入人群收入越来越低的情况。也就是说收入差距的扩大是因为高收入人群收入增长快于低收入人群，而低收入人群收入仍在增加，只是增加幅度相对较小。过去 40 年中国农村贫困人口大幅减少的事实也说明了这一点。这一点很重要。在经济增长过程中保持低收入人群收入增加，有助于提高低收入人群对经济发展成果的获得感以及对收入差距扩大的

---

① 有关这一时期的研究见赵人伟、格里芬主编《中国居民收入分配研究》，中国社会科学出版社，1994；赵人伟、李实、李思勤主编《中国居民收入分配再研究》，中国财政经济出版社，1999；李实、史泰丽、古斯塔夫森主编《中国居民收入分配研究Ⅲ》，北京师范大学出版社，2008；李实、佐藤宏、史泰丽等《中国收入差距变动分析》，人民出版社，2013。

容忍度。这进一步说明了，中国在收入差距扩大过程中能够保持一种相对社会稳定与这种收入分配格局的变化特点有很大的关系。其次，中国的就业优先政策对于缓解收入差距和贫困具有重要的作用。就业是民生之本，就业也是稳定收入之道，就业更是消除贫困之策。21世纪以来，中国政府坚持实施就业优先的发展战略无疑起到了抑制收入差距扩大的作用。最后，政府的公共社会政策缓解了收入分配中的一些矛盾。特别是过去10多年不断推出的带有普惠特点的社会保障政策，针对贫困家庭和低收入群体的社会救助政策，针对落后区域的地区发展政策和惠农政策，这些政策的收入再分配效果已经发生了作用，在未来阶段随着政策的完善还将起到更大的作用。

二 收入分配格局的变化及其解释

解释中国收入分配格局的变化需要从收入差距的变化和收入分配公平性两个角度出发。前一个角度是实证性分析，通过对收入差距的测量来描述其变化，并且对其变化的背后原因加以分析；后一个角度是通过价值判断来发现一些不公平的分配制度、政策以及分配过程和分配结果。对于收入分配格局的变化，人们首先会关心收入差距的大小以及自身收入与其他人群（特别是可比人群）收入之间的差距。在实际生活中，人们既看重绝对差距，也看重相对差距。我们举例来说明绝对差距与相对差距的不同意义。如个人A的年收入为2万元，个人B的年收入为20万元，他们两人的绝对差距为18万元，相对差距为10倍。第二年两人的收入都上升了20%，他们之间的绝对差距扩大为21.6万元，但是他们之间的相对差距没有变化，仍是10倍。

由此可见，对收入差距的变化加以判断，根据绝对差距还是相对差距得出的结论往往是不同的。在收入分配的研究文献中收入差距基本上都是相对的标准，如基尼系数。为什么学者们总是倾向于使用相对差距而不是绝对差距的理由并不是十分明确，也许一个理由是相对差距具有可比性，具有时间上的可比性和空间上的可比性。人们除了关心收入差距的大小之外，更会关心收入差距的合理性和公平性。这来自人们对收入分配现状的一种价值判断，这种判断的基础是一种价值观，而人们价值观的形成受诸多因素影响，既有价值和文化理念，又有社会习惯和伦理，也有主流意识形态。一个社会的主流价值观是在变化的，会随着上述影响因素的变化而发生变化。以中国为例，在经济转型之前，人们受到平均主义的意识形态的影响，认为收入差距越小越好，而且把平均主义的分配结果作为社会发展的目标之一。在经济转型之后，人们逐步放弃了平均主义的价值理念，取而代之的是"发财致富"的价值观。于是，一些被认为合理的收入差距慢慢被人们所接受。但是，一些不合理的收入差距，或者一些严重违背普世价值观的收入差距仍然受到社会的批评与谴责。对于收入分配的公平性的判断，人们不仅要看分配的结果，也会看分配的过程和原则。

1. 改革前收入差距状况

在新中国成立初期，收入差距是很大的。根据一项相关的研究，在 1953 年中国收入差距的基尼系数为 0.558[①]。在新政府接手国家经济的开始阶段，国民经济格局基本上是旧中国经济格局的延续，这个时期的收入分配格局和收入差距也是旧中国的模式的延续。如此之大的收入差距是可以理解的。随着经济社会制度转型为一种新的模式，计划经济体制具有了雏形，特别是第一、第二个五年计划实施下来，居民收入差距急剧下降，1965 年全国收入差距的基尼系数降为 0.3 左右，在 1966~1974 年居民收入分配差距继续下降，1975 年基尼系数约为 0.27。计划经济时期中国居民收入差距处于一种低水平，这不难解释。一是行业和企业所有制结构不断国有化和集体化，到 20 世纪 50 年代基本上消除了私营和个体经济，城市中实现了国有企业和集体企业大一统的局面，农村实行了人民公社制度。二是城市中的计划经济体制对工资和分配实行越来越严格的控制，实行从上至下的集权分配体制，实施了分门别类的工资制度。虽然工资标准是"金字塔"形，但是最低工资标准与最高工

---

① 这个数字来自 UNIU-WIDER 的全球收入分配数据库（WIID）。

资标准之间的差异不大。三是平均主义的意识形态不断强化。这主要体现在"文革"前几次工资调整上，不同工资等级的差别变得越来越小。

计划经济体制下的较小的收入差距并不意味着收入分配的公平，收入分配不公问题以不同的形式表现出来。即使按照按劳分配的原则，平均主义的分配制度也严重违背了这个原则。平均主义的分配模式失去了激励作用，按劳分配基本原则得不到贯彻执行，实际上对劳动贡献大、个人禀赋高的劳动者是一种不公平。而且这个时期官僚体制内实行了严格的等级分配制度，等级之间除了工资收入差别外，非工作性的福利制度和实物分配制度实际上是一种隐蔽的收入分配不平等。同时权力不时地参与到分配过程，一部分特权阶层获得更多的利益，带来更大的收入分配不公。在改革开放初期，学术界对计划经济体制下分配制度有过严厉的批判，认为它最大的弊病是损害效率。细细分析起来，它带来的不良后果不仅表现在效率损失上，而且表现在新的收入分配不公上。特别是为了缩小收入差距，长期实行了工资冻结政策，实际上产生了代际之间的不平等[①]。

应该指出的是，虽然在改革开放前主流的意识形态是主张缩小城乡之间的收入差距，但是这一差距仍是很大的。比如在改革开放初期的1978年，城乡之间居民收入差距仍为2.56倍。如果算上城市职工享受的各种社会保障和福利，城乡之间的实际收入差距要大得多。这一结果是与城乡户籍制度带来的城乡分割的管理体制分不开的，也是与当时采取的通过压榨农民获得原始的资本积累的发展战略分不开的。从这个意义上说，发展战略成了执政者优先考虑的要务，而平均主义的意识形态却变成了一种宣传上的口号。

2. 转型期农村收入差距演变

农村经济改革初期是收入增长和收入差距缩小同时发生的"美好时代"，是一个兼顾公平与效率的年代。在20世纪70年代末至80年代初，农村经济改革既带来了农民收入的快速增长，也缩小了农村内部的收入差距。1978~1984年的农村居民人均实际收入的年均增长率高达16.4%，这是中国历

---

① 赵人伟、格里芬主编《中国居民收入分配研究》，中国社会科学出版社，1994。

史上极为罕见的"增长奇迹"，在改革开放的前30年没有出现过，在此之后的30年也没有出现过。对这一时期农民收入的快速增长有许多解释，归结起来有两大类：一是改革效应，二是价格效应。所谓改革效应是指土地承包经营激发了农民生产积极性，大大提高了农产品的产出量。同时改革也给予了农民更多的土地经营自主权，提高了土地的配置效率。还有，改革允许农村劳动力从事非农经营活动，提高了农村劳动力的配置效率。所谓价格效应是指在这一期间政府几次提高农产品收购价格，由此带来的农民收入的提高[1]。更为重要的是，这期间农村内部收入差距没有出现明显的上升。根据国家统计局的住户调查数据的估计结果，1979~1984年农村内部收入差距的基尼系数在0.24~0.26波动。由此可见，收入分配不平等程度还是较低的，而且变化幅度很小。

相对于农村改革来说，中国城镇改革起步较晚。在20世纪80年代初期城镇还是保持着原有的分配制度，没有发生重大变化。虽然工资增长幅度快于"文革"时期，但是大大低于农民收入增长幅度[2]。在这种情况下，城乡之间收入差距出现了快速下降，城镇居民与农村居民收入比率由1978年的2.56下降为1983年的1.82。这也是中国经济转型以来城乡之间收入差距处于最低水平的一个时期。

然而，这一时期是短暂的。随着农村改革红利的逐步消失，农民收入增长进入低速化阶段。从20世纪80年代中期开始，在很长时间内农民收入增长一直处于低迷状态。1985~1995年，10年的农民人均实际收入的年均增长率仅为3.6%。而且随着农村工业化的出现和发展，非农就业机会的出现，农村内部收入差距开始逐步扩大。根据国家统计局的估算，农村内部收入差距的基尼系数由1985年的0.26上升到1995年的0.34，上升幅度非常明显（见图1）。另外，根据中国收入分配课题组的住户调查数据（CHIP）估算出来的1988~1995年农

---

[1] 1979~1981年，每年农产品生产价格分别提高了22%、7%和6%（见国家统计局网 http://data.stats.gov.cn/easyquery.htm?cn=C01）。这意味着三年农产品生产价格总计提高近40%。

[2] 1978~1984年的城镇居民人均实际收入的年均增长率为8%，大大低于农村居民16%的收入增长率。

村内部收入差距的基尼系数也出现了明显的上升，由 0.34 上升为 0.40[①]。

这一时期农村内部收入差距快速扩大的主要原因是非农产业的出现，农村工业化为农村劳动力从农业转向工业提供了机会。然而，农村工业化的发展出现了地区的不平衡。在东部沿海地区的乡镇企业处于如火如荼的发展势头之时，西部农村地区的农民仍在"面朝黄土背朝天"操劳着自己的一亩三分地。农村非农就业不仅给农民带来了新的就业机会，也改变着农民的收入结构。工资性收入成为农民收入的一种来源。而当非农就业机会和工资性收入只是少部分人可以获得时，它会带来收入差距的扩大。与 1988 年相比，1995 年农村住户收入中工资性收入所占比重上升了近 14 个百分点，超过了22%，家庭非农经营收入占比达到了 6%。更值得注意的是，工资性收入和家庭非农经营收入的分配极为不平等，前者的集中率为 0.74，后者的集中率为0.54，都大大高于农村居民收入差距的基尼系数[②]。

到 20 世纪 90 年代后期，农村劳动力开始了向城镇转移，这引起了农村居民收入结构的进一步变化，工资性收入和家庭非农经营收入所占比重进一步提高。到了 2002 年，农村住户收入中的工资性收入所占比重已接近 30%，比 1995 年上升了 8 个百分点；家庭非农经营收入所占比重达到 12%。然而，这一时期的工资性收入的分配差距有所下降，但仍高于农村居民纯收入差距的基尼系数，仍具有扩大收入差距的作用。家庭非农经营收入的分配仍很不平等，其集中率比纯收入的基尼系数高出 18 个百分点，具有更大的扩大收入差距的作用。这个过程一直持续到 21 世纪初期。

在过去十多年中，农村内部收入差距处于相对稳定状态。虽然收入差距仍在缓慢地扩大，但是其扩大速度与 20 世纪 90 年代不可同日而语。比如，

① 利用 CHIP 数据估算出来的基尼系数与国家统计局估计结果有所不同，一个主要原因是收入定义的不同。前者使用的住户收入概念不仅包括了货币收入，还包括了实物性收入，更重要的是包括了自有住房的估算租金（imputed rent of private housing）。对两者收入定义差异的细致解释参见赵人伟、格里芬主编《中国居民收入分配研究》，中国社会科学出版社，1994。

② 卡恩、李思勤：《中国的收入和不均等》，载赵人伟、李实、李思勤主编《中国居民收入分配再研究》，中国财政经济出版社，1999。

根据 CHIP 调查数据计算的结果，2013 年农村居民收入差距的基尼系数比 2002 年上升不到 2 个百分点。这种变化是与一系列农村发展政策分不开的。农村社会保障制度的建立和完善、惠农政策的实施、扶贫政策力度的加大，对提高落后地区农民收入、改善贫困人口和低收入人群生活水平起到了重要的作用。

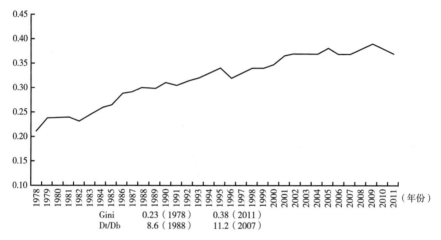

图 1　农村居民收入差距的基尼系数（1978~2011 年）

资料来源：国家统计局历年《中国农村住户调查年鉴》。

3. 转型期城镇收入差距的变化

在经济转型的初期，中国城市内部居民收入差距是很小的。根据国家统计局城镇住户调查数据计算出来的收入差距的基尼系数仅为 0.16 左右（见图 2）。由于城市经济改革滞后于农村，20 世纪 80 年代出台的一些城市改革措施基本上是围绕着激活国有企业效率展开的，为此对企业内部的薪酬制度做了一些小调整。这些改革并没有给城市内部收入差距变化带来很大的影响。这一时期城市内部收入差距有所扩大，不是非常明显。在改革后的近 10 年中，城市内部收入差距的基尼系数仍在 0.2 以下。在 20 世纪 80 年代后期，城市内部收入差距扩大的主要原因是城市中私营个体经济的出现以及价格双轨制带

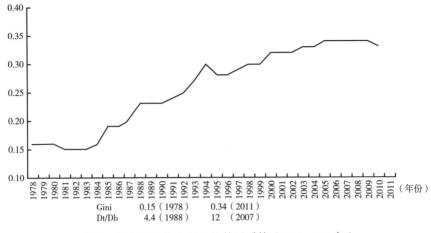

图2 城市居民收入差距的基尼系数（1978~2011年）

资料来源：国家统计局历年《中国住户调查年鉴》。

来的暴利机会。从收入差距变化来看，1985~1992年基尼系数有了很大的提升，上升了约9个百分点。进入20世纪90年代后期，改变城市企业的所有制结构成了改革的主旋律。为了实现企业转制，推动国有企业和集体企业减员增效，大批国有和集体企业员工下岗失业，同时民营和个体企业快速发展，导致收入差距进一步扩大。如图2所示，1995~2002年城镇内部居民收入差距的基尼系数又上升了7~8个百分点。从居民收入结构的变化上也可以看到这一时期经济转型带来的影响，其中工资性收入所占比重下降了近2个百分点，而退休金收入所占比重上升了3个百分点，家庭经营性收入所占比重上升了2个百分点[1]。这一方面反映了失业压力下提前退休人员的增加，另一方面反映了私营个体经营活动带来收入的增加。

进入21世纪后，城市内部收入差距持续扩大，甚至是加速扩大。从人们的感受来看，过去10年中城镇内部收入差距的扩大幅度要超过农村，但是一些相关的统计数据却显示了不同的结果。例如，根据国家统计局的估计（见图2），在21世纪的头三年，城镇内部收入差距基本上没有变化，基尼系数

---

[1] 李实、佐藤宏、史泰丽等：《中国收入差距变动分析》，人民出版社，2013。

为 0.32；在 2002~2005 年基尼系数上升到 0.34，然后几年在这个水平上徘徊；然而从 2009 年基尼系数开始下降，城镇居民收入差距的基尼系数从 0.34 下降为 0.33。这一结果受到了一些学者的批评，认为城镇收入差距的基尼系数存在着低估问题。由于国家统计局住户抽样调查抽取到高收入住户样本变得越来越困难，因此住户调查中高收入样本比例严重偏低，造成了城镇居民收入差距的低估[1]。当然这个样本偏差问题也造成了城乡之间收入差距的低估和全国收入差距的低估。根据相关的研究，如果对调查样本偏差加以修正后，现在城镇内部收入差距的基尼系数也许超过了 0.4，要大于农村内部收入差距的基尼系数。

农民工不断向城镇流入，改变了城镇劳动力的就业结构。虽然农民工大多属于低学历、非技术劳动力，但是他们吃苦耐劳、易于管理，属于企业青睐的高"性价比"员工。一方面，城镇低端制造业、建筑业和低端服务业雇用大批农民工，由此也得到了大发展。另一方面，农民工的进入对城镇户籍的低学历员工的就业带来了竞争压力，也导致了后者的工资水平增长缓慢[2]。与此同时，产业升级和科技发展激发了对高学历和高技术员工的旺盛需求，从而引起了其工资收入更快速度的上升。加上新兴产业、新就业形态的出现，都会引起工资分配向高能力、高素质、高学历劳动力倾斜。更重要的是、高收入人群以更大比例不断增加，其结果是城镇内部收入差距的不断上升。这些因素都在很大程度上扩大着城市内部收入差距。

4. 转型期中全国收入差距的变化

在进入 21 世纪的几年中，全国收入差距扩大达到了半个多世纪以来的最高水平[3]。按照国家统计局的估计，2000~2008 年，全国收入差距一直处于扩

---

[1] 李实、罗楚亮、史泰丽：《中国的收入不平等和贫困问题》，载李实、佐藤宏、史泰丽等《中国收入差距变动分析》，人民出版社，2013。

[2] Cai, Fang and Yang Du, "Wages Increase, Wages Convergence, and Lewis Turning Point in China", *China Economic Review*, 2011, 22(4), pp.601-610.

[3] 李实、罗楚亮、史泰丽：《中国的收入不平等和贫困问题》，载李实、佐藤宏、史泰丽等《中国收入差距变动分析》，人民出版社，2013。

大趋势，基尼系数从 0.44 上升到 0.49 以上 [1]。近几年收入差距出现了缓慢下降的势头，例如根据国家统计局的估计结果，全国的基尼系数从 2008 年的 0.49 下降到 2014 年的 0.47（见图 3）。另外，Kanbur, Wang 和 Zhang 利用 CHIP 和 CFPS 的数据表明，自 2012 年以后，中国收入差距有缩小的势头 [2]。还有 Piketty, Yang 和 Zucman 利用国家统计局的分组数据以及国民收入分配数据显示了高收入人群与低收入人群之间的财富差距有所缩小 [3]。

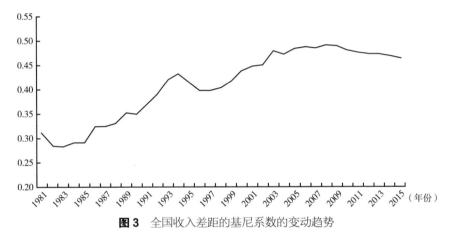

图 3 全国收入差距的基尼系数的变动趋势

资料来源：1995~2001 年的基尼系数来自 Ravallion, Martin, and Shaohua Chen, "China's (Uneven) Progress Against Poverty," *Journal of Development Economics*, 2007, 82(1), pp.1-42；2003~2015 年的基尼系数来自国家统计局近几年的发布会；2002 年的基尼系数来自 Gustafsson, Bjorn, Li Shi and Terry Sicular eds., *Income Inequality and Public Policy in China*, Cambridge University Press, 2008。

　　由于全国基尼系数下降的幅度很小，这样一种下降的势头是否会演变成一种长期下降的趋势有待于进一步观察。鉴于住户抽样调查中存在高收入群体样本偏差问题，全国收入差距也会存在一定程度的低估，而低估的基尼系

[1] 《马建堂就 2012 年国民经济运行情况答记者问》，http://www.stats.gov.cn/tjdt/gjtjjdt/t20130118_402867315.htm。

[2] Kanbur, Ravi & Wang, Yue & Zhang, Xiaobo, *The Great Chinese Inequality Turnaround*, IZA Discussion Papers 10635, Institute for the Study of Labor (IZA), 2017.

[3] Piketty, T., Yang, L. and Zucman, G., "Capital Accumulation, Private Property and Rising Inequality in China, 1978-2015," *NBER Working Papers*, 2017.

数是否能反映收入差距变化的真实趋势也是一个问题[1]。而且，罗楚亮、史泰丽、李实利用 CHIP 最新的调查数据，对 2007~2013 年全国收入差距的变化做了估计，其结果显示，只是利用住户调查数据，得出的收入差距的基尼系数在两年之间是下降的，然而如果对高收入人群样本偏差问题加以修正，得出的收入差距基尼系数是上升的[2]。更重要的是，我们不可以过度解读短时期内出现的收入差距小幅度下降的现象，更不可以把它理解为一种长期趋势的开始。综合各种因素来看，当前全国收入差距仍处于一个很高水平上，它已超越了过去 60 年中的任何时期。考虑到低估的一些因素，中国全国收入差距的基尼系数应该不低于 0.5[3]。

三 经济转型与收入分配

中国经济转型对收入分配格局变化产生很大的影响。这种影响既体现在收入分配过程中分配体制和机制的变化，也表现在收入分配的结果上。经济转型可以归结为以下几个方面。第一，计划经济向市场经济的转变，收入分配制度由高度统一的分配模式向分散化的分配模式转变。第二，经济单位的所有制结构变化带来的收入分配格局的变化。所有制结构多元化既会带来不同所有制部门之间收入差距的变化，也会带来同一所有制部门不同经济单位内部收入差距的变化。这是由于不同所有制部门采取了不同的收入决定机制和分配制度。第三，对外开放产生的收入分配效应。对外贸易、引进外资都不同程度地影响到收入差距的变化。特别是外资企业和合资企业为了吸引高

---

[1] 根据李实、罗楚亮的估算，城镇高收入样本偏低造成了全国收入差距的基尼系数低估了 5 个百分点左右。

[2] 罗楚亮、史泰丽、李实:《中国收入不平等的总体状况（2007~2013 年）》，载李实、岳希明、史泰丽等《中国收入分配格局最新变化——中国居民收入分配研究 V》，中国财政经济出版社，2017。

[3] 如果认同这样一个结果，那么，从国际比较的角度来看，中国已算为高度收入不平等的国家之一。在联合国开发署出版的 2011 年《人类发展报告》中，列出了 111 个国家近期的基尼系数，其中基尼系数超过 0.5 的国家有 17 个，占全部样本国家的 15%。

技术人才、高层管理人员，采用高薪引人和高薪留人的做法，拉大了外资企业与国内企业的工资差距和收入差距。第四，公共部门内部工资收入分配制度改革也在影响着收入分配的变化，特别是国有企业为了提高效率，增加激励机制，不仅不断地拉大管理层与一般员工之间的收入差距，也扩大了员工之间的收入差距。

市场化的分配机制主要表现为每个生产单位具有充分的分配自主权，每个就业者的收入是由市场和用人单位共同决定的。市场的供求关系决定了相同素质和技能的人群的平均收入水平（均衡工资），而用人单位根据就业者的实际劳动贡献决定其实际收入。一个就业者的实际收入与其市场中的均衡工资之间的差异由许多因素决定，最重要的是其劳动贡献的大小。市场化的分配机制还对劳动要素之外的其他生产要素给予收入回报，实物资本、人力资本、管理才能、创新观念和创新能力等都会通过微观的分配机制获得应有的报酬。同时市场化分配机制还允许给予风险和运气获得收入回报。由于收入决定主体的多元化，收入决定因素的多样化、微观化，收入决定机制发生了根本性的变化，收入差距的扩大也就不可避免。

所有制结构由单一化向多样化转变不仅带来了收入分配机制的变化，也带来了收入差距的扩大。如果国有企业改革到位，所有制结构的变化只是导致一个部门内部收入差距扩大，而错位的改革不仅会导致一个部门内部收入差距的扩大，还会导致不同所有制部门之间收入差距的扩大。在国企改革的过程中，国有企业规模在缩小、就业人数在减少的同时，大国企的垄断地位在不断强化，由此带来的垄断利润转化为员工和高管的超额工资报酬，不仅带来了部门之间工资收入差距的上升，也导致了收入分配的不公[①]。

对外开放是中国经济增长的动力源泉，它最直接的影响是增加就业，吸

---

① 赵人伟、李实、李思勤主编《中国居民收入分配再研究》，中国财政经济出版社，1999。

收大量剩余劳动力，尤其是农村剩余劳动力。这个过程有助于提高农村居民的收入水平，有助于缩小城乡之间收入差距。另外，外资企业对技能员工和高学历劳动力有着更大的需求，无疑会拉高人力资本的回报。因此，在农村剩余劳动力存在的情况下，外资进入会产生扩大收入的效应。当然，外贸、外资所产生的综合效应还需要做细致的分析。

中国公共部门的就业群体庞大，其收入分配机制和分配结果直接或间接地影响到总体的收入分配格局。公共部门既包括政府机关、事业单位，也包括国有企业，因此公共部门的分配机制，一方面显现出分散化的特点，另一方面呈现不同程度的集中控制。前者在很大程度上导致收入差距的扩大，后者也带来了某些方面的收入分配不公问题。

四 建立公平的收入分配制度

从收入分配不公方面来看，中国长期存在几种突出的收入分配不公现象，这些现象在很长一段时期内没有得到有效的解决和缓解。近几年在政府再分配政策力度和反腐强度不断加大的情况下，收入分配不公的状态有了好转，出现了一些积极的变化。

首先，城乡之间收入差距处在高位徘徊水平。根据国家统计局的调查数据，城乡之间收入差距在2000~2009年出现了明显扩大，城乡居民收入比率从2.78上升到3.33，2009年为历史上的最高水平（见图4）。随后，城乡之间收入差距出现了小幅度的缩小，这一过程持续了8年，2013年城乡居民收入比率降为3，到了2016出现了进一步下降[1]。但是，相对于改革初期，现在城乡之间收入差距还是偏高的。为什么城乡之间收入差距是一种收入分配不

---

[1] 国家统计局在2013年调整了城乡居民的收入定义，在2013年之前农村居民收入为"纯收入"，而在2013年之后改为"可支配收入"，收入的统计口径有所变化。因此，在比较城乡收入差距时，2013年前后具有一定的不可比性，所以，在本文图4中没有列出2013年后的城乡收入差距。

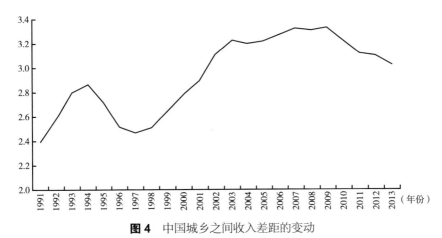

图4　中国城乡之间收入差距的变动

资料来源：相关年份的《中国统计年鉴》。

公呢？这是因为巨大城乡收入差距既有历史的原因，也有现存体制和政策方面的原因。在计划经济时期，中国政府为了追求快速工业化进程，采取了城乡截然不同的社会经济管理模式和政策措施，基本上是通过牺牲农民利益来实现工业发展的资金需要①。城乡分割的发展模式导致了农村发展长期滞后于城市发展，农村社会保障和公共服务长期落后于城市，农民收入增长长期低于城镇居民收入增长②。改革开放以后，计划经济时期遗留下来的城乡分割体制并没有及时加以改变，阻碍农村劳动力和人口流动的户籍制度被保留下来，农村社会经济发展相对落后的局面也就延续下来。从这个意义上来说，现今巨大的城乡收入差距是一种不公平的经济发展战略和社会经济体制所带来的，是多种不公平的公共服务政策所带来的，因此它是一种严重的收入分配不公现象。

　　其次，垄断行业收入过高的问题。在20世纪90年代初期，行业之

① 林毅夫、蔡昉、李周：《中国的奇迹：发展战略与经济改革》，上海人民出版社，1999。
② 史泰丽、岳希明、古斯塔夫森、李实：《中国城乡之间收入差距分析》，载李实、史泰丽、古斯塔夫森主编《中国居民收入分配研究Ⅲ》，北京师范大学出版社，2008；蔡昉、杨涛：《城乡收入差距的政治经济学》，《中国社会科学》2000年第4期。

间的收入差距并不是很明显，工资最高行业的平均工资仅比全社会平均工资高出 30%~40%。然而从 21 世纪开始，一些垄断行业的工资水平出现了快速增长，现在它们的平均工资水平大大高出了全社会平均工资。比如，2011 年金融业平均工资收入比城镇就业人员平均工资高出 94%；而在北京，金融业平均工资收入是北京城镇就业人员平均工资的 2.3 倍，是北京制造业从业者平均工资的 3 倍以上，一些相关的研究显示，这些高收入行业主要是垄断行业，而这些行业的高收入很大一部分来自这些行业的垄断利润[①]。还应该看到，一些垄断行业的高收入是与该行业高管收入的过快增加分不开的。根据对 197 家大型国有企业高管薪酬的调查，2011 年三位主要高管的平均薪酬在 50 万 ~100 万元的企业占 35%，在 100 万 ~150 万元的企业占 8.12%，在 150 万 ~200 万元的企业占 5.58%，超过 200 万元的企业占总样本的 13.7%[②]。

最后，腐败及腐败带来的分配不公问题仍是我国社会的一个痛病。可喜的是近几年腐败蔓延的势头在很大程度上得到了遏制。在有效的反腐制度没有建立之前，较大范围的腐败问题仍是一个巨大的挑战。从腐败影响收入差距的机制来看，腐败大多发生在有权势的人群身上，而他们基本上属于中高收入者，额外的腐败收入无疑会拉大社会的收入差距。另外，权力垄断也滋生了寻租现象，产生了大量的寻租者，也会造就一批非法的高收入者，从而造成收入差距的扩大。一些相关的经验研究也验证了这一点[③]。更重要的是腐败破坏了社会分配规则，带来了社会分配不公，带来了社会民愤，带来了社会信任危机，增加了社会发生危机的风险。

大量的研究文献显示，过大的收入分配不平等会给一个国家的经济发展

① 岳希明、李实、史泰丽：《垄断行业高收入问题探讨》，《中国社会科学》2010 年第 3 期。

② 北京师范大学收入分配研究院：《收入分配相关理论研究及国际比较》（研究报告），2012 年 5 月。

③ 例如，陈宗胜、周云波尝试从数量上估计腐败收入对收入差距的影响程度，在 20 世纪 90 年代官员腐败使得全国的基尼系数上升大约 1.7%，其他非法收入使得基尼系数上升 3.6%，见陈宗胜、周云波《非法非正常收入对居民收入差别的影响及其经济学解释》，《经济研究》2001 年第 4 期。

和社会稳定带来许多的负面影响[①]。它会引发居民消费需求不足，造成效率低下，从而导致经济增长动力不足；它会使贫困人口和低收入人群无力积累人力资本，导致他们长期陷入贫困，带来社会阶层的固化；它还会导致社会成员之间难以建立起相互信任的社会关系，易于引发社会矛盾。更为重要的是，严重的收入分配不平等虽然表现为一种结果的不平等，但是它会导致公共政策和再分配政策失去作用[②]，从而难以建立起一个机会公平的社会制度和分配机制。

在过去很长一段时期，中国经济社会之所以能够在收入差距不断扩大的同时，保持相对稳定的状态，主要有赖于经济的高速增长和低失业水平。一方面收入差距在扩大，另一方面低收入人群的收入在增长，贫困人口数量在减少。然而，现在中国经济进入新常态，经济增长的降速已不可避免。如果经济增长出现下滑或出现长期衰退，导致失业增加，那么过大的收入差距和收入分配不公对社会稳定的影响就会凸显出来。

解决当前的收入分配问题需要从全局出发，综合考虑，制定一套完整、有效的收入分配与再分配政策体系，及时出台一些有效的收入分配与再分配政策，以抑制收入差距扩大的趋势，从根本上消除收入分配不公问题。由于中国经济正处在一个关键的发展时期，所以在收入分配制度改革上要将消除收入分配不公作为中心内容。

[①] Acemoglu, D., "Matching, Heterogeneity, and the Evolution of Income Distribution," *Journal of Economic Growth,* 1997,2 (1), pp.61-92; Alesina, A., Rodrik, D., "Distributive Politics and Economic Growth," *Quarterly Journal of Economics*, 1994,109 (2), pp.465-490; Alesina, A., Perotti, R., "Income Distribution, Political Instability, and Investment," *European Economic Review*, 1996,40 (6), pp.1203-1228; Murphy, K.M., Shleifer, A., Vishny, R.W., "Income Distribution, Market Size, and Industrialization," *Quarterly Journal of Economics*, 1989, 104 (3), pp.537-564; Perotti, R., "Political Equilibrium, Income Distribution, and Growth," *Review of Economic Studies*, 1993,60 (4), pp.755-776; Perotti, R., "Growth, Income Distribution, and Democracy: What the Data Say," *Journal of Economic Growth*, 1996, 1 (2), pp.149-187.

[②] Vandemoortele, *Inequality and Gresham's Law—the Bad Drives out the Good*, Background Paper Prepared for the UN Country Team in China, 2013.

　　更应该看到，在初次分配过程中，有一段时期国民收入中劳动报酬份额出现了持续下降的趋势，特别在 1998~2007 年 10 年间，劳动报酬份额从 53%下降到不足 40%。即便后续几年劳动报酬份额有所回升，其份额仍处于较低水平[1]。在劳动报酬份额偏低的情况下，政府在调节收入分配方面会遇到更大的挑战。

　　解决收入分配问题，需要从初次分配和再分配两个方面发力。在初次分配领域，政府需要承担责无旁贷的使命。首先，在推进市场化改革进程中，进一步完善市场体系，让市场机制在资源配置中起到决定性作用，离不开政府的作用。中国的商品市场体系基本建立起来并且发挥积极作用，但是生产要素市场仍是不完善的，存在着较为严重的行业垄断、市场扭曲和分割以及过多的政府干预。这不仅导致生产要素配置上的低效率，而且带来严重的收入分配不公。对于资本市场来说，特别在金融部门中，国有大资本占据垄断地位，而民间资本很难参与到金融活动中，在一些高盈利行业和领域仍然存在着国有资本的垄断和对民营资本的排斥与阻碍，从而导致了垄断行业人员和高管人员收入高出市场工资水平及其行业间收入差距过大的问题。中国的劳动力市场也是不完善的，存在着城乡劳动力市场分割[2]，就业中的户籍制度带来的身份歧视，性别歧视，"拼爹"现象，工资支付中的"同工不同酬"问题仍处处可见[3]。这无疑带来了就业者之间不合理的收入差距。土地市场问题更多，从某种程度上说，中国还没有真正的土地市场，而土地市场的形成是与农民利益密切相关的，是有助于农民收入提高的，也是有利于改善农村内部收入分配，降低收入差距的。建立有效的土地市场涉及土地制度改革、产

---

[1] 从 2007 年至 2012 年，劳动报酬份额从 39%回升到 46%，仍明显低于 20 世纪 90 年代中期的水平。

[2] Démurger, Sylvie & Martin Fournier & Li Shi & Wei Zhong, "Economic Liberalization with Rising Segmentation in China's Urban Labor Market," *Asian Economic Papers*, Vol. 5(3), June, MIT Press, 2006, pp.58-101.

[3] "同工不同酬"是指一些国有企业对不同身份的员工实行不同的工资标准，即使他们从事相同的工作。比如一些国有企业使用数量不少的派遣工，他们与企业正式员工干同样的工作，但其工资水平较低，缺少相应的社会保障待遇。

权制度保护、土地交易市场的完善等一系列问题，而这些问题只能由政府加以推动解决。

其次，在初次分配领域建立合理的收入分配秩序同样离不开政府的作用。一些发达国家的经验表明，工资收入的正常增长是与工资谈判机制分不开的。国内学者近几年也在积极呼吁建立工资谈判（协商）机制，但是进展不大，其中一个重要原因是我国缺少工资谈判（协商）机制所需要的制度环境，特别是工会制度不能保证工会具有独立性，不能充分代表工人的利益。工资谈判（协商）机制能够保障工资的合理增长的前提是参与谈判的工人代表能够真正代表工人的利益，中国现有的工会制度还做不到这一点。因此，改革工会制度，让工会具有独立性，真正代表工人的切身利益，只能是政府的责任。

最后，对于一些不利于收入分配公平的制度和政策也需要政府加以改革和调整。当前人们期待的户籍制度改革和养老制度改革是很好的例子。城乡分割的户籍制度，既是过去城乡之间收入差距的根源，又是当前城乡一体化发展的障碍。现今养老制度被人们诟病，其中一个主要原因是其不仅不利于缩小收入差距，而且扩大收入差距。这两项制度的改革，也是政府的责任。

相比来说，政府在再分配领域可以做更多的事情。中共十九大报告也明确提出"履行好政府再分配调节职能"。而且，在过去 10 年中政府在再分配方面已经做出了不少努力，也取得了一定成绩[①]，这主要表现为以下几个方面。首先，从 2003 年开始政府逐步建立起一个覆盖城乡居民的最低收入保障体系。到 2014 年底全国享受最低收入保障项目救助的人数达到了 7089 万，其中城镇为 1880 万，农村为 5209 万[②]。这对于缓解贫困，提高贫困人口的收

---

① Li, Shi & Terry Sicular, "The Distribution of Household Income in China: Inequality, Poverty and Policies," *The China Quarterly* 217, Mar. 2014, pp.1-41.

② 民政部：《社会服务统计季报（2014 年第 4 季度）》，http://files2.mca.gov.cn/cws/201501/20150129172531166.htm。

入，缩小收入差距起到一定的作用。其次，各种惠农政策的实施，如种粮补贴、新型农村合作医疗制度和新型农村养老制度，对增加农民的转移性收入、提高农民生活水平、缩小城乡之间收入差距发挥着重要作用。最后，税收制度的改革与调整，主要是指减免农业税。从 2003 年开始的农业税减免政策，到 2007 年农民的税费负担已降低到微不足道的程度[①]。这在很大程度上增加了农民收入，同时有利于缩小农村内部以及城乡之间收入差距。

然而，相对于其他国家来说，中国政府还需要进一步加大收入再分配政策的调节力度，进一步"履行好政府再分配调节职能"。有学者做了再分配前和再分配后的收入差距的国际比较，一些发达国家在再分配之前的收入差距的基尼系数甚至达到 0.5 以上，而在再分配政策实施以后，基尼系数一下就降到 0.3 左右，下降约 20 个百分点。有学者对我国的再分配政策效应做了类似测算，实施再分配政策后的基尼系数下降不到 5 个百分点[②]，这个幅度应该说是非常小的，说明中国政府的收入再分配政策的作用是有限的。因此，在收入再分配方面，中国政府需要从以下几个方面做出努力。

第一，提高税收对收入分配的调节力度。现在我国税收对收入分配的调节力度是非常有限的，主要原因有两点，一是税收结构不合理，主要表现为直接税如个人所得税比重过低而间接税如增值税比重过高，而前者有助于缩小收入差距，后者却会造成收入差距扩大[③]；二是个人所得税只是一种工薪税，实际上是对工薪阶层的征税，而对那些有其他来源的人群的收入起不到有效的调节作用。如表 1 所示，从 2005 年以后个人所得税对于缩小城镇居民的收入差距的作用有所增大，但是其程度仍是偏低的，2009 年个人所得税只是使得城镇居民收入差距的基尼系数下降大约 1 个百分点。因此，提高税收

---

① Sato Hiroshi, Li Shi, Yue Ximing, "The Redistributive Impact of Taxation in Rural China, 1995–2002: An Empirical Study Using the 1995–2002 CASS CHIP Surveys," in Ustafsson, Bjorn, Li Shi and Terry Siculareds, *Income Inequality and Public Policy in China*, Cambridge University Press, 2008.

② 李实、朱梦冰、詹鹏：《中国社会保障的再分配效应》，《中国社会保障评论》2017 年第 11 期。

③ 聂海峰、岳希明：《间接税归宿对城乡居民收入分配影响研究》，《经济学》（季刊）2012 年第 12 卷第 1 期。

在收入分配中的调节力度需要对税收结构加以调整，需要增加一些有助于调节收入分配的税种，同时减少间接税的比重。引入调节收入分配的税收有许多种，其中房产税和遗产税值得考虑。实施财产税，一方面可以增加直接税的比重，政府可以更有条件减免部分间接税，让企业更有活力，另一方面可以更加有效地调节高收入群体的收入。

表 1 中国城镇个人所得税的分配效应

年份	税前基尼系数	税后基尼系数	税前与税后基尼系数差异（%）
1997	0.301	0.296	-1.70
1998	0.301	0.295	-2.00
1999	0.297	0.292	-1.70
2000	0.323	0.317	-1.90
2001	0.324	0.316	-2.50
2002	0.325	0.318	-2.20
2003	0.344	0.336	-2.30
2004	0.345	0.335	-2.90
2005	0.352	0.342	-2.80
2006	0.347	0.337	-2.90
2007	0.345	0.332	-3.80
2008	0.363	0.351	-3.30
2009	0.347	0.335	-3.50

资料来源：Xu, Jianwei, Ma Guangrong, Li Shi, "The Income Redistribution Effect of China's Personal Income Tax: What the Micro-data Say?" *China Social Sciences*, June, 2012。

第二，增加对低收入和贫困人口的转移支付力度。中国已经建立了一个覆盖城乡的庞大的最低生活保障制度（低保），再分配的效果不明显[1]。根据

---

[1] 李实、杨穗：《中国城市低保政策对收入分配和贫困的影响作用》，《中国人口科学》2009年第5期。

民政部的统计数据，2016 年底享有低保救助的人数超过了 6000 万，其中农村获益人口约 4700 万，即使在低保救助的情况下，农村仍有贫困人口大约 5000 万。这意味着低保的覆盖面仍有待于进一步扩大，一些贫困地区的保障水平还是偏低的，仍需进一步提高。特别在农村地区，一些财政困难的地区受到自身财力的限制，将保障标准定得很低，使得低保制度不能起到应有的作用。因此，不断提高低保标准并实现"应保尽保"的宗旨将是低保制度的一项主要改革内容。此外，中国转移支付的种类偏少，例如在一些国家普遍实行的儿童教育补贴（如墨西哥的儿童教育补贴项目）、老年人津贴（如南非的老人津贴）被认为是调节收入分配的重要手段，在我国没有类似的转移支付项目。因此，在转移支付方面，政府可以不断增加针对特殊人群和弱势人群的福利项目，以缩小他们与其他社会成员的收入差距。

第三，完善社会保障制度，缩小保障水平的差距。迄今为止，中国已初步建立了覆盖全社会的养老保障制度和医疗保障制度。然而这两种保障制度都有一个共同的问题，即不同人群享有不同制度，制度之间有着明显的保障水平的差异[1]。在养老保障制度方面，有公务员退休保障制度，有事业单位人员养老制度，有企业职工养老制度，有农村居民养老保障制度，而且几种养老制度的养老金水平相差很大。在医疗保障制度方面，有公务员和事业单位人员的公费医疗制度，有企业职工医疗保险制度，有新型农村合作医疗制度，这些不同制度提供的保障水平相差也是很大。从长期来看，一种保障制度分为不同类别和等级，而且类别之间存在较大待遇差别，显然是不可持续的。政府应该承担起解决这个问题的责任。

第四，努力落实公共服务均等化的目标。虽然这个目标已得到了全社会的认可，但现实情况还相差甚远。在公共服务提供方面，仅靠市场机制是不够的，政府应该发挥更大的作用。特别在实现公共服务均等化的过程中，离开了政府更是不可想象的。

---

[1] 李实、赵人伟、高霞：《中国离退休人员收入分配中的横向与纵向失衡分析》，《金融研究》2013 年第 2 期。

第五，加大扶贫力度，让穷人看到希望。改革开放以来，中国在扶贫方面取得了举世闻名的成就，但是仍有数量不少的贫困人口。在缓解贫困方面，中国政府投入了大量的资金，但是扶贫效果并不能令人满意，部分原因是扶贫资金没有有效地得以使用，没有准确地瞄准最贫困的人群。而且这部分人群在很大程度上被排斥在发展过程之外，长期陷入了贫困而不能自拔，因此解决贫困人口的脱贫问题，使得扶贫政策更加有效、扶贫资金得到更加合理的使用，应是政府的主要任务。

结　语

40 年的经济转型改变了中国的方方面面，特别是改变了居民的收入分配格局。前 30 年在效率优先的发展战略指导下，中国的收入差距出现了全方位的扩大：城乡之间、城镇内部和农村内部收入差距在扩大；地区和行业之间、不同人群之间的收入差距也出现不同程度的扩大；高收入人群与低收入人群之间的收入差距扩大得更加明显。然而，相对于其他国家来说，中国收入差距扩大并不是一种两极分化，没有出现穷者更穷、富者更富的情况。低收入人群的收入也在增加，只是其收入增长的幅度小于高收入人群而已，而且在经济高速增长的带动下，贫困人口数量不断减少。这也是中国在收入差距不断扩大的背景下能够保持社会稳定的原因所在。

在过去近 10 年中，中国收入差距的扩大趋势得到了初步抑制。一些可比的数据显示居民收入差距处于相对稳定甚至下降的趋势。这种趋势主要体现于城乡之间收入差距的缩小，特别是 2010 年以来出现了农村居民收入增长超过了城镇居民收入的增长。而城镇内部和农村内部收入差距仍处于扩大状态中。影响城乡之间收入差距走势的原因有很多，其中一个重要的原因是过去十多年政府对农村发展的大力支持和实施了一系列惠农政策。

虽然中国收入差距扩大的趋势得到了初步遏制，但是收入差距的水平仍是偏高的，仍需在缩小收入差距上继续努力。更为重要的是消除收入分配不公问题。而缩小收入差距和消除收入分配不公仍需要推动收入分配制度改革。

中共十九大之后，中国政府将会加大收入分配的改革力度，进一步缩小收入差距，缓解收入分配不公问题，努力建设公平社会，朝着实现全社会共同富裕的发展目标迈进。

改革时期社会保障制度演变

郑功成 [*]

导　读：在中国的改革开放进程中，社会保障改革既构成了整个改革事业的重要组成部分，同时也是维系整个改革事业顺利进行，进而保障基本民生和不断增进人民福祉的基本制度保障。中国社会保障改革的路径，即是由国家—单位保障制向国家—社会保障制发展。[①]

近40年间，中国成功地采取了一种综合性策略，使经济改革和社会保障变革相辅相成，在持续释放经济增长潜力的同时，通过对传统社会保障制度全面而深刻的变革使人民福利得到不断发展。中国的发展道路及已经取得的成果，证明了社会保障与经济发展可以共同发展。

当然，中国新型的社会保障体系还面临着诸多挑战，还需要通过深化改革和更为科学的顶层设计才能走向完善，但已经取得的巨大成就，足以表明中国的社会保障改革与发展是当今世界一个富有成效的案例。

---

[*]　郑功成，中国人民大学教授，全国人大常委会委员、全国人大社会建设委员会委员，民盟中央副主席，中国社会保障学会会长。长期从事社会保障、灾害保险、慈善公益及与民生相关领域的研究。

[①]　郑功成：《中国社会保障改革与发展》，《光明日报》2012年11月20日。

一 引言

一般而言，社会保障是国家面向全体国民、依法实施的具有经济福利性的各项生活保障措施的统称，是用经济手段解决社会问题进而实现特定政治目标的重大制度安排，是维护社会公平、促进人民福祉和实现国民共享发展成果的基本制度保障。在中国，完整的社会保障体系由社会救助、社会保险、社会福利、优抚安置（或军人保障）四大系统及与之相关的商业保险、慈善事业等构成。其中，社会救助旨在免除国民生存危机，保障基本生活，它被看成是政府的当然责任；社会保险构成社会保障体系的主体，旨在解除劳动者的后顾之忧，增进劳工福利，它建立在劳资分责、政府担保的基础之上；社会福利则是通过相关服务让老年人、儿童、妇女、残障人士等群体分享国家发展成果的基本途径。在这一体系中，养老保险、医疗保险、低保制度和养老服务、儿童福利等构成了支撑整个社会保障体系的基本骨架。

中国社会保障制度始建于 20 世纪 50 年代初期，在 20 世纪 80 年代中期伴随经济体制改革进入全面而深刻的制度变革时期。改革开放前的社会保障制度与计划经济体制相适应，制度安排具有典型的国家负责、单位（集体）包办、板块结构、全面保障、封闭运行等特征。这种传统的社会保障体制不仅与自由竞争、优胜劣汰的市场经济体制严重不相适应，而且因为丧失了"长生不死"的组织依托和终身制"铁饭碗"而无以为继，导致劳动者（并波及家属）的福利权益难以实现，因而必须改革。然而，无论是经济体制改革还是社会保障制度改革，都会改变传统的利益格局，从而始终充满着各种风险。为了避免社会保障制度激烈变革可能导致的社会风险，中国采取了与经济改革相似的渐进改革方式，经历了从被动变革到主动变革、从自下而上到自上而下、从试点先行与单项推进到中央政府顶层设计与全面推进、从服务并服从于经济改革到独成体系地影响、维系和促进社会公正与经济发展的转变过程。经过30 多年的制度变革，中国的社会保障体系已经从总体上完成了制度转型，即从计划经济时代的国家负责、单位包办、全面保障、板块结构、封闭运行式的社会保障制度转换成了政府主导、责任分担、社会化、多层次化的新型社会保障体系，实现了从国家—单位保障制到国家—社会保障制的转型。[①]

进入 21 世纪后，特别是 2008 年美国次贷危机爆发后，党中央和国务院在 2009 年决定加快社会保障发展步伐，并通过持续加大财政投入，迅速促使社会保障全面发展。近几年来，养老保险制度实现全覆盖，全民医保目标基本实现，低保制度实现了应保尽保，包括保障性住房建设、养老服务、残疾人保障、儿童福利等在内的其他福利制度也在改革和发展。社会保障在经历从被动地应对贫困问题与社会风险的体系转化为主动地将国家经济发展成果重新分配给有需要的人并惠及全民的过程中，事实上已经成为全体人民共享国家发展成果的基本途径与制度保障。[②] 中国社会保障改革与发展所取得的巨大成就，不仅使全体人民的福利水平与民生质量得到了大幅度提升，也对世界社会保障发展做出了重要贡献。国际社会保障协会秘书长康克乐伍斯基曾指出："如果不算中国，全世界社保覆盖面只有 50%，算上中国就达到 61%，中国对世界社会保障的贡献是巨大的，为其他国家做出表率。"[③] 2016 年 11 月 17 日，国际社会保障协会将"社会保障杰出成就奖"授予中华人民共和国政府，以表彰中国近年来在扩大社会保障覆盖面工作中取得的卓越成就。[④]

二 社会保障改革的背景与基本线索

作为举国上下乃至整个世界关注的一个焦点，中国社会保障改革有着异

[①] 郑功成：《中国社会保障改革与发展战略：理念、目标与行动方案》，人民出版社，2008，第 3~4 页。

[②] 郑功成：《中国社会保障发展总报告——"十二五"回顾与"十三五"展望》，载郑功成主编《中国社会保障发展报告·2016》，人民出版社，2016。

[③] 《中国政府获国际"社会保障杰出成就奖"》，《人民日报》2016 年 11 月 19 日。

[④] 国际社会保障协会会长埃罗尔·弗兰克·斯杜威 (Errol Frank Stoové) 向中国人力资源和社会保障部部长尹蔚民颁发授予中国政府的"社会保障杰出成就奖"。参见国际社会保障协会（ISSA）官网以及 https://www.youtube.com/watch?v=GIhKw6z_QEM 可获取更多信息。

常复杂的时代背景与影响因素，同时又是全面而深刻的变革。一方面，中国自20世纪80年代前后进入改革开放与社会转型时期，思想解放运动在守旧僵化与开拓创新、"左"与"右"的激烈碰撞中前行，高度集中的计划经济体制与充分利用市场机制的新经济政策在激烈较量中此消彼长，在发展生产力的强大牵引下，传统的城乡分割分治并具有平均主义色彩的利益格局，逐渐演变成按照生产要素分配的新格局，地区之间、城乡之间、社会分化中形成的不同群体之间因利益分化而呈现出来的差距、失衡，等等，这些都决定了社会保障不可避免地成为利益分配格局调整的一个焦点。在城镇，经济体制改革要求国有企业必须成为自主经营、自负盈亏并平等参与市场竞争的市场主体，原有的单位保障便不再具有可行性；在农村，家庭联产承包责任制的全面推行，使寄托在集体经济之上的合作医疗与五保制度等失去了依托。因此，经济体制的变革使原有的社会保障丧失了原有的组织基础与经济基础，制度外部的原因直接促使制度变革。同时，原有的社会保障制度也存在着诸多缺陷，如城乡分割、板块结构等固有特征，既损害了制度的公正性，也严重地束缚了劳动力的自由流动与优化配置，从而必须进行结构性调整与优化。这种制度内外的双重挤压，迫使改革必须进行，它也决定了社会保障改革必然会超出这一制度变革可以控制的范围，在改革实践中往往要受制于许多外在因素。①

　　另一方面，中国的社会保障改革是针对计划经济时代形成的一整套社会保障制度进行的全面而深刻的变革。近40年间，包括养老金制度、医疗保障制度、社会救助制度及各项社会福利事业等均处于改革与发展过程中，现行社会保障体系虽然局部还残留有传统体制的一点痕迹，但总体上均实现了制度革新。从社会保障观念到制度结构、责任承担方式、财务模式以及与其他政策系统的关系，都因改革而发生了重大变化，中国在改革发展中重塑了整个社会保障制度体系。在责任分担方面，从过去国家负责、单位包办转化成

---

① 郑功成：《中国社会保障改革与发展》，《光明日报》2012年11月20日。

政府、企业、个人等多方责任分担，非缴费型制度安排转向了以缴费型制度（社会保险）安排为主、辅之以社会救助等非缴费型制度；在制度结构方面，由单一层次、封闭运行的制度安排逐渐发展到多层次的社会化制度安排；在制度设计方面，基本养老保险采取了社会统筹与个人账户相结合的财务机制，为世界养老保险制度改革与发展提供了一种新的尝试，等等。由此可见，中国社会保障制度的变革，确实全面而深刻地改变了原有的社会保障制度及与之密切相关的利益分配格局与分配方式，这在世界社会保障史上是过去不曾有过的，也是未来不可能再现的，堪称人类社会保障史上空前绝后的伟大改革实践。[1]

从总体上看，中国社会保障改革与制度变迁可以划分为五个阶段：1978~1985 年是改革准备阶段；1986~1992 年是强调为国有企业改革配套的阶段；1993~1997 年是作为市场经济体系支柱之一的阶段；1998~2008 年是作为独立于企事业单位之外的一项基本社会制度加以建设的阶段；2009 年以来则是从长期试验性改革走向成熟、定型的制度安排的阶段。[2]

（一）社会保障制度变革前的准备（1978~1985年）

在这一阶段，社会保障领域发生了多起重要事件，它虽然不能与后来的社会保障制度改革相提并论，但确实为此后的社会保障改革做了相应的准备。

在法律制度方面，1978 年 3 月 5 日五届全国人大一次会议通过的《中华人民共和国宪法》（修正案），在第 48、49、50 条分别对劳动者的福利、养老、疾病医疗或者丧失劳动能力的物质帮助以及对残废军人、烈士家属等的生活保障问题做出了原则规定；1982 年 12 月 4 日五届全国人大五次会议通过新的《中华人民共和国宪法》（修正案），在第 43、44、45、46、48、49 条对公民

---

[1] 郑功成：《中国社会保障改革：机遇、挑战与取向》，《国家行政学院学报》2014 年第 6 期。

[2] 本节的阶段划分 2009 年之前的主要参见郑功成《从国家—单位保障制走向国家—社会保障制——30 年来中国社会保障改革与制度变迁》，《社会保障研究》2008 年第 2 期；2009 年以来的参见郑功成《中国社会保障发展总报告——"十二五"回顾与"十三五"展望》，载郑功成主编《中国社会保障发展报告·2016》，人民出版社，2016。

社会保障权益有相当广泛的规范。1978 年 5 月国务院颁行了《关于安置老弱病残干部的暂行办法》《关于工人退休、退职的暂行办法》等行政法规，对于恢复在"文化大革命"中被破坏了的退休养老制度起到了重要作用；1980 年 10 月，国务院颁布《关于老干部离职休养的暂行规定》，一种待遇特殊的退休制度——离休制度由此确立。1984 年 10 月 20 日，中共十二届三中全会通过了《关于经济体制改革的决定》，更是成为推进经济体制改革的重要文献，继农村家庭联产承包责任制改革后，城镇正式步入经济体制改革时期，它从根本上触动了传统的国家—单位保障制的经济基础，也动摇着赖以支撑国家—单位保障制的行政体系和单位组织结构，从而使社会保障制度变革成为必要。

在组织措施方面，1978 年国务院重设民政部，主管全国社会救济、社会福利、优抚安置等社会保障事务；劳动部门的工作亦开始恢复正常。这是非常重要的组织措施。民政部恢复后，迅速治理主管领域的混乱局面，在 20 世纪 80 年代中期更是高举社会保障的旗帜，成为当时推进社会保障制度建设与改革的重要力量。劳动部门恢复正常工作后，亦紧密关注着全国劳动领域的变化与原有的劳动保险在实践中遭遇到的问题。

由于经济体制改革的推进，在原有的单位保障制下，部分老国有企业日益难以承受职工医疗费用负担与养老负担，导致在岗职工与退休职工的社会保障权益受损；而新成立的国有企业在这方面的负担轻松，新老企业之间在收益分配与职工福利方面的差距随之出现。因此，一些国有企业开始尝试让职工分担部分医疗费用（这实际上是后来建立缴费型医疗保险制度的原始试验），一些地区对某些行业（如纺织等）的退休费用进行统筹（这实际上是单位负责包办的退休金制度走向社会化的社会养老保险制度的原始尝试），这些试验揭示了原有的国家—单位保障制确实已经难以为继了，需要寻找新的出路。

综上，经历"文化大革命"后，1978 年国家进入新的历史时期。此前，1969~1977 年是国家—单位保障制重心向单位转移并持续扩张的时期。在 1978~1985 年，仍然维持并巩固着这种单位包办的制度模式，这一时期所做的工作虽然有所改进，但主要还是为了解决历史遗留问题和恢复被"文化大革命"破坏了的退休制度等，尽管个别地区在劳保医疗中让职工自负部分费用、个别地区尝试退休费用行业统筹，但这些试验并未触动国家—单位保障制的根本。可见，1978~1985 年，传统的国家—单位保障制的实质及其以单位为重心的格局一直没有改变，这一时期还不能算是进入了社会保障改革年代，只能算是改革前的准备阶段，其意义主要体现在社会保障的组织体制得到明显强化，国家着力恢复社会保障制度的秩序，同时伴随着改革开放发现了原有制度的缺陷与问题，以及与新时期经济社会发展的不适应性等，并进行了十分有限的自发性改进试验，从而可视为社会保障制度正式进入改革时期的准备阶段。

（二）为国有企业改革配套，新制度缓慢生长（1986~1992年）

随着 20 世纪 80 年代中后期城镇经济改革步伐的加快，整个社会经济结构也发生了越来越大的变化，包括国家—单位保障制在内的各种与计划经济相适应的制度安排，均面临着改革的要求与任务。如果全面考察中国改革开放以来重要的社会保障政策法规文献，以与社会保障直接相关的重大事件或者重大政策变异（而不是以这种政策的实施结果）作为评判的标志，就可以发现，1986 年前的社会保障政策变革的真实目的只是延续原来的国家—单位保障制，1986 年后才真正出现了社会保障制度进入重大变革时期的明显迹象，社会保障制度确实从此发生了根本性的变化。因此，1986 年是中国社会保障制度真正进入转型时期即由国家—单位保障制迈向国家—社会保障制的标志性年份。能够支撑这一结论的依据有三。

（1）1986 年 4 月 12 日，第六届全国人大四次会议通过的《国民经济和社会发展第七个五年计划》作为中央政府的施政大纲，不仅首次提出了社会保障的概念，而且单独设章阐述了社会保障的改革与社会化问题，社会保障社会化作为国家—单位保障制的对立物被正式载入国家发展计划。

（2）1986 年 7 月 12 日，国务院颁布《国营企业实行劳动合同制暂行规定》和《国营企业职工待业保险暂行规定》。前者不仅明确规定国营企业用劳动合同制取代计划经济时代的"铁饭碗"，而且规定了合同制工人的退休养老实行社会统筹，并由企业与个人分担缴纳保险费的义务；后者虽然在当时并未成为真正有效的失业保险制度安排，但它确实是为了满足国有企业破产和职工失去工作时对失业期间生活保障的需要，并希望借此推进劳动力的市场化和人的社会化，从而具有明显的制度重构与制度创新的象征意义；上述两个法规是中国社会保障制度发生根本性变革的关键性标志。

（3）1986 年 11 月 10 日，劳动人事部颁发《关于外商投资企业用人自主权和职工工资、保险福利费用的规定》，强调外资企业必须缴纳中方职工退休养老基金和待业保险基金（这实际上是后来建立的社会保险制度所确立的用人单位与个人缴费制），它意味着国家在承认经济结构多元化的条件下对劳动者社会保障权益的维护，并开始消除非缴费型社会保障制度及其单位化的烙印。

综上，国家在这一阶段提出了社会保障社会化原则，并通过中央政府的推动不断取得进展，国家责任得到了适度的控制和调整，改变单位包办社会保障事务的做法成了这一制度改革中的重要内容，个人亦开始承担有象征意义的缴费责任等，这些变化预示着国家—单位保障制走到了尽头，社会保障社会化开始替代社会保障单位化，从而可以理解为新型社会保障制度开始生长。

上述重大事件均与国有企业改革尤其是国有企业的劳动体制改革密切相关，它一方面标志着原有的国家—单位保障制开始被摒弃，另一方面不可避免地使社会保障改革打上深厚的为国有企业改革配套的烙印。因此，第一阶段社会保障改革的重点，总体上是为国有企业改革配套和缓解贫困地区的乡村贫困问题，但单纯强调为国企改革配套亦使城镇社会保障制度改革目标走向片面化，原有的社会保障制度在延续，新制度的因素在相对被动的条件下生长。

（三）为市场经济服务，制度急剧变革（1993~1997年）

这一阶段以 1993 年 11 月 14 日中共十四届三中全会通过《关于建立社会

主义市场经济体制若干问题的决定》为主要标志，它确立了中国经济改革的目标模式是社会主义市场经济体制，社会保障制度被确定为市场经济正常运行的维系机制，社会保障被界定为市场经济体系的五大支柱之一，明确要求"建立多层次的社会保障体系"，并规定了"社会保障体系包括社会保险、社会救济、社会福利、优抚安置和社会互助、个人储蓄积累保障"及"城镇职工养老和医疗保险金由单位和个人共同负担，实行社会统筹和个人账户相结合"。中国社会保障社会化以及以"社会统筹与个人账户相结合"为代表的个人责任回归，自此成为改革中追求的主要目标，并越来越多地体现在这一阶段的社会保障政策实践中。不过，原有的社会保障制度亦未明确宣布废除，因此，这一阶段是国家—单位保障制和国家—社会保障制双轨并存、此消彼长的时期。

1994年，国务院先后颁布《农村五保供养工作条例》《国家八七扶贫攻坚计划（1994~2000年）》《关于深化城镇住房制度改革的决定》等，并批准国家体改委、财政部、劳动部、卫生部联合发布的《关于职工医疗制度改革的试点意见》，选择江西九江市、江苏镇江市开展医疗保险制度改革试点，在城市开始推进职工基本医疗保险制度建设，医疗社会保险开始取代国家—单位保障制下的公费医疗与劳保医疗。这一年不仅完善了农村五保制度，全面推进了农村扶贫工作，更重要的是中央政府直接推进职工医疗保险改革试点，住房体制改革亦进入了全面实施阶段，公积金制度开始建立。

1995年3月1日，国务院发出《关于深化企业职工养老保险制度改革的通知》，确立了社会统筹与个人账户相结合的养老保险制度模式，职工基本养老保险制度在全国范围内实行统账结合模式，但因中央政府同时公布两个有巨大差异的方案并允许各地自由选择及修正，导致这一制度迅速沦为地区分割状态，并留下了严重的后遗症。1997年7月16日，国务院颁布《关于建立统一的企业职工基本养老保险制度的决定》，各地不同的社会统筹与个人账户相结合制度模式自此走向统一。同年9月2日，国务院发出《关于在全国建立城市居民最低生活保障制度的通知》。劳动部、民政部等部委亦发布了一系列规范性政策文件，推进各项社会保障制度改革。

综上，这一阶段的社会保障改革随着市场经济改革的步伐加快而加快，它体现了为市场经济改革服务、以养老保险改革和医疗保险改革为重点、急剧变革与全面变革等特色。这些变革推进了社会保障改革朝着责任分担、社会化的方向发展，但也因效率优先的取向和过分强调个人责任回归，留下了一些严重的后遗症。当时，全国有数以百万计的离退休人员不能按时足额领到自己应当获得的养老金，失业、下岗职工缺乏基本生活保障，一些单位不能报销职工医疗费用，各地均出现在党委、政府办公楼前静坐申诉的群体性事件。在制度信用受到损害的同时，舆论宣传亦过分夸大了社会保障改革的自我负责的取向，加上理论学术界对社会保障尤其是福利国家和传统社会保障制度的片面批评与抨击，导致城乡居民的生活安全感急剧下降，对未来发展的信心严重受挫，居民消费一度陷入低迷状态，对国民经济发展与社会稳定均造成一些不良的后果。

（四）建立独立于企事业单位的社会保障体系（1998~2008年）

1998年是中国社会保障改革进程中一个特别重要并且取得重大实质性进展的年份。从1998年开始，社会保障逐渐摆脱了被动地为国有企业改革配套和为市场经济服务的附属角色，而是成为一项基本的社会制度并进入全面建设时期，国家—社会保障制的特色日益明显地得到体现。

其主要表现有以下四点。一是1998年3月新一届中央政府在保留民政部的同时，新组建了劳动和社会保障部，统一了社会保险的管理体制。二是在中央政府的强力推进下，"两个确保、三条保障线"作为各级政府的重大责任与使命得到贯彻落实，即确保离退休人员按时足额领到养老金，确保下岗人员足额领到下岗职工基本生活保障金，同时对养老保险实行"收支两条线"，并推进最低生活保障制度在全国范围内的试点。这些重大措施的出台与实施，表明中国社会保障改革与制度建设开始恢复其维护社会公平的本来面目，公平、正义、共享的核心价值取向逐渐得到体现。三是养老保险的行业统筹被取消，条块分割的现象得到纠正。四是社会保障从此全面走向社会化和去单位化，建立独立于企事业单位之外的社会保障体系、筹资渠道多元化、管理服务社会化，成为改革旧的社会保障制度和建设新型社会保障制度的明确目标等。与中央政府的强力推进相适应，各级政府自此开始承担社会保障尤其是社会保险改革、社会救助改革的财政责任，完全扭转了以往政府不愿为改革付出相应成本的做法，这是中国社会保障改革与制度建设进入全面变革与建设时期的重要保障。

1999 年，九届全国人大常务委员会第十次会议通过《公益事业捐赠法》；同年，国务院先后颁布《失业保险条例》《住房公积金管理条例》《城市居民最低生活保障条例》；中共中央、国务院还专门发出《关于转发〈国家发展计划委员会关于当前经济形势和对策建议〉的通知》，明确规定提高三条保障线的水平，增加离退休人员的养老金。国务院办公厅也发出了《关于进一步做好国有企业下岗职工基本生活保障和企业离退休人员养老金发放工作有关问题的通知》。劳动和社会保障部、民政部、财政部联合发出《关于做好国有企业下岗职工基本生活保障失业保险和城市居民最低生活保障制度衔接工作的通知》等。尤其是《城市居民最低生活保障条例》的颁行更具有特殊意义，它首次从法规层次上确立了困难居民的生活救助权，还有继续推进"两个确保、三条保障线"工作。2000 年的重大进展是国务院于 12 月 25 日发出《关于印发〈完善城镇社会保障体系试点方案〉的通知》，同时附有《完善城镇社会保障体系试点方案》，并决定自 2001 年起在辽宁全省试点，自此揭开了社会保障由单项改革向综合改革推进的序幕。

2003 年建立了城市生活无着的流浪乞讨人员救助制度，同时有力推进企业退休人员社会化管理服务工作，中央财政开始直接出面推进新型农村合作医疗试点。因此，2003 年在退休人员社会化服务、新型农村合作医疗与社会救助方面均取得了新的突破性进展。2004 年社会保障制度首次明确载入《宪法》，中央政府首次发布《社会保障白皮书》并强化了劳动保障监察工作，它表明社会保障改革与制度建设在稳步推进。2005 年的重要进展是下岗职工基本生活保障向失业保险制度并轨，以及对职工基本养老保险制度的进一步完善，做实个人账户试点扩大，城市医疗救助制度基本建立。2006 年的重要进展是国务院颁布新的《农村五保供养工作条例》，农村五保制度实现了由农民供养向财政供养的重大转变。2007 年的重要进展包括开展城镇居民基本医疗保险试点、全面推进农村最低生活保障制度建设以及解决城镇住房困难户的问题等。2008 年最重要的进展是中央政府机构调整，即组建人力资源和社会保障部，将对劳动者的社会保险管理纳入一个行政部门，同时调整了民政部内设机构及其职能，更能够适应社会救助与社会福利及慈善事业的发展需要；同时，新型农村合作医疗全面快速推进，城乡义务教育完全实现免收学费杂费，还有残疾人保障事业在立法与政策上获得重大突破。

综上，1998~2008 年是各项社会保障改革与制度建设取得实质性进展的时期，它不仅确立了这一制度的公平价值取向与全面协调发展的建制理念，而且国家财政投入逐年加大，中央政府开始主导全国的社会保障改革，从而实现了从自下而上到自上而下、从自发变革到自觉变革、从被动配套到主动建设、从单项推进到综合推进、从双轨并存到全面建设新制度的转变。在这一时期，社会保障已经不再单纯地为经济改革服务，而是为整个社会经济协调稳定发展服务，并成为独立的社会制度安排，包括社会保险、社会救助、社会福利在内的整个社会保障制度的规范性建设和管理、服务社会化均取得了显著的进展，被新制度覆盖的城乡居民大幅度增长，保障功能大幅度提升，国家—社会保障制的体系框架基本形成，它替代国家—单位保障制已经成为显著的事实。正是由于这一时期社会保障改革取得了巨大成就，国有企业改革才能够顺利进行，社会保障的信誉才得以逐渐恢复，国民对生活及未来的信心才得以回升，国民经济才得以持续快速发展。

（五）从长期试验性改革走向成熟、定型发展阶段（2009年以来）

2008 年美国次贷危机引发的世界经济危机，给中国出口导向型经济带来了很大的负面影响，但也促使中国加快了经济发展模式转型升级步伐，同时，很快在各方面达成了必须加快发展社会保障步伐并借此提振居民消费，进而刺激国民经济增长的共识。在这一背景下，一系列重大的社会保障政策出台并得到贯彻。①

2009年1月21日，国务院常务会议通过《关于深化医药卫生体制改革的意见》和《2009~2011年深化医药卫生体制改革实施方案》，明确在3年内投入8500亿元资金推进医疗卫生与医疗保险制度建设，全民医保开始成为国家目标；6月，住建部、国家发改委、财政部等联合发布《2009~2011年廉租住房保障规划》，计划用3年时间基本解决747万户城市低收入困难家庭的住房问题，国家为此投入9000亿元资金；9月1日，国务院发布《关于开展新型农村社会养老保险试点的指导意见》，开始为农民建立养老保险制度，从而向全民年金的目标迈出了最为关键性步伐。因此，2009年中国社会保障改革进入了全面推进、全面发展的新时期。

2010年10月28日，第十一届全国人大常委会第十七次会议通过了《社会保险法》，这是中国社会保障制度从长期试验性改革时代走向成熟、定型发展阶段的关键性标志。这一法律不仅规范了我国社会保险制度的基本内容，而且事实上规制了我国要建立的是以权利与义务相结合的社会保险为主体的新型社会保障体系，因为法律规定的养老保险、医疗保险的覆盖范围超越了劳动者特别是正规就业劳动者的范畴而向全民扩展。同年，国务院颁布了《自然灾害救助条例》，首次将救灾工作纳入法制化轨道；国务院还发布了《关于试行社会保险基金预算的意见》《关于修改〈工伤保险条例〉的决定》，国务院办公厅转发了《关于加快推进残疾人社会保障体系和服务体系指导意见的通知》。

2011年7月1日，《社会保险法》在全国范围内正式实施，同一日国务院决定启动城镇居民养老保险试点。

2012年4月27日，第十一届全国人大常委会第二十六次会议制定了

---

① 郑功成：《中国社会保障发展报告·2016》，人民出版社，2016，第279~317页。

《军人保险法》，这是我国第二部社会保障法律，12 月全国人大常委会大幅度修订了《老年人权益保障法》。同年，国务院制定了《关于进一步加强和改进最低生活保障工作的意见》，国务院常务会议还审议通过了《社会保障"十二五"规划纲要》。这一年的最大成果就是实现了城乡居民养老保险制度全覆盖。

2013 年 9 月，国务院发布《关于加快发展养老服务业的若干意见》，对全面推进养老服务业的发展做出了部署。同年，财政部首次向第十二届全国人大一次会议报送社会保险基金预算，国家立法机关对社会保险制度运行开始履行监督职责。

2014 年 2 月 21 日，国务院颁布并实施《社会救助暂行办法》，这是我国第一部统筹各项社会救助制度的行政法规，它消除了社会救助领域城乡分割的政策壁垒，确立了包括低保制度、灾害救助等多项救助在内的综合型社会救助制度体系。同一天，国务院还发布了《关于建立统一的城乡居民基本养老保险制度的意见》，建立了统一的城乡居民基本养老保险制度。同年 12 月，国务院发布《关于促进慈善事业发展的指导意见》，国家鼓励发展慈善事业的政策基本成形。

2015 年 1 月 3 日，国务院颁布《关于机关事业单位工作人员养老保险制度改革的决定》，标志着实行了半个多世纪的非缴费型机关事业单位退休金制度终止，也意味着备受诟病的养老金"双轨制"被送进了历史，我国法定的养老保险制度由职工基本养老保险、机关事业单位工作人员养老保险、居民基本养老保险组成。同年，国务院颁布了《基本养老保险基金投资管理办法》，为全国基本养老保险基金投资运营提供了基本的法律依据；国务院还印发了《关于全面建立临时救助制度的通知》《关于全面建立困难残疾人生活补贴和重度残疾人护理补贴的意见》，为保障遭遇急难事件的有需要者和困难残疾人的基本生活提供了制度保障；国务院办公厅则发布了《关于全面实施城乡居民大病保险的意见》，为解决城乡居民的重特大疾病问题提供了制度保障。

2016 年 3 月 16 日，第十二届全国人大第四次会议通过《慈善法》，并于同年 9 月 1 日正式实施，这是我国慈善事业由传统走向现代的标志，也是慈善事业步入法制化时代的标志。8 月，中共中央、国务院发布《"健康中国 2030"规划纲要》，不仅为推进健康中国建设提供了行动纲领，而且也为医疗保障体系建设提供了基本遵循的依据。同年，国务院制定了《全国社会保障基金条例》，为完善我国战略性储备基金的管理与投资运营提供了法制规范；国务院印发了《关于整合城乡居民基本医疗保险制度的意见》，就建立统一的城乡居民基本医疗保险制度提出明确要求；国务院还发布了《关于进一步健全特困人员救助供养制度的意见》《关于加强农村留守儿童关爱保护工作的意见》《关于加强困境儿童保障工作的意见》三个政策性文件，对做好新形势下特困人员、农村留守儿童与困境儿童的救助供养与服务工作做出了制度性安排。而 2016 年 6 月 27 日由人力资源和社会保障部发布的《关于开展长期护理保险制度试点的指导意见》，则标志着我国将新建长期护理保险制度，社会保险体系将进一步完善。

2017 年与社会保障相关的最重大事件，即中国共产党第十九次代表大会通过的政治报告中明确我国社会保障改革的核心任务是"全面建成覆盖全民、城乡统筹、权责清晰、保障适度、可持续的多层次社会保障体系"。[1] 同年，国务院颁布并实施了《残疾人教育条例》《残疾预防和残疾人康复条例》，为残疾人福利事业的发展提供了法制规范。国务院还印发了有关"十三五"国家老龄事业发展和养老体系建设规划、推进基本公共服务均等化规划、深化医药卫生体制改革规划和划转部分国有资本充实社保基金实施方案的政策性文件，为相关社保改革的推进与制度完善提供了行动指南。

综上可见，2009 年以来，中国社会保障体系建设步伐明显加快、公共投入力度持续加大、社会保障惠及全民的广度显著扩张，而《社会保险法》《军人保险法》及一系列社会保障领域法规的制定，以及城乡居民养老保险、医

---

[1] 习近平：《决胜全面建成小康社会　夺取新时代中国特色社会主义伟大胜利——在中国共产党第十九次全国代表大会上的报告》，《人民日报》2017 年 10 月 28 日。

疗保险及社会救助制度等的整合，客观上表明了中国社会保障制度正在从长期试验性改革状态走向成熟、定型发展的新阶段，一个惠及全民的社会保障体系快速形成，这应当是近几年国家发展所取得的重大成就。

三　社会保障改革的成就与经验

从计划经济时代的国家—单位（集体）保障制到适应市场经济与社会发展需要的国家—社会保障制，中国社会保障改革所取得的成就是巨大的，亦得到了国际社会的高度认可。

（一）社会保障改革的成就

从社会保障制度的整体转型，到越来越多的城乡居民受惠于新型社会保障制度，许多事实都证明了中国社会保障制度改革所取得的成就是巨大的。许多国家的社会保障制度改革只能局限于某一项目或某一环节，甚至还引发严重的社会危机并波及经济、政治领域，揭示了社会保障制度变革的艰难性，也从一个侧面证实了中国社会保障制度改革的成就。概括而言，中国社会保障改革所取得的成就主要有以下四点。

1. 实现了国民社会保障观念从单纯依靠国家到接受责任分担的革新

在计划经济时代，人们普遍将国家与单位为生老病死提供保障视为理所当然，个人并不直接对社会保障及相关福利承担义务，这种单方负责的传统也酿成了国民的依赖心理与意识，无形中使政府成了负有无限责任的政府。改革开放以来，一方面因为整个经济社会转型中选择了效率优先的发展取向；另一方面也是由于认识到了单方承担全部社会保障责任的做法不可持续，因而在社会保障制度变革中采取了让个人承担部分责任的做法。个人责任的适度回归，不仅增强了社会保障制度责任分担的合理性，也促进了社会保障权利与义务的紧密结合，促使社会保障制度更加符合平等、互助的原则，并且具有相应的激励功能。从不愿接受分担社会保障责任，到现在高度认可需要承担责任，是国民社会保障观念的一个巨大的进步。这种观念的革新，事实上为社会保障制度走向保障责任合理分担、实现制度理性发展奠定了良性的思想基础，同时也扫除了制度变革最重要的观念障碍。因此，观念革新可以视为社会保障改革的第一大成就。①

2. 实现了新旧制度的整体转型，新型社会保障体系框架已经确立

从观念革新到制度变革，经过改革开放以来的实践，中国社会保障制度整体转型已经完成了最基本、最艰难的任务。从国家—单位保障制转向国家—社会保障制，是中国社会保障制度在改革中自然选择的发展道路。而经过近 30 年尤其是近 10 年来的努力，可以发现，在中央政府主导下，覆盖全民、基本保障、社会化、多层次化等原则已经在新型社会保障体系中得到确立并在实践中日益明显地得到了体现，在价值取向上已经由效率优先向突出公平转化，建立独立于企事业单位之外的社会保障体系的建制理念已经明确并在实践中得以贯彻；政府、企业、社会及个人事实上已经在不同程度地分担着社会保障责任；制度变革实现了从配套措施到系统工程转化、由单项改革到全面推进转化。概括而言，就是政府主导、责任共担、社会化、多层次化的新型社会保障制度，已经全面地替代了原有的国家负责、单位包办、板块分割、封闭运行、全面保障型的国家—单位保障制度，这是新制度健康发展的基础，也是社会保障制度改革取得的巨大成就。在新旧制度整体转型的同时，新的社会保障体系基本框架已经形成，社会救助、社会保险、社会福利三位一体的基本社会保障体系及慈善事业、商业保险等补充保障，共同构成了中国新型社会保障体系，尽管这一体系的发展并不平衡，但以最低生活保障制度、养老保险制度、医疗保障制度等为支柱的基本保障体系还是取得了很大的成果。

---

① 郑功成：《从国家—单位保障制走向国家—社会保障制——30 年来中国社会保障改革与制度变迁》，《社会保障研究》2008 年第 2 期。

3. 助力经济改革，为国民经济健康持续发展做出了非常重要的贡献

回顾近 30 多年来社会保障改革历程，可以发现，社会保障体系的日益健全和社会保障水平的持续提升，不仅有效地解除了城乡居民的生活后顾之忧，直接增加了城乡居民的福祉，而且为中国的经济改革和社会转型创造了相对安定的社会环境，形塑了可以在全国范围内自由流动的统一劳动力市场，并极大地提振了城乡居民的消费欲望与消费能力，成为支撑中国经济持续高速增长的重要因素。其主要表现在以下几个方面。

（1）创设失业保险制度（1986 年）与下岗职工基本生活保障制度（世纪之交），为国有企业改革劳动用工制度和步入市场化以及裁减冗员提供了必要条件。

（2）实现社会保障制度从单位保障制向社会保障制转型，使国有企业摆脱了计划经济时代包办职工及其家属各项福利保障的沉重社会负担，进而成为合格的市场主体，从而为市场经济改革与发展营造了相应的有利环境。

（3）教育福利改革使公共教育事业得到大发展，源源不断地为中国经济增长提供着高素质的劳动力，促使支撑国民经济持续高速发展的人口红利从数量型向质量型转化，并预示着中国经济未来发展将拥有更多高素质的劳动者。

（4）住房福利体制的改革极大地激活了房地产业的发展，不仅使人民的居住条件持续得到大幅度改善，同时也成为国民经济增长的重要支柱性产业。据中国社会科学院的调研表明，2015 年受访居民家庭住房自有率为 95.4%，其中城镇居民家庭住房自有率为 91.2%，19.7% 的家庭拥有两套以上的住房[1]，因此，住房改革去福利化是中国房地产业快速成长并成为国民经济支柱性产业的根本推手。

（5）社会福利服务向社会资本开放，创造了新的就业岗位并改善民生。

---

① 李培林、陈光金、张翼编《社会蓝皮书：2016 年中国社会形势分析与预测》，社会科学文献出版社，2015。

近几年来，基于养老、健康、儿童、教育等民生方面的支出持续增长，国家在努力增加公共投入和提供基本公共服务的同时，实行对社会资本开放的政策，促使私人资本向这些服务领域的投资规模持续扩张。民政部历年《社会服务发展统计公报》显示，全国养老机构床位数从 2000 年的 113 万张增长到 2010 年的 349.6 万张，再到 2016 年的 730.2 万张，由企业或社会投资建设的占 40%，这些依靠社会力量兴建的养老机构及床位，既满足了一部分老年人入院养老的需求，亦增加了社会就业，这种现象在健康服务领域同样存在。

（6）社会保障制度的日益健全激发了城乡居民的消费欲望，直接提升了其消费能力，消费扩张优化对国民经济增长的贡献率持续加大。根据商务部的报告，2014~2016 年最终消费（包括居民消费和政府消费）对中国经济增长的贡献率分别达 48.8%、59.7%、64.6%，分别比投资贡献率高 1.9 个、18.1 个和 22.4 个百分点，消费动力还在不断增强，消费已经成为中国经济增长的最大引擎。[①] 这在很大程度上要归功于全民社会保障目标的初步实现。

特别值得指出的是，社会保障制度在中国遭遇经济发展危机时发挥了关键性的促进作用。最能够全面、综合地反映社会保障制度促进中国经济发展的是 1998 年、2009 年两个时节点。这两个重要时节点的共同背景是在严峻的国际金融危机下，经济发展遇到了危机，而政府采取了包括扩张投资、刺激消费等多种措施，社会保障制度发挥出了特别重要的作用。例如，1997 年东南亚爆发金融危机，造成了不利的外部环境，而由于一段时期内我国偏重经济增长而忽略了保障民生，社会保障制度改革亦偏重控制政府支出而未能够顾及劳动者的合法权益，一度出现数以百万计的退休人员不能按时足额领取养老金、许多职工不能报销医疗费用等现象，造成了城市新贫困人口剧增，社会不安全感急剧上升，并直接衍生出了居民消费率下降、企业库存剧增、国有企业亏损面急剧扩大等问题。1998 年，党中央、国务院将社会保障改革与制度建设摆到政府的头等重要位置上，强力落实"两个确保、三条保

[①]《消费仍是经济增长的"第一引擎"》，《人民日报》（海外版）2017 年 7 月 23 日。

障线"，即通过国家财政补贴来确保退休人员按时足额领取养老金，确保国有企业下岗职工按时足额领到基本生活保障金，同时建立面向低收入困难群体的最低生活保障制度，推进医疗保险改革与住房体制改革，还建立了应对未来人口老龄化高峰的社会保障战略储备基金等。通过全面落实这些重大的社会保障措施，不仅解决了城乡居民的现实困难，也重振了人们对社会保障制度的信心，提振了居民消费，有效地化解了当时的社会风险，创造了较为安定的社会环境条件，这是 1998 年后全面推进各项重大改革并实现国民经济再次持续高速增长的一个奥秘。2008 年，美国次贷危机引发全球经济危机，中国经济也深受其害，进出口额下降幅度大，如果不能有效地解决好城乡居民在养老、医疗、住房、教育等方面的后顾之忧，不仅城乡居民的生活会受到影响，而且内需也不可能调动起来。在这样的背景下，党中央、国务院在 2009 年强力推进包括城乡居民养老保险、医疗保险等在内的各项社会保障制度建设（参见本文第二部分），使社会保障覆盖率与保障水平普遍得到大幅度提升，这些重大举措迅速安定了人心，减轻了人民的后顾之忧，也增加了城乡居民的收入，促使居民消费快速增长，逐渐成了拉动国民经济增长的第一大引擎。回顾中国以往的发展，如果没有在 1998 年、2009 年两个关键节点上强力推进社会保障制度建设，就不可能有此后的快速发展新局面。由此说明，不重视社会保障，经济发展也不会一帆风顺，发生危机时更难以自拔；重视社会保障，则有助于国民经济持续发展，即使遭遇经济危机，也能够很快地从危机中走出来，从而揭示了发展社会保障和维护与促进经济发展不仅不矛盾，而且可以相得益彰。①

4. 社会保障制度惠及全民，已经成为全体人民共享国家发展成果的基本途径与制度保障

以社会保险制度为例，覆盖面不断扩大，截至 2016 年底，参加养老保险的人数达 88777 万人，参加工伤保险人数为 21889 万人，参加失业保险人数为 18089 万人，参加生育保险人数为 18451 万人，医疗保险制度更是成为

---

① 郑功成：《社会保障与国家治理的历史逻辑及未来选择》，《社会保障评论》2017 年第 1 期。

覆盖全民的制度，参保率稳定在95%以上，全民医保的目标基本实现。社会保险待遇也在持续提高，2009~2016年，领取养老金的人数从7142万人增长到25373万人，其中：退休职工月人均养老金从2009年的1276.41元增长到2016年的2627.44元，增长了1倍多；领取养老金的老年居民人数比例从10%增长到100%，月人均养老金从2009年的40.7元增长到117.33元，增长了近2倍。职工和居民基本医疗保险政策范围内住院费用基金支付比例分别为80%以上和70%左右。[①] 在社会救助方面，享受低保待遇的城乡人口在2010年分别为2310.5万人、5214万人，到2016年降至1479.9万人、4576.5万人；同期城乡月均低保标准分别从251.2元、117元提高到494.6元、312元。[②] 加之其他一些福利项目的发展，城乡居民通过社会保障获得的收益大幅度增长。这不仅增强了居民及其家庭的购买能力，也同步减少了城乡居民为养老、医疗等的预防性储蓄，直接刺激了消费增长，提升了民生质量。因此，中国社会保障制度的变革与发展过程，既是维护社会公平和实现中国超越经济领域外的全面发展的过程，更是惠及民生、改善民生的过程。

（二）社会保障改革的中国经验

中国的经济发展成就为世界所公认，已经成为世界经济增长的主要引擎；中国的社会保障改革与发展也取得了巨大成就，引起国际社会的广泛关注，这两个成就不是偶然地重叠在一起，而是有着非常紧密的内在关联性。从总体上看，中国实现了经济发展与社会保障可以共同发展的目标，其经验主要有以下四个方面。

1. 坚持经济增长与社会保障相互促进，将社会保障制度作为保障与改善民生的基本制度保障

中国的改革开放肇始于共同贫穷的年代，因此，近40年来确立的是以

[①] 《中国社会保险发展年度报告2016》，中国政府网，http://www.gov.cn/xinwen/2017-11/25/content_5242176.htm。

[②] 民政部：《2010年社会服务发展统计公报》；民政部：《2016年社会服务发展统计公报》。

经济建设为中心的发展方略，而追求经济增长的目的是快速摆脱贫困状态并持续不断地改善人民生活。特别是进入 21 世纪后，更是明确将保障和改善民生作为经济社会发展的出发点和落脚点，同时让改善民生成为促进经济发展的恒久动力。在这种发展理念指导下，伴随中国经济的持续高速增长，财政收入也大幅度增长，其中据财政部公布的《2009 年全国财政收入决算表》和《2016 年全国财政收支情况》数据，仅个人所得税收入就从 2009 年的 3949 亿元增长到 2016 年的 10089 亿元，这些资金无疑成为政府提供社会保障的重要来源。中国经济增长与财政收入增长的进程也是政府持续加大对社会保障及公共卫生与公共教育投入的进程，这使得社会保障体系日益健全，人民福利也一直以较快的速度持续增长。据统计，2007~2016 年，中国一般公共预算收入从 51321.78 亿元增长到 159552 亿元，增长了 2.1 倍；而社会保障与就业、医疗卫生与计划生育、教育三项加总从 19191.47 亿元增长到 62758 亿元，增长了 2.3 倍，超过一般公共预算收入增长速度。[1] 如果再加上在一般公共预算收入之外的各项社会保险基金收支规模，支撑这一制度的物质基础更加雄厚。近 40 年间，中国卫生费用支出的发展情况也从一个侧面反映了用于民生的支出在快速增长。全国卫生总费用占 GDP 之比重从 1978 年的 3% 增长到 1990 年的 4%，再到 2010 年的 4.98%，于 2015 年达到 6.05%，2016 年达到 6.2%[2]，其中社会医疗保险支出扮演了极为重要的角色，表明社会保险制度与经济发展、政府财政投入基本实现了同步增长。正是由于财政投入的持续增长，养老保险、医疗保险才能迅速覆盖到全体城乡居民，社会救助才能成为解除低收入群体困难的重要制度保障，教育事业才得以快速长足发展。因此，中国的经济增长成果通过社会保障制度惠及全体人民，这一制度又反过来构成支撑中国经济摆脱困难并持续增长的重要因素。中国的发展实践证明了一个简单的道理：经济发展是保障与改善民生的基础和前提，保障与改善民生是经

---

① 国家统计局：《2016 中国统计年鉴》，中国统计出版社，2016。

② 国家统计局：《2016 中国统计年鉴》，中国统计出版社，2016。2016 年数据来源于《2016 年我国卫生和计划生育事业发展统计公报》。

济发展的目的和动力。只有将两者有机结合起来、实现良性循环，国民经济才能在科学发展之路上行稳致远。

2. 坚持共建与共享相结合，建立以权利义务相结合的社会保险为主体的社会保障体系

作为世界典型的以工作和劳动生产力为导向的社会，中国社会保障改革的一个重要目标就是改变原有的风险分担与筹资方式，从计划经济时代由政府包办转化成政府、企业、个人多方共担风险的筹资机制。因此，中国确立的是以基于劳动者的社会保险为主体的制度体系。其中，从非缴费型转向缴费型的养老保险、医疗保险是最重要的保障项目。对于基于社会救助家计调查原则而享受最低生活保障的贫困人口和重度残疾人，政府还提供专门的养老保险与医疗保险缴费补贴。这种权利与义务相结合的制度安排，实质上是追求共建共享。以养老保险为例，计划经济时代实施的是由国家负责的非缴费型退休金制度，1991 年国务院启动企业职工养老保险制度改革，实行国家、企业、个人三方共同负担，自此开始进入缴费型养老金时代。1995 年国务院推行统账结合的职工养老保险改革试点，1997 年正式建立面向企业职工和城镇个体劳动者的基本养老保险制度，实行统账相结合财务模式。[1] 2009 年开始，以财政资金为主，先后为农民和城镇非工薪居民逐步建立基本养老保险制度，2012 年即实现了制度城乡全覆盖。2015 年又将国家机关和事业单位工作人员纳入社会养老保险制度，非缴费型养老金制度完全被缴费型养老金制度所替代。1998~2016 年，职工基本养老保险参保人数由 11203.1 万增加到 37930 万；城乡居民参保人数由 8025 万增加到 50847 万。社会养老保险制度从单位保障向社会保险转型不仅顺应了国有企业改革，相对均衡了企业之间的负担，增强了这些企业的经济活力，而且为劳动者提供了更加可靠的养老金保障，也提振了其消费能力和消费信心。尽管现行基本养老保险制度还处于地区分割、群体分割状态，不同地区的养老保险制度存在着缴费负担不公、

---

① 参见郑功成《中国社会保障 30 年》，人民出版社，2008。

基金余缺并存的现象，进而加剧了地区之间发展的不平衡，也影响了市场经济条件下的公平竞争[①]，但伴随基本养老保险制度全国统筹的加快实现和多层次养老保险体系的建成，这一制度将继续成为支持中国经济增长的有益力量。

3. 高度重视解决贫困问题，通过有效的社会救助和有力的扶贫开发，保障人们的基本生活并最终消除贫困

一方面，基于市场经济改革导致原有的由单位负责的救助系统失效和因退休、失业及下岗等带来的新城镇贫困人口现象，国务院于 1999 年制定面向城镇居民的最低生活保障制度并逐步覆盖到城乡居民，现在已经形成了以最低生活保障为主体，同时设置有灾害救助、医疗救助、教育救助、就业救助、住房救助、临时救助等多个救助项目的综合型保障制度，这一制度体系面向低收入困难群体与天灾人祸中的不幸者。根据民政部发布的历年《民政事业发展统计公报》和《社会服务发展统计公报》，2000 年享受低保待遇的城乡居民为 702.8 万人，2005 年为 3059.2 万人，2010 年为 7524.5 万人，2015 年为 6604.7 万人；2007 年国家财政用于城乡居民低保的支出为 386.5 亿元，2016 年增长到 1702.4 亿元。这意味着享受最低生活保障待遇的贫困人口在经历一段时期增长后开始减少，而低保标准在不断提高。社会救助制度的全面建立，不仅有效地保障了贫困人口的基本生活，也促进了社会公正与经济转型。因为低保资金全部来自国家财政，具有很强的收入再分配效应，低保对象得到这些资金后，增加了有效需求，助力经济增长。另一方面，早在 20 世纪 80 年代中期，中国就掀起了扶贫运动高潮，根据贫困地区的贫困程度确定国家级、省级贫困县并采取相应的扶持政策，取得了良好的效果，但因人口基数大、地区发展不平衡，到 2012 年仍有 7000 万农村人口处于温饱问题都未解决的贫困状态。党的十八大后，国家进一步加大了扶贫投入，并将消除贫困列入地方的重要政治目标。政府还动员社会慈善资源与市场资源投向贫困地区，中央还要求发达省市对欠发达地区实行对口支援。正是在这样强有

---

① 参见郑功成《深化中国养老保险制度改革顶层设计》，《教学与研究》2013 年第 12 期。

力的推动下，中国在减少贫困方面取得了举世瞩目的卓越成效。

4. 渐进改革与收入增长替代的策略是成功的，使中国渡过了社会保障改革的难关

一方面，改革是一项有风险的事业，虽然改革的长期目标是相对明确的，但具体到每一步上都存在不确定性。因此，国家采取了非常谨慎的试点先行、渐次推进的策略。在中国的改革发展过程中并未出现社会动荡，整个社会在改革中保持了安定，还有力地促进了经济改革与经济增长。这种稳定性是因为经济已经开始增长，并且在改革进程中一直得以维持，人们看到个人机会由于"以初次收入增长取代就业安全的损失"的战略性策略而增多。同时，自下而上的渐进改革策略也使得人们的态度更加积极。以医疗保险为例，最初是个别地方因老国有企业无法报销职工医疗费用而探索医疗费用社会统筹，1994 年国务院决定自上而下推动缴费型医疗保险改革，但只选择在江苏镇江、江西九江开展统账结合型的医疗保险改革试点（简称为"两江试点"），1998 年正式确定职工基本医疗保险制度并在全国范围内实施；2003 年开展新型农村合作医疗试点，2007 年将基本医疗保险制度推广到城镇工薪劳动者之外的居民；2009 年确立全民医保目标并加速了制度全覆盖进程。经过上述几大步骤，目前，全民医疗保险的目标基本实现。据统计，2000 年全国参加社会医疗保险的人数为 0.4 亿人（不含仍然被免费医疗制度覆盖的人口），2005 年增长到 3.2 亿人，2010 年达 12.7 亿人，2015 年达 13.4 亿人。[①] 职工基本医疗保险基金人年均支出在 2000 年时为 328.8 元，2015 年提高到 2606.7 元；城乡居民基本医疗保险基金人年均支出在 2004 年为 33 元，2015 年增长到 450.3 元。[②] 这种渐进改革和逐步扩大覆盖面及提高待遇水平的方式，既避免了一项制度的变革在全国范围内引发不安与抗议，又为改革者提供了行动参考，为

[①] 数据来源于 2000 年、2005 年、2015 年的《人力资源和社会保障事业发展统计公报》和 2000 年、2005 年、2015 年的《中国卫生和计划生育年鉴》。

[②] 根据《中国统计年鉴》、《人力资源和社会保障事业发展统计公报》、《中国卫生和计划生育年鉴》的相关数据整理。

公众逐渐适应新的制度安排提供了一个相对宽松的过渡期，这也是中国特色的改革方式与策略。另一方面，通过增加劳动者与居民的初次分配收入，降低了城乡居民对社会保障制度的依赖性，收入替代效应较为明显。例如，20世纪80年代初期农村推行家庭联产承包责任制时，农民的集体福利被削减，但土地承包后延期获得的收益大大超过了福利即期减少的份额，从而并未引起农民的持续抗议。此后，从免费医疗到参保缴费、责任有限的社会医疗保险，从不用缴费且高替代率的退休金到缴费且替代率逐渐降低的社会养老保险，之所以未引起社会不安与强烈抗议，主要是因为绝大多数劳动者的报酬与居民收入在不断增长，人民生活在收入增长过程中得到了普遍改善，这使百姓的获得感不断增强，也为弱化城镇人口对传统福利制度的过度依赖创造了条件。因此，渐进改革与收入增长替代作为推进社会保障制度变革并不断发展的中国方案，确实是优选方案。它同时也表明，要调整社会保障结构并增加国民福利，必须促进经济发展并保持相应的经济增长率。

此外，中国传统的家庭保障也发挥了作用，当社会成员因改革遭遇生活风险时，家庭保障往往扮演着一种缓冲机制，避免了个体风险直接转化成社会风险。还有农村土地的集体所有制与承包制，既为农村居民提供了相应的生活保障，也为亿万农民工提供了风险庇护场所。正是由于家庭保障的传统与农村土地承包制持续发挥着作用，虽然在过去近40年间巨大的社会经济变革确实导致了巨大的风险，中国依然在保持社会基本稳定的条件下实现了长足的经济发展，而社会保障体系的完善与保障水平的持续提高，则使全体人民的安全感、获得感、幸福感得到了提升。

四　当前面临的挑战与深化改革的取向

党的十九大报告明确勾画了从现在起到21世纪中叶建成现代化强国的目标与战略步骤，其确立的是以人民为中心和共同富裕的发展理念，明确将增进民生福祉作为国家发展的根本目的，并要求全面建成覆盖全民、统筹城乡、权责清晰、保障适度、可持续的多层次社会保障体系，这为中国社会保障改革与发展提供了指引。[①] 所不同的是，现阶段经济已经由高速增长转向了中高速增长的新常态，社会保障亦面临着如何适应新时代更好地满足人民的福利需要的问题。

（一）社会保障面临的挑战

总体而言，中国社会保障面临的挑战主要有以下几个方面。

1. 外部因素带来的挑战

一是少子高龄化日益凸显与家庭保障持续弱化。伴随社会发展进步所带来的生育率下降与人均预期寿命持续延长，加上以往 30 多年推行独生子女政策，中国少子高龄化现象日益显性化，这一点与发达国家一致。根据国家卫计委发布的《中国家庭发展报告（2015 年）》，中国家庭已经从大家庭型转向小型，核心家庭占 6 成以上，家庭户平均规模仅为 3.02 人，2 人、3 人家庭成为家庭类型主体，单人家庭、空巢家庭不断涌现。[②] 有 1.5 亿个家庭为独生子女家庭，80 岁以上的高龄老年人年均递增 100 万以上。在儿童照料和养老等方面，传统的家庭照料模式正面临着日益严峻的挑战，对社会服务需求较大。与此同时，传统的邻里互助因人口的高流动性而为"陌生人社会"所替代，传统的功能强大的单位保障制因市场经济改革被瓦解。家庭保障、邻里互助、单位保障等传统保障机制的快速弱化，使城乡居民对社会化保障及服务的需求急剧上升，亟待国家和社会来填补。二是大规模人口流动、快速工业化与城市化、社会结构转型以及各种新业态的出现等，既对经济发展产生直接影响，也对社会保障发展提出了新的挑战。特别是以互联网、智能化为代表的科技进步与新经济，对人们的工作方式与生活方式产生了直接影响，进而影

---

① 习近平：《决胜全面建成小康社会 夺取新时代中国特色社会主义伟大胜利——在中国共产党第十九次全国代表大会上的报告》，《人民日报》2017 年 10 月 28 日。

② 《2015 家庭发展报告：空巢老人占老年人总数一半》，人民网，http://politics.people.com. cn/n/2015/0513/c70731-26995290.html。

响着经济社会结构变化，也给传统的社会保障经办方式带来前所未有的挑战。三是地区之间、城乡之间发展不平衡和社会不平等现象加剧。据统计，2015年，人均 GDP 超过 1.5 万美元的有北京、上海、天津，而甘肃、贵州、云南等省份人均 GDP 只有 4000 多美元，前者是后者的 3 倍以上。不仅如此，在城乡之间亦因长期的户籍制度壁垒及公共资源配置失衡而存在着较大差距，2015 年全国城镇居民可支配收入是农村居民的 2.7 倍。[①] 同时，不同群体之间的收入差距也在扩大，基尼系数长期居于 0.4 以上的高位，其中 2008 年的基尼系数高达 0.491，2009 年后虽连年下降，但 2015 年仍达 0.462，2016年又回升到了 0.465。[②] 按照现行标准，截至 2016 年底，农村贫困人口还有4335 万人。[③] 上述因素均是中国社会保障制度改革与发展中必须认真应对的重大挑战。

2. 制度自身的挑战

从现实出发，中国社会保障制度还未完全成熟，面向老年人、儿童、残疾人的基本公共服务供给不足。一方面，中国社会保障改革采取试点先行、渐次推进的策略虽然取得了积极的成就，但也必然因路径依赖而存在着历史的局限性，导致现行社会保障制度存在缺陷。比如，法定养老保险还停留在地区分割统筹状态，全国统一的法定目标尚未实现，缴费满 15 年可领取全额养老金的规制陷入僵化，影响到制度的可持续发展；医疗保险亦还分为职工与居民两大群体，退休人员不需缴纳医疗保险费的法律规制亟待改进；中央与地方政府的社会保障责任还未明确划分；社会保障管理体制亦需要通过深化改革才能最终定型。另一方面，在家庭保障功能持续弱化的条件下，数以亿计的老年人、儿童以及 8000 多万残疾人，均迫切需要相应的社会福利与社会化服务，但目前这些领域的发展很不充分，国家与社会还无法全面满足这

① 参见国家统计局《2016 中国统计年鉴》，中国统计出版社，2016。
② 《2016 年全国城乡收入差距进一步缩小》，新华社，http://news.xinhuanet.com/fortune/2017-01/20/c_1120353289.htm。
③ 中共国务院扶贫办党组：《脱贫攻坚砥砺奋进的五年》，《人民日报》2017 年 10 月 17 日。

些群体的诉求，既影响了民生保障与民生质量，也不利于国民经济发展。因此，要真正促进中国社会保障制度理性地走向成熟、定型，还需要更加科学的顶层设计和全面促进相关服务的发展，这方面的任务非常繁重，尤其需要政治智慧与政治魄力。

（二）深化社会保障改革的合理取向

加强社会保障体系建设，全面建成覆盖全民、城乡统筹、权责清晰、保障适度、可持续的多层次社会保障体系，是党的十九大报告提出的目标任务。围绕这一目标任务，深化社会保障改革的合理取向至少包括如下几个方面。

1. 尊重社会保障与国家治理关系的历史逻辑，强化中央政府统筹责任，真正构建起有序组合的多层次社会保障体系[①]

一方面，面对新的挑战，需要将社会保障体系作为一个内容完整、结构优化的整体纳入国家治理体系，让其切实担当起促进社会公正、实现共享发展的历史使命，成为全体人民享受世代福祉的基本途径与制度保障。为此，特别需要对社会保障制度结构与功能异化保持警惕，防止动摇社会保障制度互助共济、稳定安全预期的根本。另一方面，有必要进一步强化政府对社会保障的财政责任，在地区分割的情形下特别需要强化中央政府的统筹责任，以建设积极、健康的社会保障体系为发展目标，与时俱进地优化制度体系结构。中国需要采取正式制度与非正式制度有机结合，普惠性制度与特惠性制度双层构架，政府与市场、社会、家庭和个人等多支力量相融合，真正构建起有序组合并且具有一定弹性的多层次社会保障体系。在这一过程中，坚持政府主导并确保中央政府统筹规划的权威具有必要性、重要性。当前需要尽快从以往的地方创新为主提升到国家层面做好顶层设计。在地区发展失衡的条件下，可以允许一定时期内存在差距，但任何时候都不能动摇统一制度的目标和扭曲通向目标的路径，应当尽可能地通过社会保障制度的统一来促使

---

① 郑功成：《社会保障与国家治理的历史逻辑及未来选择》，《社会保障评论》2017 年第 1 期。

公共资源在全国范围内得到更为公正的配置，让社会保障成为缩小地区差距、实现地区之间公正与协同发展的重要手段。[①] 中央政府宜担负起做好社会保障体系顶层设计、推动社保立法、合理配置资源、维护制度统一的重大责任。同时，重塑高效率的社会保障运行机制，包括健全治理优良的经办机构、充分利用日益发达的互联网、大数据等信息技术，提升制度运行的预测、预警与监控能力，在坚持结构与运行稳定的同时也要保持一定灵活性，赋予社会保障制度自我调节与不断修正的功能，以适应新业态、人口流动性等发展势头。

2. 优化现行社会保障制度结构与责任分担机制，切实维护制度可持续发展

在养老保险方面，进一步提高职工养老保险参保率，尽快实现基本养老保险基金全国统筹，强化这一制度的互助共济性，逐步提高缴费年限规制和延迟法定退休基准年龄，并建立合理的参数调整机制以确保制度可持续发展，无疑具有必要性与重要性。在医疗保险方面，必须加快城乡居民医保制度整合步伐，积极稳妥地推进居民医保与职工医保制度的整合，争取用一个医疗保险制度覆盖全民，同时还需要尽快消除低效率的个人账户，合理制定退休人员分担筹资责任的方案，这将是符合医保制度规律的必然取向。在工伤保险、失业保险方面，均需要增强预防功能。对正在试点中的长期护理保险则需要及时总结经验教训，尽快拿出国家层级的方案并用以指导全国的行动。在社会救助方面，需要真正实现城乡统筹，对最低生活保障制度要建立合理的收入豁免制度，以此促进低保对象通过劳动来改善生活，同时完善家计调查机制。在社会福利领域，特别需要加快养老服务、儿童福利、妇女福利与残疾人福利事业的发展步伐，必须尽快建立完善的政策支持体系，宜将社区养老服务设施、托幼设施纳入社会福利范畴并提供相应的预算保障，同时用公共资源撬动市场资源与社会资源，不断壮大社会福利事业发展的物质基础。

---

① 郑功成：《一个德国老农引出的中国社保命题》，《环球时报》2016 年 9 月 13 日，第 14 版。

在教育福利方面，宜以全面覆盖当地常住人口为目标，尽快将以农民工为主体的流动人口中的适龄儿童纳入居住地的义务教育范畴并享受公平的教育机会，适时将义务教育年限从现行的 9 年制延长到 12 年制，并增强职业教育的福利性。在住房保障方面，明确住宅的消费功能，祛除其投机与投资色彩，政府宜兴建一定规模的公共房屋以满足低收入家庭的起码居住需求，加快建立完善多主体供给、多渠道保障、租购并举的住房制度，让全体人民住有所居。

3. 促进并维护就业与社会保障之间的良性互动

社会保障与就业实质上是共享与共建的关系，两者之间的良性互动在很大程度上决定着社会保障与经济发展的良性互动。因此，在处理两者关系时，需要在提供合理激励和确保人人有充足保障之间找到均衡点。在政策设计中，应当同时考虑到就业与社会保障相互关联与相互促进的问题。为此，宜坚持与就业关联的社会保险为主体的社会保障制度发展取向，将健全社会保障制度作为提升就业质量的重要指标，让全体劳动者依法获得相应的社会保险，同时进一步完善非收入关联型的社会救助等制度，继续帮助符合条件的低收入人口与残疾人参与社会保险，以确保没有人被排斥在社会保障制度之外，并尽快增加护理保险制度安排，尽可能推进企业年金等与职业相关的福利，以为劳动者提供更加全面的保障。同时，提高劳动报酬占 GDP 之比重，增加工资协商谈判。此外，社会保障制度也要有利于促进就业，包括：坚持保障水平适度，不构成影响就业的负担；推进促进劳动者就业创业，发挥积极的政策效应；让失业保险增加预防失业和提升劳动者就业的能力，让社会救助具有激励就业的功能，变成积极的制度安排；全面发展社会保障体系，释放大量有质量的就业岗位，特别是面向老年人、儿童、残疾人、妇女的各项福利和社会服务以及健康保障、慈善事业，都是值得开拓并具有巨大空间的新兴就业领域。[1]

4. 重视社会保障法制建设，让社会保障制度尽快运行在法治轨道上

一个成熟的社会保障制度必定运行在法治轨道上。但基于渐进改革的历

---

[1] 郑功成：《让社保与就业成为相互促进的民生支柱》，《文汇报》2017 年 3 月 16 日。

史路径，现行社会保障制度还缺乏必要且充分的法律规制与保障，其后果不仅会损害这一制度应有的稳定性、权威性与公信力，也容易导致社会保障与经济发展的关系产生波动。因此，有必要加快制定综合性的《社会保障法》《社会福利法》《社会救助法》等基本法律以及《儿童福利法》《老年人福利法》《残疾人福利法》等专门法律，尽快修订完善《社会保险法》《军人保险法》等现行法律。在中国加速现代化和社会保障发展已经取得巨大成就的条件下，让社会保障制度在法治轨道上运行，将是增强社会保障公信力并为全体人民提供稳定安全预期的基本保障。

结　语

中国在过去近 40 年间取得的是经济持续高速增长与社会保障持续快速发展的双成就，这种现象并不是偶然的，而是将社会保障作为应对改革风险和改善民生的重要治理工具，并坚信不断发展的社会保障与经济发展之间的积极关系的结果。正是在转型过程中，中国依靠对经济和劳动力市场发展与社会保障者间内在关系的妥善、积极和前瞻性处理，以及有效利用社会保障的核心功能，使得经济改革与发展得以顺利推进。这一过程同时对中国社会保障制度建设自身产生积极的影响，化解风险并不断增进人民福祉。中国经济的快速发展为社会保障制度更好地发挥成效提供了物质基础，而社会保障则为经济改革创造了稳定的社会环境及相关条件。因此，中国为当今世界妥善处理社会保障与经济发展的关系提供了一个极为正面的示范。

在国家快速步入现代化的新时代，社会保障与经济发展所面临的国际国内形势较之前更加复杂，要实现第二个一百年的目标并建成富强民主文明和谐美丽的现代化强国，还必须与时俱进地处理好社会保障与经济发展的关系，在努力维护国民经济持续健康发展的同时，积极、理性地通过社会保障制度的发展来持续不断地增进人民的福祉，理应成为国家发展的重要目标。

科技体制改革与生产率提高

李 平 *

导 读：经过近 40 年坚持不懈的努力，我国科技体制改革取得了重大进展和明显成效，政策体系逐步完善，促进了科技创新活力的不断增强，为科技创新取得辉煌成就起到了重要的制度保障作用。党的十九大提出，加快建设创新型国家，要继续深化科技体制改革，建立以企业为主体、市场为导向、产学研深度融合的技术创新体系，加强对中小企业创新的支持，促进科技成果转化。目前科技创新对经济发展的支撑作用发挥得还不够充分，深化科技体制改革仍需砥砺前行。本文在回顾和分析我国科技体制改革的成就和问题的基础上，为进一步深化科技体制改革，实施创新驱动发展战略提出政策建议。

本文利用中国 1979~2015 年经济发展的总量数据，采用经济增长核算方法，测算以索洛余值代表的全要素生产率指数。研究发现，改革开放以来，中国全要素生产率变化趋势出现了涨跌互现的波动情形，全要素生产率提高促进了中国经济较快发展，资本投入仍然是中国经济增长的首要来源。2008~2015 年中国全要素生产率增长呈现缓慢下降趋势，出现高资本投入、低生产率和中高速经济增长的现象。

---

* 李平，中国社会科学院数量经济与技术经济研究所所长、研究员。主要研究领域为技术经济、经济预测与评价、项目评价等。

一 改革开放40年中国科技体制改革

新中国成立后，为适应计划经济体制，建立和形成了以行政管理为主的集中、封闭、垂直型科技体制，科技管理机构权限高度集中，人事制度僵化，科研机构远离生产系统。[1] 经过几十年的实践，党和国家领导人逐渐认识到计划经济的低效率运行，改革开放之后，党中央很快把工作重点转移到四个现代化建设的轨道上来[2]。随着市场化体制的建立，相应地，国家创新体系和科技体制逐渐也由计划体制向市场体制转变。

（一）改革开放以来我国科技体制改革历程的回顾

应该说改革开放以来，我国科技体制改革的脚步从未停歇，一直努力探索解放和发展科技生产力的最优道路。无论是在宏观层面，还是在微观层面，科技体制改革都在不断深入和完善。改革开放以来，中国科技体制改革的演变无疑始终与国家科技整体建设目标紧密联系在一起。中国科技体制改革的主线一直沿着以下脉络：推动科技与经济结合，支撑引领经济社会发展；优化科技资源配置与管理，推动企业成为技术创新主体；提高自主创新能力，以创新驱动经济和社会发展；构建国家创新体系，建设创新型国家。

我们对科技体制改革阶段的划分基于五个重要的关键节点：一是1978年3月全国科学大会和颁布《1978~1985年全国科学技术发展规划纲要（草案）》；二是1985年国务院颁布《中共中央关于科学技术体制改革的决定》；三是1995年5月中央召开全国科学大会，明确提出科教兴国战略并发布《关于加速科学技术进步的决定》；四是国务院发布《国家中长期科学和技术发展规划纲要（2006~2020年）》，提出建设创新型国家；五是2012年党的十八大

---

[1] 李正风：《关于深化我国科技体制改革的若干思考》，《清华大学学报》（哲学社会科学版）2000年第15卷第6期。

[2] 寇宗来：《中国科技体制改革30年》，《世界经济文汇》2008年第1期。

提出实施创新驱动发展战略。根据以上节点，我们将1978年之后的科技体制改革划分为以下五个阶段。由于在不同时期我国科技体制改革的主要方向和特点不同，相应的政策措施的发展演变也表现出不同的特点。

1. 科技体制重建阶段（1978~1984年）

党的十一届三中全会以后，随着政府的工作重心逐渐转向经济建设，原有科学技术体制固有的弊端日益显现，科学技术体制建设开始进入改革的新时期[①]。1978年全国科学大会明确提出科学技术是生产力，知识分子是工人阶级一部分，四个现代化关键是科学技术现代化，自此迎来了科学的春天。1980年中央提出"经济建设必须依靠科学技术，科学技术工作必须面向经济建设"的战略方针，对科技战略目标的转变提出了明确的方向。这一阶段的改革目标是对我国的科技机制进行重建，并对建立适应市场经济体制的科技体制改革进行探索。

2. 调整和创新科技体制阶段（1985~1994年）

1985年《中共中央关于科学技术体制改革的决定》颁布后，正式启动了中国科技体制改革。党中央明确提出科技体制改革的根本目的是"使科学技术成果迅速地广泛地应用于生产，使科学技术人员的作用得到充分发挥，大大解放科学技术生产力，促进经济和社会的发展"，并对科技管理机制、科技拨款制度等方面的改革做了明确的指示，这标志着我国科研机构改革进入了有领导、有组织、有计划的全面实施阶段。这一阶段科技体制改革的中心任务是通过宏观调控和资源分流着力解决科技与经济"两张皮"的问题，实现科技与经济协调发展，加速推进科技与经济一体化。[②]

3. 实施科教兴国战略和构建国家创新体系阶段（1995~2005年）

1995年全国科学技术大会明确提出了"科教兴国战略"，实施"科教兴

[①] 廖添土、戴天放：《建国60年来我国科技体制改革的历史演变与启示》，《江西农业学报》2009年第21卷第9期。

[②] 廖添土、戴天放：《建国60年来我国科技体制改革的历史演变与启示》，《江西农业学报》2009年第21卷第9期。

国战略"是这一阶段最重要的改革指导思想。1998年国务院决定对国家经贸委管理的10个国家局所属的242个科研院所进行管理体制改革，并发布《关于加强技术创新，发展高科技，实现产业化的决定》和《关于中国科学院开展"知识创新工程"试点的汇报提纲》，科技体制改革进入推进以企业为主体的国家创新体系建设阶段[①]。1999年全国技术创新大会围绕使企业成为创新主体出台了一系列政策。这一阶段科技改革的目标转变为加强国家创新体系建设，加速科技成果产业化。

4. 建设创新型国家阶段（2006~2011年）

2006年，国务院发布了《国家中长期科学和技术发展规划纲要（2006~2020年）》。该纲要指出，建立以企业为主体、产学研结合的技术创新体系，全面推进国家创新体系建设，到2020年建成创新型国家。为更好地落实科技中长期发展规划，进一步加快创新型国家的建设，2006年1月，中共中央、国务院做出《关于实施科技规划纲要增强自主创新能力的决定》，紧接着于2006年2月，国务院印发《实施〈国家中长期科学和技术发展规划纲要（2006~2020年）〉的若干配套政策》，2006年3月，中共中央、国务院做出《关于实施科技规划纲要增强自主创新能力的决定》。为了确立科技进步的法律地位，2007年，十届全国人大常委会第三十一次会议审议通过修订后的《科学技术进步法》。此阶段，国家重视运用知识产权制度促进经济社会全面发展，2008年，国务院印发《国家知识产权战略纲要》。同时为了促进小规模企业发展和技术进步，增强创新主体的建设，2009年，国务院发布《关于进一步促进中小企业发展的若干意见》。

5. 实施创新驱动发展战略阶段（2012年至今）

2012年11月，党的十八大报告正式确立了创新驱动发展战略，并明确提出："深化科技体制改革，推动科技和经济紧密结合，加快建设国家创新体系，着力构建以企业为主体、市场为导向、产学研相结合的技术创新体

---

① 巢宏、方华、婵谢华：《我国科技体制改革进程及政策演变研究》，《中国集体经济》2013年第24期。

系。"2013 年 11 月,十八届三中全会通过了《中共中央关于全面深化改革若干重大问题的决定》(以下简称《决定》);《决定》在第(13)部分专门阐述了深化科技体制改革相关问题,进一步明确新时期深化科技体制改革的目标,即"摒除深层次的体制机制障碍,提高自主创新能力,以创新驱动经济和社会发展,完善国家创新体系,建设创新型国家"。2015 年 3 月,中共中央、国务院发布《关于深化体制机制改革加快实施创新驱动发展战略的若干意见》,从营造公平的竞争环境、强化金融支持、建立市场导向机制、激励成果转化、完善科研体系、加快人才培养和流动、推动开放创新、加强统筹协调等 8 个方面,提出了 30 条改革措施,旨在更合理配置创新资源,激发创新活力,推动"大众创业、万众创新"。2015 年 6 月 4 日,国务院第 93 次常务会议审议通过了《关于大力推进大众创业万众创新若干政策措施的意见》,要求立足全局,突出改革,强化创新,注重遵循创业创新规律,力求推动实现资金链引导创业创新链、创业创新链支持产业链、产业链带动就业链,从而形成大众创业、万众创新蓬勃发展的生动局面。2015 年 10 月 29 日,十八届五中全会通过了《中共中央关于制定国民经济和社会发展第十三个五年规划的建议》,首次提出了"创新、绿色、协调、开放、共享"五大发展理念;明确提出"必须把创新摆在国家发展全局的核心位置,让创新贯穿党和国家一切工作,让创新在全社会蔚然成风"。2016 年 5 月 19 日,中共中央、国务院印发了《国家创新驱动发展战略纲要》(以下简称《纲要》),从战略背景、战略要求、战略部署、战略任务四个方面对实施创新驱动发展战略进行了全面系统布局,强调"以科技创新为核心带动全面创新,以体制机制改革激发创新活力,以高效率的创新体系支撑高水平的创新型国家建设";并着眼于创新系统和创新链条各主要环节,从产业技术体系创新、原始创新、区域创新布局、军民融合、创新主体、重大科技项目和工程、人才队伍建设、创新创业等方面给出了更为明确的任务方向。2016 年 11 月中共中央办公厅、国务院办公厅印发《关于实行以增加知识价值为导向分配政策的若干意见》,激发科研人员创新创业积极性,有力地推动了科技成果的转化。从十八届三中全会《决定》

到《纲要》，不仅明确了未来深化科技体制改革的目标；而且对推进科技体制改革的具体方向进行了顶层设计，创新体制机制改革重点包括宏观科技调控管理、科技资源配置及创新评价考核、产学研合作及成果转化、创新创业人才吸引与培养、创新活动激励及风险分散等方面。

（二）科技体制机制改革实施效果

改革开放以来，经过30多年坚持不懈的深化改革，我国科技体制改革取得了重大进展和明显成效：科技体系结构得到优化，初步形成了科研院所、高校、企业和科技中介机构等各具优势和特色的创新主体，企业技术创新主体的地位不断上升[1]；科技运行机制发生重要转变，竞争择优成为科技资源配置的主要方式；企业化转制、社会公益类院所分类改革等科研院所改革取得了积极的进展；《科学技术进步法》《专利法》《促进科技成果转化法》等法规相继出台，科技政策法规体系基本形成；科技创新能力不断增强。[2]

特别是党的十八大以来，国务院及其各部门先后围绕创新体制改革密集出台系列文件，涉及创新宏观调控管理、创新激励及风险分散、产学研合作及成果转化等创新体系的方方面面。综合来看，创新体制机制改革的力度逐步加大，政策效果已开始陆续释放；社会公众对此反应热烈，创新热情和创造活力已得到明显激发。

1. 科技创新体制机制改革不断深入和政策体系日益完善

从中央政府和各部门制定的科技体制改革措施和相关政策来看，注重创新宏观调控管理，关注产学研结合和科技成果转化机制建设，着力完善财政支持创新力度，积极支持互联网、电子商务、云计算和大数据等技术创新密集产业发展，营造大众创业、万众创新的政策环境和制度环境。科技体制改革目前已经形成了涵盖创新宏观管理体制、科技资源配置机制、产学研合作

---

① 云涛：《我国科技体制改革的阶段成效与深化改革的对策建议》，《科学管理研究》2009年第27卷第4期。
② 陈建辉：《科技体制改革的回顾与展望》，《经济日报》2013年11月6日。

和成果转化机制、人才培养机制、科研管理机制、激励机制、评价机制和风险机制系统的改革；进一步完善了财政、税收、金融、人才、对外合作、产业发展等多方面政策措施。

2. 科技体制改革促进了创新创业的热情和市场的活跃度

改革开放以来，特别是党的十八大以来，科技体制改革不断深化，政策措施陆续推出，市场活跃度不断提升，大众创业万众创新形成共识，北京、天津、上海、浙江、江苏、深圳等地创新创业活力明显激发。大众创业万众创新的兴起对推动新产业和新业态的形成，缓解经济发展的压力起到了积极的作用。2016 年，中国市场主体保持旺盛增长势头，全年新设市场主体1651.3 万户，全年新登记第三产业企业 446 万户。2016 年，信息技术、软件、节能环保、新能源、高端装备制造、新材料、生物医药、文化创意、金融服务、专业技术服务业、研发服务等行业都呈现出良好发展势头。值得特别关注的是，十八届三中全会以来，社会资本在创新领域的活跃度呈现大幅提升态势。根据从万得微观企业数据库汇总的企业已披露风险投资活动数据信息，2013 年至 2015 年，已披露的风险投资事件由 1225 件上升为 2897 件，年均增长 53.8%；披露规模则由 631 亿元上升为 4085.6 亿元，年均增长 154.4%。

3. 科技体制机制改革促进了科技创新的快速发展和水平的跃升

2016 年国家综合创新能力世界排名由第 19 位上升至第 15 位。2016 年科技进步贡献率已经达到 60%。科技投入增幅较大，2016 年，全社会研究与开发费用支出占国内生产总值的比重达到 2.5%。科技产出效果显著。截至 2016 年底，我国共受理专利申请 346.5 万件，连续 6 年居世界首位，授权的发明专利有 133.9 万件，位居全世界第一位。科技人员发表国际论文数量排名世界第二，论文共被引用次数排名世界第三。科技与经济结合更加紧密。2016 年全国技术市场合同交易总额达到 11406.98 亿元。科技人才队伍进一步壮大，我国的科技人力资源总量和 R&D 人员数已跃居全球首位，占到全球总量的 29.2%。我国科技重点领域核心关键技术取得重大突破，科技竞争力和国际影响力显著增强。产业技术创新明显加强，基础研究领域取得了重要的标志性进展，创新基础建设再上新台阶，建成一批重大科研基础设施和创新平台，形成比较完善的公共科技资源开放共享机制。科技体制机制改革促进了创新驱动发展战略的顺利实施，创新型国家建设成果丰硕，天宫、蛟龙、天眼、悟空、墨子、大飞机等重大科技成果相继问世。

（三）科技体制改革存在的问题

我们仍然要看到，现行的科技体制不完善，导致科技资源使用效率不高，科技对经济发展的支撑作用仍然不足，因此，深化科技体制改革还任重道远，特别是影响科技创新作用全面发挥的重点领域亟待改革。

第一，科技资源优化配置方面仍有很大提升空间。一是一些科技资源配置过度行政化，分散重复低效等问题突出，未能集中高效利用。二是科技经费分配机制不合理。科研经费多头管理、条块分割，科研立项交叉重叠、多部门重复申请经费所造成的浪费等现象也较为突出。三是短期考核机制和行政化干预影响了科技资源使用质量。片面追求短期效果的考核评价机制不利于科学研究中基础理论的探索和公共知识的创造，对科研项目的过度行政化干预也影响科研人员创造性的发挥。四是创新型领军人才的人财物支配权、技术路线决策权等方面的自主权还比较有限。

第二，企业主导技术研发创新的体制机制尚未形成。政府承担科技立法、优化公共服务、营造公平竞争环境和加强监管等引导作用和功能，高校和科研院所是创新成果的供给者，企业是科研成果应用的主体。对于科技成果转化的主体，大多数观点认为高校、科研院所是科技成果转化的主体，但实际上多数高校的首要任务是"教书育人"，而重点高校及科研院所的研究活动也不完全以技术开发与研究为主。高校和科研院所与企业组建的联合体、改制院所、中介组织应作为科技成果转化的主体。目前，政府对微观经济干预过强，政府更多地将宏观市场资源分配到重化工、房地产、基础设施等行业，对企业技术创新的引导和支持反而不足，无法对从事技术创新的微观主体形成正向激励；要素市场扭曲和高级要素还未市场化，也使得资源配置难以聚集到技术创新上；由于我国与世界前沿技术存在差距，企业更倾向于引进跟踪模仿国外技术、低水平复制生产能力，而不愿意走具有市场风险的自主创新道路。因此，企业难以真正成为技术创新的主体。

第三，产学研合作机制仍不顺畅，产学研结合的技术创新体系尚未形成。科学产出与技术创新两个环节之间缺乏有效衔接，突出表现为高校和科研院所与产业界之间的相对脱节，导致相关科学产出难以迅速有效地配置到产业发展的应用领域。目前我国 70% 的科研力量在高校和科研院所中，游离于企业之外，科技人才与企业的脱离严重阻碍了企业创新。始于 1999 年改制的科研院所，由于改革得不够明晰和彻底，出现了其身份与行为的背离，也是产学研合作机制不畅的症结所在。科技成果转化机制不健全，致使科技成果转化的动力不足。应该说在科技成果转化中，中央政府对技术创新的热情很高，而企业和科研院所的动力不足。

第四，科技评价制度、激励制度等不能适应科技发展新形势的要求。科技评价导向不够合理，片面追求短期效果的考核评价机制不利于科学研究中基础理论的探索和公共知识的创造[①]；唯 SCI 论，"以论文论英雄"情况严重。大量科研人员为获得晋升、项目经费，将大量精力用在发表论文上，难以潜心做科研；激励优秀人才、鼓励创新创业的机制不完善，科技人员的积极性和创造性还没有得到充分发挥。具体表现在以下几点：一是从评价体系上看，目前高校和科研院所以立项、发表论文、获奖和职称评定为主要导向，科研人员缺乏科研成果转化的积极性；二是从利益分配机制上看，对知识产权、成果转化收益等合作成果分享缺乏明确可操作的约定，导致科研人员缺乏积极性；三是人才流动机制不健全，科研人员跨体制、跨部门双向流动机制的缺失，影响了科技人力资源在全社会的有效配置。

（四）进一步深化科技体制改革的建议

党的十八大以来，中央、各部委、各地方密集出台有关科技体制改革的

---

① 宋海龙：《中国科技体制改革三十年回顾与展望》，《中共郑州市委党校学报》2008 年第 4 期。

相关制度和措施，为继续深化科技体制改革，实施创新驱动发展指明了方向。

第一，进一步依靠市场机制配置科技资源，加快建立企业主导产业技术创新的体制机制。党的十九大报告指出，要继续深化科技体制改革，建立以企业为主体、市场为导向产学研深度融合的技术创新体系，加强对中小企业创新的支持，促进科技成果转化。要进一步明确政府与市场之间的关系，政府应减少对微观市场的干预，对不存在市场失灵的环节政府应逐步退出，发挥市场在配置科技资源中的基础作用。技术研究组合的建立和解散应由各方根据市场机制来决定，各相关主体围绕共同的利益寻找潜在的合作机会，依据市场化的规则、市场价格、市场竞争、市场购买等实现效益最大化和效率最优化。要全面加快和推进要素市场化改革，激发企业在技术研发投入的积极性；加大知识产权保护力度，让企业通过技术创新得到合理的市场报酬；让不同所有制企业公平分享科技资源；落实企业研发费用税前加计扣除政策，鼓励企业自己建立研发机构，对技术创新型企业进行科技奖励，鼓励企业牵头国家重大科技研发。

第二，实现逆向研发创新机制，提升创新供给质量。目前我国在源头上可用于转化的高质量创新成果缺乏，科技成果与企业及市场需求之间存在较大差距，不适应也不足以支撑产业发展需要。特别是在战略性新兴产业领域，高校和科研院所创新速度慢且转化滞后，不适应产业发展要求，企业对高校和科研院所的研发需求较低。应提倡面向或引领市场需求的"逆向创新"合作机制，倒逼高校和科研院所与企业广泛合作，鼓励高校和科研院所根据市场需求进行创新。坚持以企业需求为主导，探索通过购买服务的方式支持共性技术、公益技术开发，引导创新资源向企业集聚和竞争性分配，力争实现资金、技术等要素的优化配置。

第三，完善激励机制，鼓励科研工作者的创新创业热情。改善相关政策和制度环境，建立起以企业需求为主导，企业、高校和科研院所积极参与、风险共担、利益共享的科研成果转化合作机制。着力改善制度环境，为科技成果转化提供更多的公共技术服务体系。收入分配制度的改革要体现倾斜于科研人员和研发活动的导向，激发微观个体从事创新和科技成果转化活动的热情。完善风险投资机制，创新商业模式，促进科技成果资本化、产业化。顺应新技术带来的业态模式变化要求，适时调整行业监管规则。强化知识产权创造、保护、运用，完善知识产权法律法规体系建设，加强对权益人的产权激励和权属保护。鼓励通过各种灵活弹性的方式最大限度实现科研机构人力资源与民营中小科技型企业现有要素的有效结合。

第四，进一步完善人才培养机制，特别要重视青年人才培养。建立具有国际竞争力的人才管理制度，增强对高端人才的吸引力。依托重大科研项目和建设项目，加大学科带头人和领军人才的培养力度，探索建立企业首席科学家制度，拓宽海外人才引进渠道，积极引进海外高端人才和紧缺人才。要高度重视以领军人才为核心的科研团队建设，促进科研人员协作创新。改革人事管理制度，减少阻碍科技人才自由流动的体制障碍。加大对优秀青年科研人才的奖励力度，使一批有真才实学、成就突出的青年科研人才脱颖而出。努力培养造就一大批具有国际水平的战略科技人才、科技领军人才、青年科技人才和高水平创新团队。

第五，强化对创新进行正面激励的文化建设。倡导创新文化，建立宽松的创新生态环境，允许积累、允许试错，为基础研究提供良好的支持，努力培育潜心致研的氛围。培育企业家创新精神，倡导创新意识，提高全民科学文化素质，培育创新文化环境。从而形成全社会对鼓励创新的正向激励环境，提升全社会创新意识、创新能力和创新自觉，使创新渗透和根植于民族精神和社会文化之中。

二 改革开放40年中国全要素生产率变化

（一）全要素生产率内涵和测算方法的确定

经济增长的来源分为两种，一是生产要素投入量的增长，二是生产率的提高。其中，生产率指生产过程中投入转化为产出的效率，按衡量投入要素的范围大小可以分为"单要素生产率"（Single Factor Productivity, SFP）和"全要素生产率"（Total Factor Productivity, TFP）。OECD 在《生产率测算手册》中将全要素生产率定义为：测算所有投入要素对产出增长贡献的一种能力。

目前主流的 TFP 测算模型主要包括索洛余值方法和生产前沿方法两大类。计量经济模型虽然可以放松增长核算方法中关于完全竞争市场和规模报酬不变等假设，但必须对估计的参数给出先验假设，并且受到样本观察值数据量的限制，容易出现参数估计不稳定等统计问题。另外，采用计量经济模型估计总量生产函数不宜仅采用单一方程进行简单回归，而应采用包括生产要素需求的联立方程体系进行估计，以处理相应的内生性问题[①]。而且，自 1978 年以来，我国经历了一系列经济社会波动和经济体制机制改革。相对于西方发达国家而言，我国反映经济社会发展趋势的各类指标数据呈现较大幅度的波动。采用全国总量数据进行的索洛余值计量模型方法和随机前沿方法（SFA），可能会因为估计参数的稳健性低而出现较大偏误。而仅由 30 个省份构成的面板数据，也可能导致 DEA 方法构建生产前沿面的不准确。

相较而言，增长核算方法更适合经济发展趋势波动较大国家或地区的定期生产率统计研究。因此，OECD（2001）发布的《生产率测算手册》也推荐使用增长核算方法来估计全要素生产率，认为这是目前采用最广泛的测算全要素生产率的方法[②]。因此，本文采用经济增长核算方法，测算索洛余值代表的我国 1979~2015 年全要素生产率指数，并同目前学者和研究机构的测算结果进行比较，得出相关结论。

Denison 基于新古典增长理论中关于完全竞争市场、技术进步外生和投入要素规模报酬不变的假设条件，认为投入要素的边际产出等于其相应的要素

[①] 参见李子奈《计量经济学——方法和应用》，清华大学出版社，1992；Nadiri, M. & Prucha, I., "Dynamic Factor Demand Models and Productivity Analysis", in Hulton, C. R., Dean, C. M. & Harper, G., *New Development in Productivity Analysis*, Chicago: University of Chicago Press for NBER, 2001。

[②] 任若恩、岳希明、郑海涛等：《中国全要素生产率的行业分析与国际比较——中国 KLEMS 项目》，科学出版社，2013。

报酬，要素规模报酬不变，其产出弹性系数等于各自的要素报酬份额。使用国民经济核算的劳动和资本投入统计数据，可以确定投入要素的产出弹性系数，并测算出全要素生产率。[①]Jorgenson 和 Griliches 认为 Denison 的经济增长核算方法中将经济增长的来源仅分解为劳动、资本和技术进步，可能会因为遗漏重要变量造成全要素生产率的高估，提出通过纳入不同的生产要素并准确衡量，尽量减少由计算误差导致的生产率高估问题。[②]本文在测算劳动力、物质资本和全要素生产率三者与经济增长关系的基础上，进一步纳入代表劳动力质量的人力资本变量和代表经济社会知识资本的 R&D 变量，核算相应的全要素生产率增长率。

（二）全要素生产率指数测算

采用经济增长核算方法，本文测算了我国 1979~2015 年的全要素生产率，包括：（1）不考虑人力资本因素，以全社会就业人数作为劳动力投入测算出的全要素生产率指数（*tfp_wp*）；（2）考虑人力资本因素，以第二部分测算出的人力资本存量作为劳动力投入测算出的全要素生产率指数（*tfp_hc*）；（3）考虑代表经济社会知识资本的 R&D 资本存量，测算包含 R&D 资本变动的全要素生产率指数（*tfp_rd*）。如图 1 所示，三类全要素生产率的变动趋势较为一致，其中考虑人力资本因素的全要素生产率指数（*tfp_hc*）和包含 R&D 资本变动的全要素生产率指数（*tfp_rd*）差异不大，均略小于不考虑人力资本因素的全要素生产率指数（*tfp_wp*）。说明从传统全要素生产率代表的"余值"中，逐步分离出人力资本和知识资本等投入要素，能够在一定程度上解决传统生产率被高估的问

---

① 参见 Denison, Edward F., *The sources of economic growth in the United States and the alternatives before us*, Committee for Economic Development, New York, 1962；*Why growth rates differ: Postwar experience in nine western countries*, Washington, D. C.: Brookings Institution, 1967. *According for slower economic growth: The United States in the 1970s*, Washington, D. C. : Brookings Institution, 1979。

② 参见 Jorgenson, Dale W., Capital theory and investment behavior, *American Economic Review*, 1963, 53(2):247-259；Jorgenson, Dale W. and Griliches, Z., The explanation of productivity growth, *Rev. Econ. Stud.*, July 1967, 34, pp.249-283。

题，有助于"余值"部分更好地代表经济总量生产的技术进步和效率提高。

从图 1 可以看出，1979~2015 年，我国全要素生产率指数（*tfp_hc*）总体呈现涨跌互现的波动情形，其中 1979~1993 年波动幅度较大且较为频繁。原因在于，1993 年以前，我国正处于经济体制和市场条件发生剧烈变化的时期，改革初期（1978~1984 年）的家庭联产承包责任制和国企放权让利等制度变革，使生产力得到极大解放，从而促进全要素生产率快速增长。随着改革的推进，制度上的深层次矛盾逐渐显现，我国全要素生产率指数快速下降，形成了这一阶段生产率增速大幅波动的趋势。1994~2000 年，我国全要素生产率经过短期的恢复增长后逐年下降，到 2000 年，全要素生产率指数仅为 0.41%。

（三）各类生产要素贡献比较分析

1. 全要素生产率贡献

与全要素生产率指数的变动趋势一致，除了个别异常年份外，全要素生产率对经济增长的贡献也大致经历了 1979~2000 年和 2001~2015 年两次先升后降的波动阶段，总体波动较为平稳。1979~2015 年，我国全要素生产率对经济增长的平均贡献率为 21.27%，其中，1979~2000 年，全要素生产率贡献率的波动幅度较大，平均贡献率为 14.56%，对经济增长的贡献率相对较低；

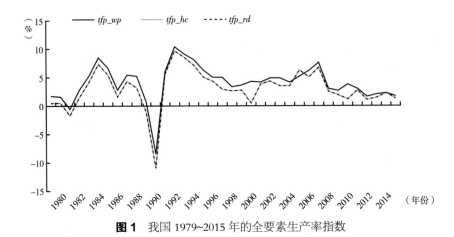

图 1 我国 1979~2015 年的全要素生产率指数

2001~2015 年，全要素生产率贡献率波动幅度较小，平均贡献率为 31.13%，远高于前一波动周期的平均贡献水平（见图 2）。说明以全要素生产率为代表的技术进步和效率提高已经成为驱动我国经济增长的重要因素，其对经济增长的贡献水平明显提升。

2. 各类生产要素贡献比较

投入要素的贡献，等于投入要素的报酬份额和增长率乘积与经济增长率的比值。以全要素生产率 *tfp_hc* 的测算过程为例，1979~2015 年物质资本对经济增长的平均贡献率最高，为 50.08%，其次是人力资本贡献率，为 28.64%，全要素生产率对经济增长的平均贡献率为 21.27%（见图 3、表 1）。

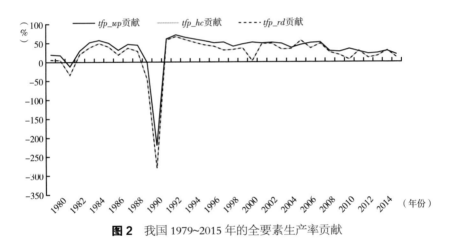

图 2 我国 1979~2015 年的全要素生产率贡献

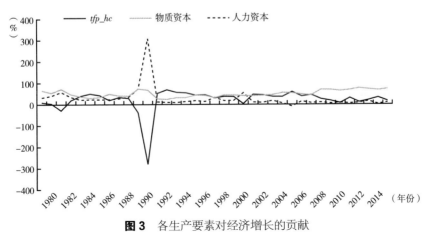

图 3 各生产要素对经济增长的贡献

表1 各经济周期生产要素对经济增长的贡献

周期（年份）	人力资本	物质资本	*tfp_hc*
1979~2015	28.64	50.08	21.27
1979~1981	43.31	63.97	-7.28
1982~1986	27.57	38.40	34.03
1987~1990	111.32	54.34	-65.66
1991~1999	16.25	36.01	47.74
2000~2007	14.55	46.90	38.55
2008~2015	10.51	69.06	20.43
其中：2013~2015	7.59	70.98	21.43

按经济周期划分的时间阶段来看，1979~1981 年，物质资本对经济增长的贡献率最大，其次是人力资本，全要素生产率的贡献水平相对较低。1982~1986 年，全要素生产率贡献在一系列制度改革过程中迅速提高，其对经济增长的贡献率仅次于物质资本。2000~2007 年，我国固定资本投资高速增长，物质资本积累增速超过了总量经济增速，对经济增长的贡献率逐年攀升，全要素生产率贡献率也在一系列科技创新战略和科技激励政策的影响下有所上升，而人力资本增速却不断下降。随着我国人口老龄化趋势不断加剧以及全民"九年义务教育"的普及，人力资本增长的起点更高，其对经济增长的贡献率呈现逐步下降的趋势。2008 年全球金融危机爆发，我国通过大量的固定资产投资支撑总量经济的增速水平，物质资本存量对经济增长的贡献率快速持续上升。2008~2015 年的物质资本平均贡献率达到 69.06%，比 2000~2007 年的平均贡献率高 22 个百分点。与此同时，我国技术创新"后发优势"不断减弱，全要素生产率贡献率明显下降。2008~2015 年全要素生产率的平均贡献率比 2000~2007 年的平均水平低 18 个百分点，反映出物质资本"高速、低效"积累对全要素生产率提高的挤占效应。2013~2015 年，我国经济由高速增长转变为中高速增长，经济增长率逐步下降为 6.9%，经济发展进入新常态。在这一时期，物质资本贡献率高达 70.98%，全要素生产率贡献率略有上升，为 21.43%，人力资本贡献率进一步下降，为 7.59%。调结构、促改革的发展过程仍需要经历较长的攻坚过程。

（四）结论及政策建议

本文基于增长核算方法测算了中国全要素生产率变化及其经济增长的源泉，主要研究结论如下。（1）改革开放以来，生产率变化趋势出现了涨跌互现的波动情形，其增长是中国经济增长的重要源泉之一。2008~2015年，随着资本投入进一步扩张，全要素生产率指数因为后发优势的逐渐消失而呈缓慢下降趋势。（2）中国经济增长方式表现为资本投入驱动型，物质资本仍是目前我国经济增长最主要的动力来源，其对经济增长的贡献率基本保持在50%以上，呈现在波动中上升的趋势特征，近几年对经济增长的贡献率甚至达到70%以上。以高投入支撑经济增长的趋势尚有一段时间的持续能力，但面临未来能源和环境的约束，继续依靠物质资本拉动增长将面临极大的挑战。（3）劳动投入对经济增长的贡献率较小。这一方面是因为人口投入量的变化幅度较小，另一方面是因为长期的劳动力供给过剩抑制了劳动边际产出的提高，劳动投入对经济增长的贡献率一直没有较大波动。近几年劳动投入贡献率呈缓慢下降的总体趋势，这主要是由于近几年我国人口红利的逐渐消失和产业结构转型过程中劳动力市场的反应滞后。以上研究结论对中国实现既好又快发展具有重要的政策意义。

第一，经济发展方式应由粗放型向集约型增长方式转变。进入21世纪以来，中国生产率呈现出下降态势，经济增长过多依靠资本的大量投入和扩张带动，尤其是2008年国际金融危机以来，经济增长方式愈加呈现出粗放特征。这种增长方式实质就是以数量和速度的增长为中心。随着国际经济结构调整，中国工业化和城镇化步伐减缓以及人口老龄化加速，这种粗放经济增长方式将不可持续。中国经济发展方式应该向集约型增长方式转型，逐步依靠生产要素质量和使用效率的提高以及生产要素的优化组合，通过技术进步、提高劳动者素质来实现经济的增长。

第二，增强技术创新能力是实现中国经济可持续发展的重要方向。我国以往的经济增长更多的是依赖于要素的积累，而不是创新产生的技术进步，这种经济增长是难以持续的。未来我国的经济增长应该更多地依赖创新产生的技术进步，而不是要素的积累；虽然产生创新的途径包括技术扩散（溢出）、技术模仿和自主创新，但对我国的经济增长状况而言，未来保持经济持续增长的重要途径在于自主创新。

第三，继续深化经济体制改革，进一步提高生产率。进入 21 世纪之后，中国经济体制改革速度有所减缓，随着改革红利的进一步消耗，生产率出现了下降趋势。生产率的不断下降将会引起长期经济增长速度下降，使得经济发展不可持续，因此，中国必须继续深化改革，形成市场充分公平竞争的格局，进而带动生产率的长期增长。

附录　改革开放以来我国科技创新发展阶段划分

阶段	科技政策和措施	科技体制改革目标
1. 科技体制重建阶段（1978~1984年）	1. 国务院发布《1978~1985年全国科学技术发展规划纲要（草案）》； 2. 中组部印发《关于落实党的知识分子政策的几点意见》； 3.1981年，国家科委制定《关于我国科学技术发展方针的汇报提纲》； 4.1982年，国家计委、科委牵头的第一个国家科技发展计划《科技改关计划》开始实施。	确立"科学技术是第一生产力"的指导思想；"尊重知识、尊重人才"；调整科技政策发展的战略方针，"科学技术必须为经济建设服务，科技与经济、社会协调发展"。
2. 调整和科技创新阶段体制阶段（1985~1994年）	1.1985年，国务院颁布《中共中央关于科学技术体制改革的决定》； 2. 国家科委制定《关于分流人才，调整结构，进一步深化科技体制改革的若干意见》； 3.1993年，全国人大通过《中华人民共和国科技进步法》； 4.1994年，国家科委、国家体改委联合发布《适应社会主义市场经济发展，深化科技体制改革实施要点》。	引入竞争机制，依靠市场调节进行结构调整，人才分流，机制转变。提出建立适应社会主义市场经济体制和科技自身发展规律的科技体制。

续表

阶段	科技政策和措施	科技体制改革目标
3. 实施科教兴国战略和构建国家创新体系阶段（1995~2005年）	1.1995年，中共中央、国务院颁布了《中共中央、国务院关于加速科学技术进步的决定》； 2.1996年，国务院颁布了《关于"九五"期间深化科学技术体制改革的决定》； 3.1996年，国务院提出《关于国民经济和社会发展"九五"计划和2010年远景目标纲要及关于〈纲要〉报告的决议》； 4.1996年，第八届全国人民代表大会常务委员会第十九次会议通过《中华人民共和国促进科技成果转化法》； 5.1998年，国务院发布《关于加强技术创新，发展高科技，实现产业化的决定》； 6.1999年，国务院批准《关于中国科学院开展"知识创新工程"试点的汇报提纲》； 7.1999年，国务院办公厅转发科技部等七部委制定的《关于促进科技成果转化的若干规定》； 8.1999年，国务院办公厅转发国务院体改办等部门的《关于深化转制科研机构产权制度改革的若干意见》； 9.1999年，科技部联合七部委制定《关于建立风险投资机制的若干意见》； 10.2001年，科技部制定《科研条件建设"十五"发展纲要》； 11.2001年，国家计委制定并颁布实施《国民经济和社会发展第十个五年计划科技教育发展专项规划（科技发展规划）》； 12.2002年，科学技术部、教育部等部门发布《关于进一步加强原始创新能力的若干意见》； 13.2004年，国务院办公厅转发了由科技部、国家发改委、教育部、财政部联合制定的《2004~2010年国家科技基础条件平台建设纲要》。	制定和实施科教兴国战略。完善创新体系，推进建立以企业为主体、产学研相结合的技术开发体系和以科研机构、高等学校为主的科学研究体系以及社会化的科技服务体系；设立科技型中小企业创新基金；深化科研院所改革，调动了科技人员的积极性，推进科技成果转化。
4. 建设创新型国家阶段（2006~2011年）	1.2006年，中共中央、国务院发布《国家中长期科学和技术发展规划纲要（2006~2020年）》； 2.2006年，中共中央、国务院做出《关于实施科技规划纲要增强自主创新能力的决定》； 3.2006年，国务院印发《实施〈国家中长期科学和技术发展规划纲要（2006~2020年）〉的若干配套政策》； 4.2006年，财政部科技部发布《关于改进和加强中央财政科技经费管理若干意见》； 5.2007年，十届全国人大常委会第三十一次会议审议通过修订后的《中华人民共和国科学技术进步法》； 6.2008年，国家发展改革委员会、科技部等9部委联合制定了《关于促进自主创新成果产业化的若干政策》； 7.2008年，国务院印发《国家知识产权战略纲要》； 8.2009年，国务院发布《关于进一步促进中小企业发展的若干意见》； 9.2010年，国务院发布《关于加快培育和发展战略性新兴产业的决定》。	增强自主创新能力，建设创新型国家，并提供了重要的法律保障。进一步规范财政科技经费管理。加快推进自主创新成果产业化，促进科技与经济社会发展紧密结合。提高产业核心竞争力，促进高新技术产业、战略新兴产业的发展，加快建设中国特色国家创新体系，"以企业为主体，协同创新"。

续表

阶段	科技政策和措施	科技体制改革目标
5. 实施创新驱动发展战略阶段（2012年至今）	1.2012年，中共中央、国务院发布《关于深化科技体制改革加快国家创新体系建设的意见》； 2.2012年，党的十八大报告正式确立了创新驱动发展战略，并明确提出"深化科技体制改革、推动科技和经济紧密结合，加快建设国家创新体系，着力构建以企业为主体、市场为导向、产学研相结合的技术创新体系"； 3.2013年，国务院办公厅发布《关于强化企业技术创新主体地位全面提升企业创新能力的意见》； 4.2013年，十八届三中全会通过《中共中央关于全面深化改革若干重大问题的决定》； 5.2015年，中共中央、国务院发布《关于深化体制机制改革加快实施创新驱动发展战略的若干意见》； 6.2015年，国务院第93次常务会议审议通过了《关于大力推进大众创业万众创新若干政策措施的意见》； 7.2015年，十八届五中全会通过《中共中央关于制定国民经济和社会发展第十三个五年规划的建议》； 8.2016年，中共中央、国务院印发了《国家创新驱动发展战略纲要》； 9.2016年，国务院办公厅发布《关于印发促进科技成果转移转化行动计划的通知》； 10.2016年，国务院办公厅发布《关于建设大众创业万众创新示范基地的实施意见》； 11.2016年，国务院关于新形势下加快知识产权强国建设的若干意见》《国务院关于新形势下加快知识产权强国建设的若干意见》重点任务分工方案的通知》； 12.2016年，国务院发布《关于印发"十三五"国家科技创新规划的通知》； 13.2016年，中共中央办公厅、国务院办公厅印发《关于实行以增加知识价值为导向分配政策的若干意见》； 14.2017年，国务院发布《"十三五"国家知识产权保护和运用规划》；	提出了全面实施创新驱动发展战略，围绕创新领域特别是科技动发展创新领域存在的较为突出的问题和障碍，明确了未来深化科技体制改革的目标，对推进科技体制改革的具体方向进行了顶层设计。指出创新体制机制改革重点包括宏观科技调控管理，科技资源配置及创新评价考核，产学研合作及成果转化，创新创业人才吸引与培养，创新活动激励及风险分散等方面。为完善中国的国家创新体系和创新生态系统，实现"到2020年跻身创新型国家行列、2050年建成世界科技强国"的战略目标勾勒出基本蓝图。

续表

阶段	科技政策和措施	科技体制创新改革目标
5. 实施创新驱动发展战略阶段（2012年至今）	15.2017年，国务院办公厅发布《关于印发知识产权综合管理改革试点总体方案的通知》； 16.2017年，国务院批转国家发展改革委的《关于2017年深化经济体制改革重点工作的意见》； 17.2017年，国务院办公厅发布《关于深化科技奖励制度改革方案的通知》； 18.2017年，国务院办公厅发布《关于建设第二批大众创业万众创新示范基地的实施意见》； 19.2017年至国务院发布《关于强化实施创新驱动发展战略进一步推进大众创业万众创新深入发展的意见》。	提出了全面实施创新驱动发展战略，围绕创新领域特别是科技创新领域存在的较为突出的问题和障碍，明确了未来深化科技体制改革的目标，对推进科技体制改革的具体方向进行了顶层设计。指出创新体制机制改革重点包括宏观科技调控管理、科技资源配置及创新评价考核、产学研合作及成果转化、创新创业人才吸引与培养、创新活动激励及风险分散等方面。为完善中国的国家创新体系，实现"到2020年跻身创新型国家行列、2050年建成世界科技强国"的战略目标勾勒出基本蓝图。

推荐阅读书目

（按出版时间排序）

编者按: 在筹划本套改革开放研究丛书之初,谢寿光社长就动议在每本书后附相关领域推荐阅读书目,以展现中国改革开放来本土学术研究广度和深度,并以10本为限。在丛书编纂和出版过程中,各位主编和作者积极配合,遴选了该领域的精品力作,有些领域也大大超过了10本的限制。现将相关书目附录如下,以飨读者。

孙冶方:《社会主义经济的若干理论问题》,人民出版社,1979。

国家体改委综合规划司编《中国改革大思路》,沈阳出版社,1988。

刘国光主编《中国经济体制改革的模式研究》,中国社会科学出版社,1988。

蒋一苇:《我的经济改革观》,经济管理出版社,1993。

林毅夫、蔡昉、李周:《中国的奇迹——发展战略与经济改革》,上海人民出版社、上海三联书店,1995。

卓炯:《论社会主义商品经济》,广东经济出版社,2000。

吴敬琏:《当代中国经济改革》,上海远东出版社,2004。

杜润生:《杜润生自述:中国农村体制变革重大决策纪实》,人民出版社,2005。

邹至庄:《中国经济转型》,中国人民大学出版社,2005。

蔡昉:《刘易斯转折点——中国经济发展新阶段》,社会科学文献出版社,2008。

彭森、陈立等:《经济体制改革重大事件》(上、下册),中国人民大学出版社,2008。

魏礼群:《中国经济体制改革 30 年回顾与展望》，人民出版社，2008。

谢旭人:《中国财政改革三十年》，中国财政经济出版社，2008。

李扬等:《新中国金融 60 年》，中国财政经济出版社，2009。

张军扩、侯永志等:《中国区域政策与区域发展》，中国发展出版社，2010。

高培勇:《财税体制改革与国家治理现代化》，社会科学文献出版社，2013。

张卓元:《中国改革顶层设计》，中信出版社，2014。

楼继伟:《深化财税体制改革》，人民出版社，2015。

索 引

（按音序排列）

图书在版编目(CIP)数据

中国经济改革与发展：1978-2018 / 蔡昉等著. --
北京：社会科学文献出版社，2018.5（2019.1重印）
（改革开放研究丛书）
ISBN 978-7-5201-2434-8

Ⅰ.①中⋯　Ⅱ.①蔡⋯　Ⅲ.①经济改革－研究－中国
－1978-2018　Ⅳ.①F12

中国版本图书馆CIP数据核字（2018）第047977号

·改革开放研究丛书·
中国经济改革与发展（1978~2018）

丛书主编 / 蔡　昉　李培林　谢寿光
著　　者 / 蔡　昉　等

出 版 人 / 谢寿光
项目统筹 / 恽　薇
责任编辑 / 恽　薇

出　　版 / 社会科学文献出版社·经济与管理分社（010）59367226
　　　　　　 地址：北京市北三环中路甲29号院华龙大厦　邮编：100029
　　　　　　 网址：www.ssap.com.cn
发　　行 / 市场营销中心（010）59367081　59367083
印　　装 / 三河市东方印刷有限公司

规　　格 / 开　本：787mm×1092mm　1/16
　　　　　　 印　张：20.25　字　数：298千字
版　　次 / 2018年5月第1版　2019年1月第3次印刷
书　　号 / ISBN 978-7-5201-2434-8
定　　价 / 98.00元